リスキリングは経営課題

日本企業の「学びとキャリア」考

小林祐児

光文社新書

まえがき

この本は、「リスキリング」について議論するために書かれました。今ここで「リスキリング」という言葉を初めて見た方の中には、資産運用のリスク管理のことかと思う人もいるかもしれません。「リスキリング」は、英語で言えばRe-Skilling。世界中の会社経営や人事の業界において、ここ数年で一気に広がった言葉です。平たく言えば、業務上の技術や専門スキルを新しく獲得すること、そしてそのことを企業が従業員に促進することを広く意味しています。

今、国際的に進むビジネスのデジタル・シフトや労働環境の変化を背景にして、各国の政府や企業がこの「リスキリング」を後押しする施策を次々に打ち始めています。むろん、新しいスキルを獲得するのは働く人々そのものですので、「リスキリング」に関係ある人のすそ野は極めて広いです。

より簡単に言い換えてしまえば、リスキリングとは社会人の「学び直し」のこと。こう言えば、なるほどと思うと同時に、興味を失う人もいるかもしれません。「社会人の学び直し」はこの日本において、古くて手垢のついた話題です。以前からその必要性は叫ばれてきました。学校を卒業した後にも学び続けること、学び直すことの重要性は様々な場所で語られ、「生涯学習」や「リカレント教育」として推進されてきました。

しかし、「学び」の重要性やスキルのアップデートの必要性がどれだけメディアで語られ、政府から発せられようとも、**日本のビジネスパーソンは、世界的に見ても圧倒的に学びの習慣がありません**。社会人になってからもう一度大学に入り直す人も、職場以外で自発的に学ぶ人も、欧米先進諸国はおろか、アジアの中で比較しても最低水準です。かねて言われ続けた「スキルをアップデートしよう」「学び続けなければ時代に取り残される」という政府や有識者たちの啓発の声は、この国の現実を全くと言っていいほど動かすことなく、それどころか、一部のデータからはますます学ぶ人は少なくなっている傾向も見られます。この国の多くの人にとって、「学び」とは新人と学生が行う「お勉強」であって、社会人が行うようなものとして全く定着していません。**相対的な意味では、日本はすでに「大人の学びの貧困社会」へと墜《お》ちています**。

そんな国で、耳馴染《なじ》みのないカタカナ語で「リスキリング」などと連呼されても、「自分には関係ない世界」のように感じる人のほうが多数派でしょう。何を隠そう、実は筆者自身もその「興味のない」一人でした。社会人の学びにまた新しい着物が着せ替えられた、と思った程度です。

ここで改めて自己紹介しておきます。筆者は大学院で社会学を学んだ後、今はパーソル総合研究所という研究機関で、労働や組織について、簡単に言えば「働く」ことについて広く調査・研究を行っています。現場から出てくる課題や苦悩が毎日のように届く中で、ニッチな学術的研究よりも、企業や個人の具体的な意思決定に貢献できるように仕事をしています。

そんな筆者にとって、「着せ替えゲーム」のような「リスキリング」ブームは心躍るようなものには全く思えませんでした。そもそも「教育」という話題には、各人が見た・聞いた経験から発される「おれの・わたしの教育論」が蔓延《まんえん》しています。各種教育ベンダー（販売業者）はアメリカやヨーロッパから常に「最新」の学習ツールやプログラムを輸入し続け、そのたびに「○○学習」のようなブームがサービスとともに喧伝《けんでん》されます。世に出ては消えていく「最新の」英会話学習法などを思い出してもらってもいいでしょう。

しかし、リスキリング・ブームを突き放し、冷ややかにポジショントークをするのもまた、この「学びの貧困社会」に対してなんの役にも立ちません。ビジネスの現場では、「自律的に学ぶ個人を育てるにはどうしたらいいのか」「成長し続ける組織はいかに作れるのか」「一部の人ではなく、従業員みなに学んでほしい」といった課題があふれています。学ぶ習慣のない従業員ばかりでは、会社としての成長が止まってしまう。しかし、いざ研修などを用意しても学ぶ従業員が一部に限られるし、効果が実感できない。

このような状況で、いま巷《ちまた》で起こっているリスキリング・ブームを「活かす」ためにはどうすればいいかを考え始めました。人材への投資を増やそうとする潮流がこれほど強くなるのは、この30年で初めてのことです。人への投資と学ぶ個人を広げるための「チャンス」として捉え返してみたのです。

そういった目で、改めて巷で行われているリスキリングの議論の中身を見てみると、あまりにも表層的なものが目立ちます。端的に言えば、ほとんどのリスキリングの議論は、「必要なスキルを明確にし、そのスキルを教育訓練し、必要な仕事に就かせていく」という発想を根本に共有しています。後ほど「リスキリングの工場モデル」と呼びますが、まるで新型コロナワクチンを注射するようにスキルを打ち込んで、ベルトコンベアに乗せるように人材を必要な場所へと流そうとしています。「DX人材開発」と銘打ちながら、古い詰め込み教育のようなプログラムも実施されています。

低迷し続けていた日本企業の人材投資が活性化することは喜ばしいですが、このような発想で行われるリスキリングの実践の先は明るいとは思えません。「工場モデル」的な発想は、「学びの貧困社会」の根の深さに対して、まるで歯が立ちそうにありません。

学術研究の世界を振り返れば、ここ数十年、社会人の学習行動やその背景にある人の認知のメカニズムについて、認知科学、心理学、組織論、社会学など、様々な分野から膨大な知見が蓄積されてきましたし、実務的にも役立つ知見は多く存在します。しかし、今のリスキリングの議論や実践においては、それらが全くと言っていいほど参照されず、無視され続けています。学びの貧困社会では、ビジネス領域における「学びについての言葉」もやはり貧しいものになってしまっているようです。

本書は、企業で従業員のリスキリングや学び、教育訓練について考えている人事・経営者や現場マネジャーのような方々に向けて書かれています。想定する読者層は、「リスキリングを推進といってもどうすればいいのかわからない」「従業員が自発的に学んでくれない」

といった課題を抱えている方々です。また、本書を手に取る多くの人たちは、筆者も含め、企業で働き続け、自身の学びについて考え続ける個人でもあります。そうした個人にも参考になる事柄は多く含まれるはずです。

そうした本書での議論のベースを提供するのは、「データ」です。過去の幅広い実証的な科学の知見に、これまで筆者が様々な研究者と実施してきた日本での調査のデータを合わせて議論していきます。客観性の欠如した「おれの・わたしの思い込み教育論」を繰り返していても、日本的な文脈を踏まえない「世界標準の学びメソッド」を輸入し続けても、ほとんど意味がないと考えるためです。

その一方で、膨大にデータが羅列されていても、文脈とメッセージが欠けていては、読む人を退屈させるだけです。ここ20年ほど様々な調査データや数字を眺《なが》め、分析してきた筆者は、「データ」というものの限界も骨身にいやというほど染みています。生真面目《きまじめ》すぎる「研究発表」も、データを羅列した「現状把握」も、現実を動かすには全く力不足です。リスキリング、そしてこの国の学びを「ブーム」で終わらせないための筆者なりの「メッセージ」を作り、学びの実践の貧困と、学びについての言説の貧困に一矢《いっし》を放つことを目指し、議論を始めていきたいと思います。

リスキリングは経営課題　目次

第3章 「変わらなさ」の根本を探る——変化を抑制するメカニズム

第4章　リスキリングを支える「三つの学び」　155

第5章 「工場」から「創発」へ――日本はリスキリングをどう進めるべき か 227

第6章 「学びの共同体」の仕組み——企業を「キャリアの学校」にする 257

第1章　「リスキリング」の流行とその課題

突然の「リスキリング」ブームはなぜ起きたか

① DXの潮流

学び直し、リカレント教育など、これまでも生涯にわたる学習の重要性は長らく叫ばれてきましたが、**今やそれらに代わって社会人の学び領域の一大キーワードに躍り出たのが「リスキル」ないし「リスキリング」です。**

「リスキリング」より前によく知られた（流通した）社会人の学びについての言葉は、「リカレント教育」でしょう。ここで、リカレント教育とリスキリングの異同を明確にしておきます。

リカレント教育は、1960年代末から1970年代にかけてヨーロッパで作られた教育のコンセプトです。リカレント（Recurrent）とは「反復、循環」といった意味の言葉。リカレント教育は、その多くが「企業以外の教育機関」での学び直しを想定しています。だからこそ、研究機関や大学での社会人教育、生涯学習の文脈でよく使われてきましたし、省庁で言えば文部科学省がしきりに使ってきた言葉です。

一方の「リスキリング」については、学校教育か否かにかかわらず、新しいスキルの獲得を指して使われます。また、仕事の変化に適応するための「ジョブ・チェンジ」や「転職」への意識が明確にあります。リカレント教育とは、学ぶ場所と学ぶ内容の強調点がだいぶ異なります。

この「リスキリング」という言葉に火をつけたのは、世界経済フォーラムがスイスのダボスで開催している年次総会、通称「ダボス会議」です。ダボス会議では、２０１８年から３年連続で「リスキル革命」と銘打ったセッションが実施され、２０２０年には、「２０３０年までに世界で10億人をリスキルする」ことを目標に、「リスキル革命プラットフォーム」の構築が宣言されました。世界中の経済界の大物たちによる会合がこれほど「リスキリング」を強調し始めた理由はなんでしょうか。

一つ目の理由はもはや言わずもがな、「ＤＸ」―デジタル・トランスフォーメーション―の潮流です。デジタルを活用したビジネスモデルの転換を意味する「ＤＸ」は、２０１０年代中盤からすでにバズワード化していましたが、２０２０年から世界的に感染拡大した新型コロナウイルスの猛威によって一気に不可逆的な流れとなりました。企業でも自治体でも政府でもこの分野における日本の遅れが一気に危機感をもって認識され、企業では、旧来のＩＴ部門とは異なる「ＤＸ推進部」が矢継ぎ早に作られました。

ビジネス界のバズワードにはよくあることですが、「DX」もまた、本来的な「トランスフォーメーション」というビジネスモデル刷新のニュアンスは弱まり、以前から必要性を説かれてきた「デジタル化」「IT化」といったデジタル・テクノロジーを用いた業務効率化もひっくるめて「DX」の名のもとにまとめられ、同時に推進されようとしています。

こうした経済のデジタル・シフト、機械化・自動化、データ活用の高度化によって、産業構造に大きな変化が起こり、それによって人々の就業構造や職業に対しても大きな変化が生じる。企業がDXを進めるにあたってもそうした人材が圧倒的に市場に不足している。そういった課題意識から、「リスキリング」の必要性が上昇してくるのです。

例えば先述のダボス会議、世界経済フォーラムは2018年のレポートで、主要経済国20カ国において、2022年までに7500万の雇用が失われ1億3300万の新しい職が創出される可能性もあり、被雇用者全体の少なくとも54%がリスキリングを行う必要があると謳《うた》いました。2020年には予測は修正され、2025年までに8500万の仕事が機械などに置き換えられ、9700万の新しい役割が生まれる、としています。

1995年のWindows95とパソコンの普及、インターネットの登場やスマートフォンの爆発的浸透など、テクノロジーのニーズが時代とともに急速に変わっていることは、多くの人が首肯するでしょう。その一方で、そうしたニーズの変化の「程度」を予想するのは難しいものです。

　日本では、２０１３年にオックスフォード大学のフレイ&オズボーンが発表した、10〜20年でアメリカの雇用の47％が削減されるという論文[1]がしばしば参照されますが、この推計にはその後、国際的に数多くの懐疑的な意見が寄せられています。

　例えば、アーンツらがオズボーンらの推計を修正した結果は、「労働者の９％が機械への代替リスクが70％以上」[2]で、ＯＥＣＤがまとめたデータもほぼ各国平均で同等の値です。また、日本ではおおよそ削減される可能性がある職業は、アーンツらと同様に９％程度だろうと推測した研究もあります。[3]

　どういった推計が正しかったかは、遠くない未来が決めてくれることです。いずれにせよ、**このビジネス環境の変化を前提とした「未来志向」や過去との「非連続性」の強調が昨今のリスキリング・ブームの大きな特徴**です。これまでの一般的なＯＪＴ（オン・ザ・ジョブ・トレーニング）や企業内訓練との違いもここにあります。

② 人的資本開示の潮流

さて、ここに、**経営に大きな影響を与えるもう一つの世界的な流れが合流します。「人的資本開示」の潮流です。**

「人的資本」とは、個人が持っている知識やスキル、能力や資質などを、経済的な付加価値を生み出すための資本とみなすコンセプトで、もともと経済学における基本的な概念です。今、企業の「人的資本」の状況や育成方針を投資家含めた企業の外部へと開示することが求められ、多くの企業の経営課題として浮上しています。

２０１８年、国際標準化機構（ＩＳＯ）が人的資本開示についての国際標準ガイドライン「ＩＳＯ ３０４１４」を新設しました。企業が人的資本の開示をどのように行うべきなのか、国際的かつ標準的な基準を作る狙いです。国際的な人的資本開示の流れはこのガイドライン新設で決定的になりました。

日本においても、そうした人事・人材の定量的情報、そして人的資本への投資状況・取り組み状況などを公表することを企業に促していく流れは高まっています。２０２１年の改訂コーポレートガバナンス・コードにおいては、社外取締役やサステナビリティの課題への取り組みと並んで、人的資本に関する記載が盛り込まれました。管理職における女性・外国人・中途採用者の登用といった人材多様性の確保に関する企業の考え方と目標の設定などについて、開示を求めています。

こうした外部の目線を気にしながら、各企業は自社において何を開示し何を開示するべきでないのか、そしてどのように測定するべきなのかを盛んに検討しています。

パーソル総合研究所が2022年3月に実施した「人的資本情報開示に関する実態調査」で、人的資本情報開示にあたって企業経営・人事側が重視しているキーワードを集計すると、**1位が「多様性、ダイバーシティ&インクルージョン」**、**2位が「教育、育成、リスキリング」**、**3位が、「能力、スキル」**となりました[4]。

一方の投資家サイドが重視している情報としては、労働政策研究・研修機構の調査によれば、人材関連の情報は、**1位が「労働関係の法令違反の有無」**ですが、**2位に「人材育成・教育訓練の取り組み」**を考慮していることが示されています（図表1）。

こうしたデータを見れば、投資家と企業が、ともに「人材育成・教育訓練・リスキリング」への取り組みを重視していることがわかります。人的資本開示と「リスキリング」はこのように強く紐づいています。

そして、これらの人的資本重視の流れは、ただの「開示」だけで終わる話ではありません。

図表1　投資の際に考慮する人材育成関連の情報

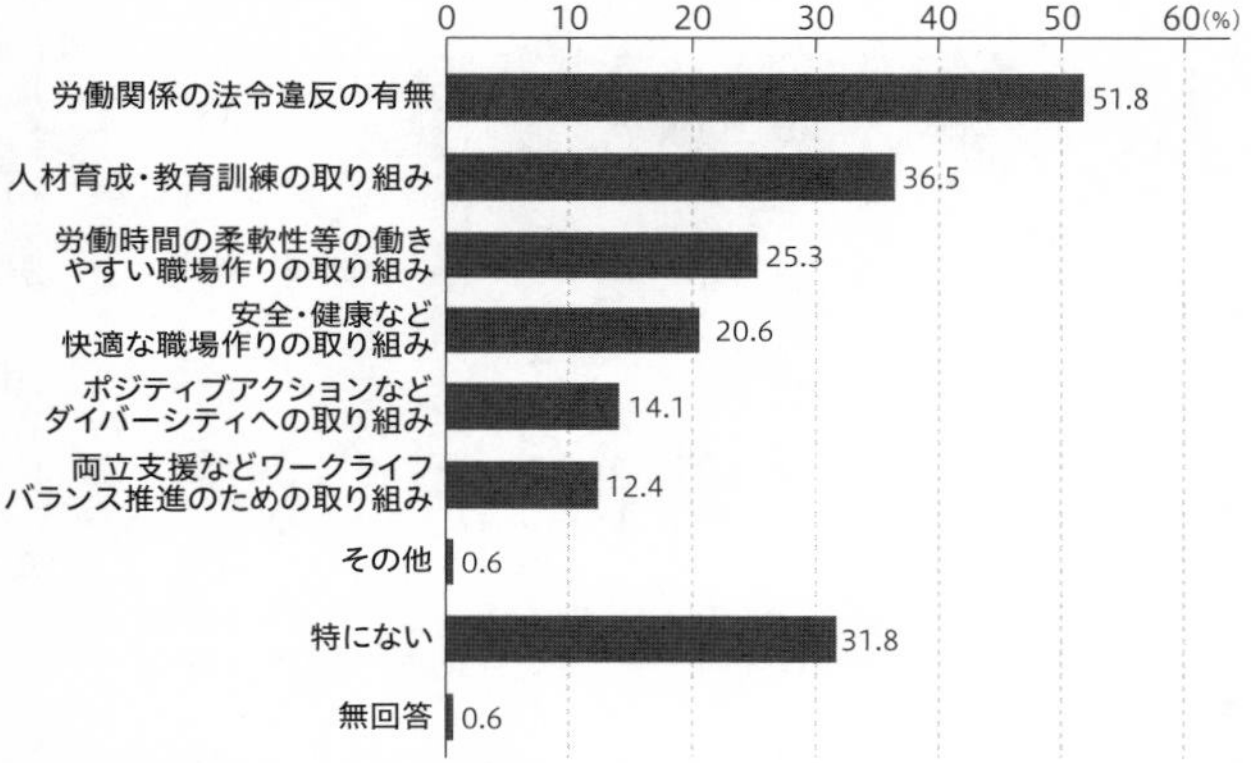

出所：独立行政法人労働政策研究・研修機構　「企業の人的資産情報の『見える化』に関する研究」（2018）

当然のことながら、開示した数値はどのように変化していくのか、提示した目標が達成されているのか、他社と比べて低いのか高いのか、人材領域への企業の実践と成果が投資家によってチェックされます。

横並び意識が強い日本企業にとっては「他社比較」での優劣も気になるところでしょうが、一度開示した数値については、「経年変化」が問題になっていきます。人材投資の度合いや研修受講者の割合、エンゲージメントや従業員満足度の指標など、開示した指標が「下がっていっている」傾向が誰にでもわかるようになった時、多くの企業の経営陣は青ざめるはずです。

世界各国で進むリスキリング

このような背景を持つリスキリングの実践は、世界各国で波のように起こっています。

例えば、ドイツの自動車部品メーカーのボッシュは世界の従業員40万人をリスキリングしてIT人材に転換することを目指し、2026年までの10年間で20億ユーロを投じます。背景には「CASE」（コネクテッド、自動運転、シェアリング、電動化）と呼ばれる自動車業界の価値創造システムの転換があります。[5]

同じように、アメリカの通信大手AT&Tも、2013年から2020年までに10億ドルを投じて従業員10万人の再訓練を実施し、大きな話題を呼びましたし、Amazonは2025年までに7億ドルを投じて従業員10万人をリスキリングする計画を発表済です。欧米の巨大企業は、これからも進む人材不足に備え、採用コストと育成コストを天秤《てんびん》にかけた上で、リスキリングという「育成」のほうが合理的だと考え、思い切った予算を投下し続けています。

国全体での学び直し支援の運動も始まっています。例えばシンガポールでは、2014年から、国民全体の技能獲得とキャリア支援のための「スキルズフューチャー」[6]というプログラ

図表２　人材投資（OJT以外）の国際比較（GDP比）

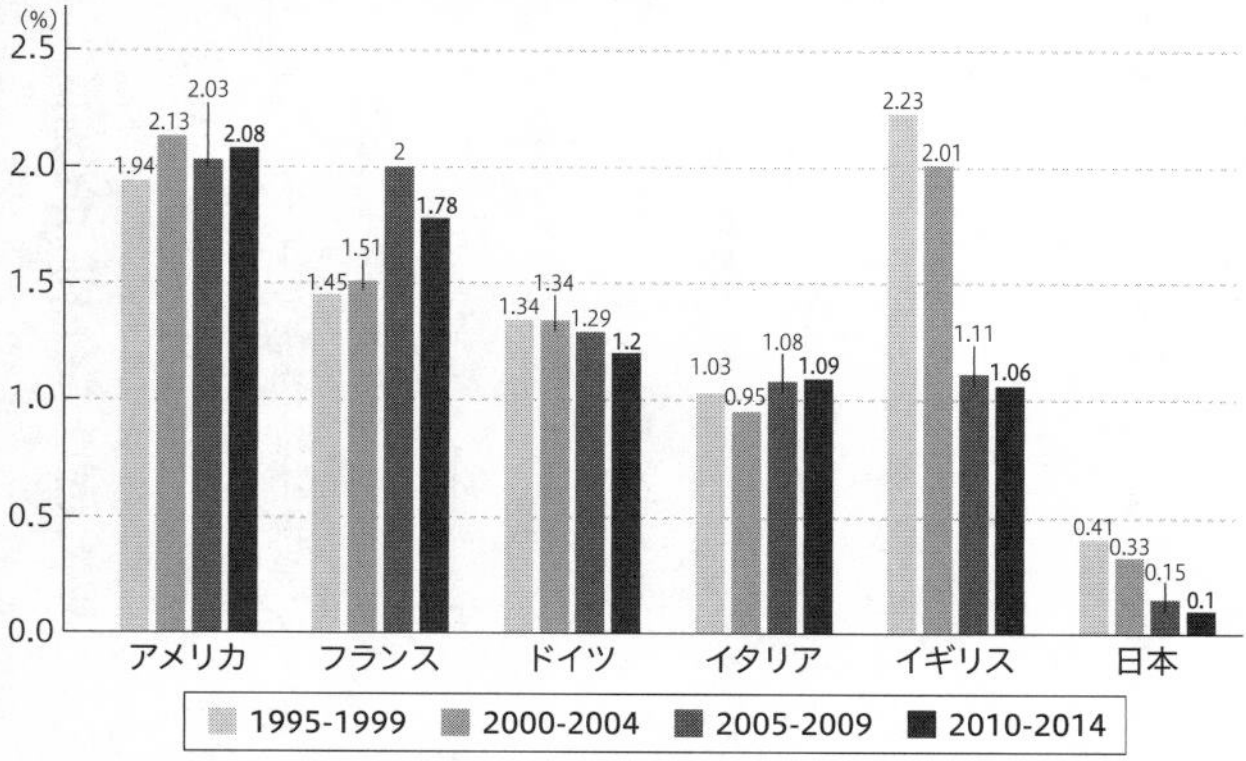

出所：経済産業省資料より
https://www.mhlw.go.jp/content/11801000/000894640.pdf

ラムを政府が提供しています。これにより、「スキルズフューチャー・クレジット」というプログラム受講料のサポートが広く受けられます。

このように世界各国で進むリスキリングが日本でも必要性を叫ばれる理由は、日本企業の「世界に乗り遅れている」という危機感に他なりません。

これはよく知られていることですが、**日本は先進国の中でもＧＤＰにおける人材投資の規模が極めて小さい国**です。企業の人材投資額は、バブル崩壊後に大きく下がり、そのまま低水準で推移しています。国際比較からも、極端に低い傾向が見て取れます（図表２）。

情報処理推進機構（ＩＰＡ）の２０２１年

の調査では、学び直しの施策を実施するアメリカ企業は82・1％だったのに対し、日本企業は33％にとどまりました。「実施していないし検討もしていない」という日本企業は46・9％にのぼります。[7]

世界中でＤＸの波が起こり、就業者のリスキリングの必要性が叫ばれているのに、企業の人への投資が全く伸びていない――この状況に危機感を抱いた政府は、企業に対して賃金を含めた人材投資への圧力を強めています。２０２２年、岸田内閣の「新しい資本主義実現会議」はその「骨太方針」において、重点投資分野の第一に「人への投資と分配」を掲げました。２０２２年５月には、経済産業省の人的資本経営の実現に向けた検討会から、通称「人材版伊藤レポート２・０」が発表され、経営戦略と人材戦略の連動とともに、リスキル・学び直しのための取り組みを強調しました。

ＤＸの流れ、人的資本経営の流れ、そして「リスキリング」の流れによって、バブル崩壊後、低水準であり続けた企業の人的資本への投資に対して、久しぶりに上昇圧力がかかる施策が続々と動き出しています。

日本で積極的にリスキルを呼び掛けているのは、経済産業省です。「マナビＤＸ（デラックス）」というデジタル・スキルに関するポータルサイトで学習コンテンツを紹介するとともに、[8] リスキル講座（第四次産業革命スキル習得講座認定制度）でクラウド、ＩｏＴ、ＡＩ、データサイエンス、ネットワーク、セキュリティ系などの分野に対して百を超える講座を認定。認定された講座の受講費用の50％（上限年間40万円）を6カ月ごとに支給する取り組みを進めています。[9]

日本の民間企業では、ＪＡＬ、ヤマトホールディングス、三菱地所などが大規模なリスキリング施策に踏み切ることが続々と報じられ、２０２２年には、「日本リスキリングコンソーシアム」が発足しました。[10] これは、Ａｄｏｂｅ、Ｉｎｄｅｅｄ Ｊａｐａｎ、Ｇｏｏｇｌｅなどによる有償・無償のプログラムを一つのプラットフォームに集めて提供するものです。ＩＴ各社のサービスや、より広いビジネス教養、特定事業に関わる講義を検索し申し込むことができます。学びと同時に、ジョブマッチングパートナーとしてＩｎｄｅｅｄ Ｊａｐａｎ、エン・ジャパン、ネオキャリア、パーソルキャリアなどが参画し、就職支援を行っています。

データで見る日本のリスキリングの現在地

ここまで、企業や国レベルでのリスキリングの動向を確認してきました。こうした世界的リスキリングの流れは急に止まるようなものではなく、リスキリングを促進する政策や企業施策は、間違いなくこれからも続いていくでしょう。２０２２年10月には、臨時国会での所信表明演説において、岸田首相は５年間で１兆円をリスキリングの支援に投じることを発表しました。

では、肝心かなめの働く人々の状況はどうでしょうか。

現在の日本の就業者のリスキリングの現在地を確かめるために、パーソル総合研究所で筆者が行ったリスキリングについての定量調査を紹介していきましょう。「リスキリング」という言葉はまだそれほど一般的なものとは言えませんので、新しいツールを取り入れたり何か学んだりした経験をリスキリングとして聴取しています。本書ではこの調査から多くのデータを参照していきますが、まずはシンプルに、現在の日本の就業者のリスキリングの実態を確認してみましょう。

全国の正規雇用者全体で、一般的なリスキリングの経験がある人は３割前後。また、常に新しい専門性やツールなどを学び続けている、というリスキリングの継続的な習慣がある人は３割弱となっています。それぞれ、それほど高くも低くもない数字と言えそうです。ジョブ・ローテーションなどで職務横断の異動があり、その後の学び直しがしばしばあることを考えれば、現実味のある数字でしょうか。

一方で、ITツールや統計データ解析など、昨今DXの流れの中でとりわけ重視されているデジタル領域のリスキリング（デジタル・リスキリング）はぐっと低くなり、全体で2割程度です。特に統計データ解析やAI・機械学習関連のスキルなどについては16％程度となっています（図表3）。

こうしたリスキリングの実態を業種別・職種別にリスキリング・マップとしてまとめてみました（図表4、5）。縦軸にデジタル領域におけるリスキリングの実態を、横軸に広義のリスキリングの実態をとっています。

これらを見るとまず気がつくのは、広い一般的なリスキリング経験とデジタル領域のリスキリング経験とがかなり強く相関していることです。ビジネスの大きな変動に向けた「デジタル領域のスキル獲得」が昨今のリスキリングの強調点でありますが、近年のITツールの発展を鑑《かんが》みれば、一般的なリスキリングにも何かしらのデジタル要素が入って当然でしょう。一人一台のパソコンとスマホが当たり前になった今、伝統工芸の職人の世界のようなデジタル要素を一切排除したスキルの獲得領域は少なくなってきています。

その上で業種別のマップを見ると、**就業者のリスキリング経験が高いのは情報通信業**、教

図表３　リスキリングの実態

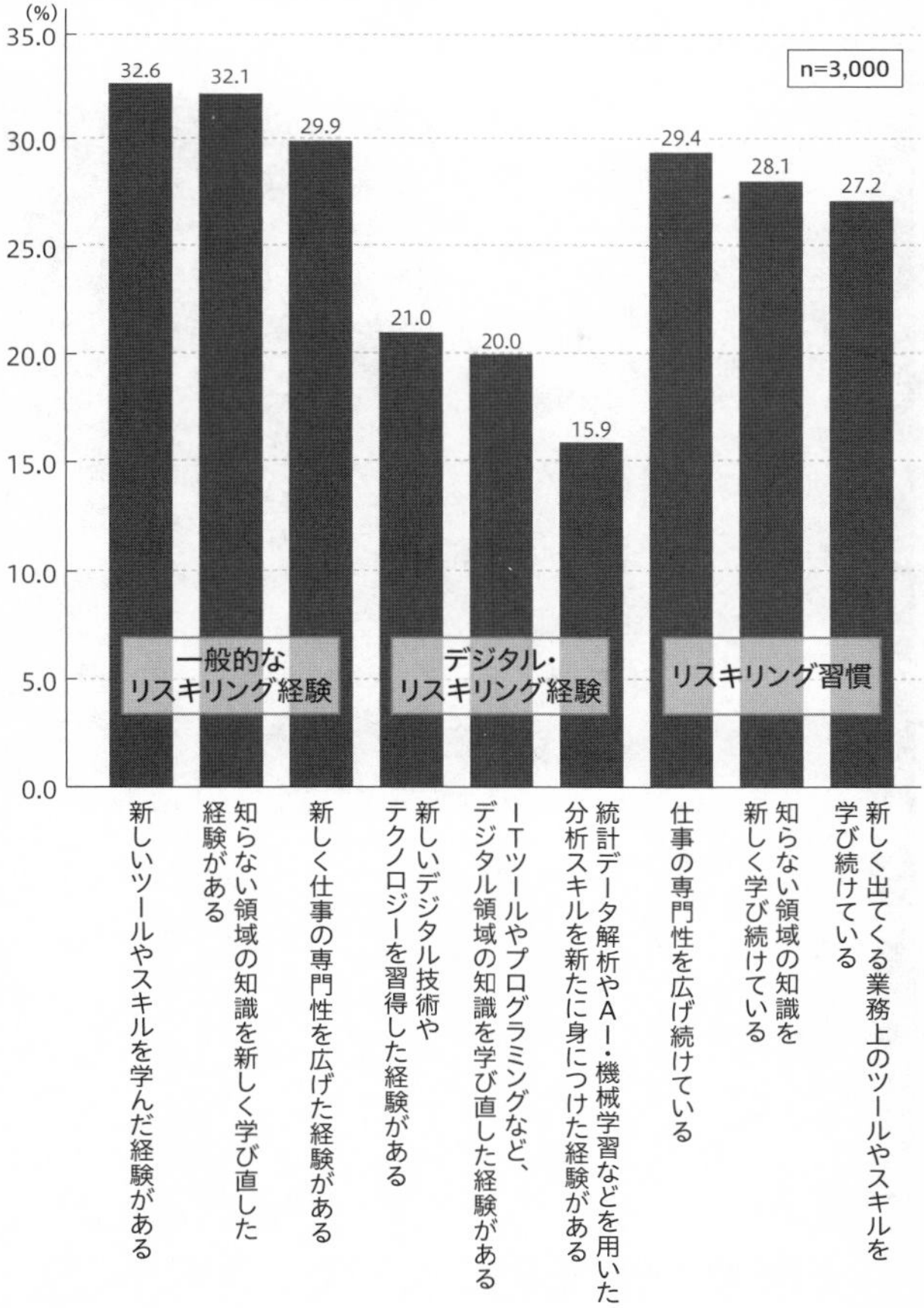

出所：パーソル総合研究所「リスキリングとアンラーニングについての定量調査」

図表４　業種別のリスキリング・マップ

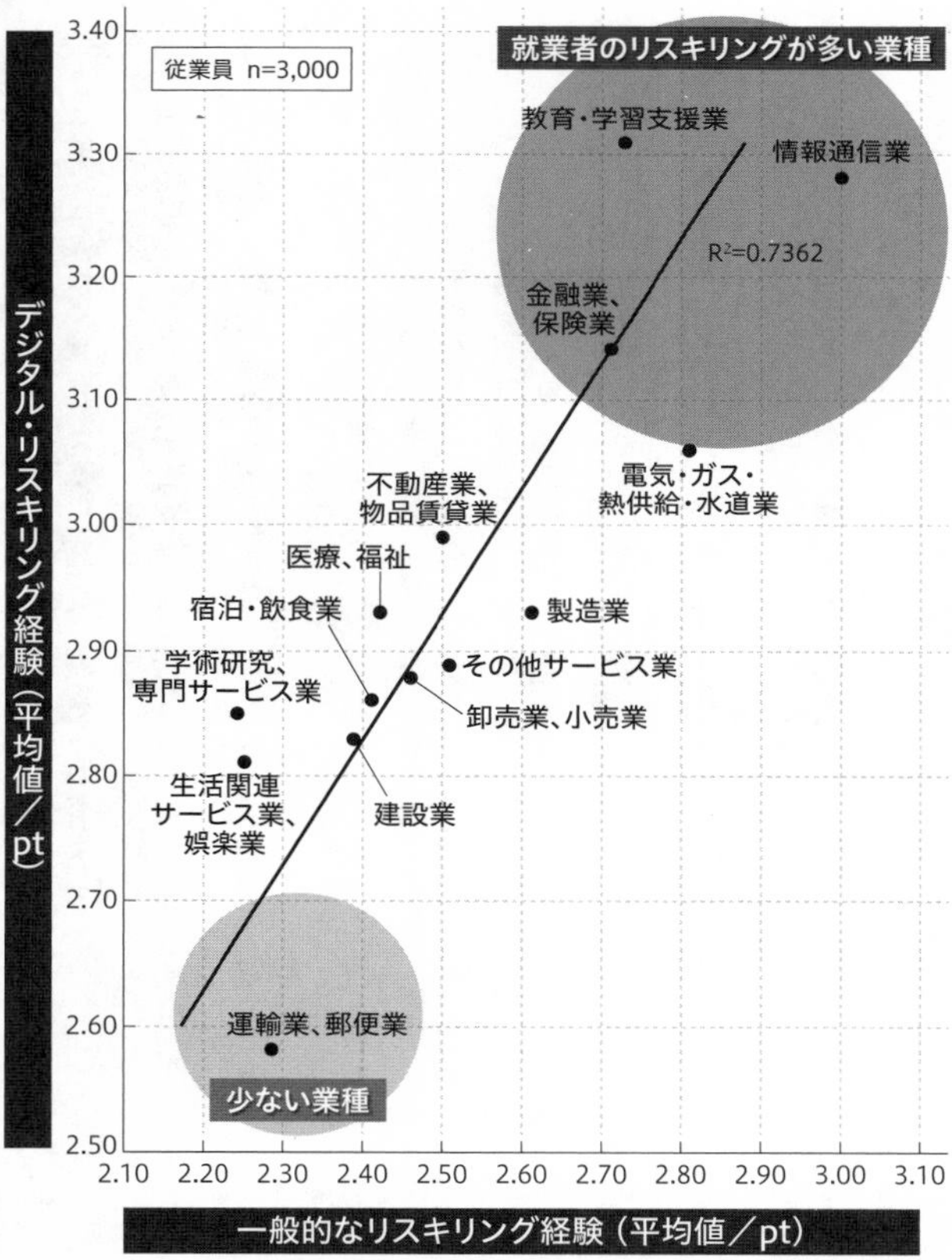

出所：パーソル総合研究所「リスキリングとアンラーニングについての定量調査」

図表５　職種別のリスキリング・マップ

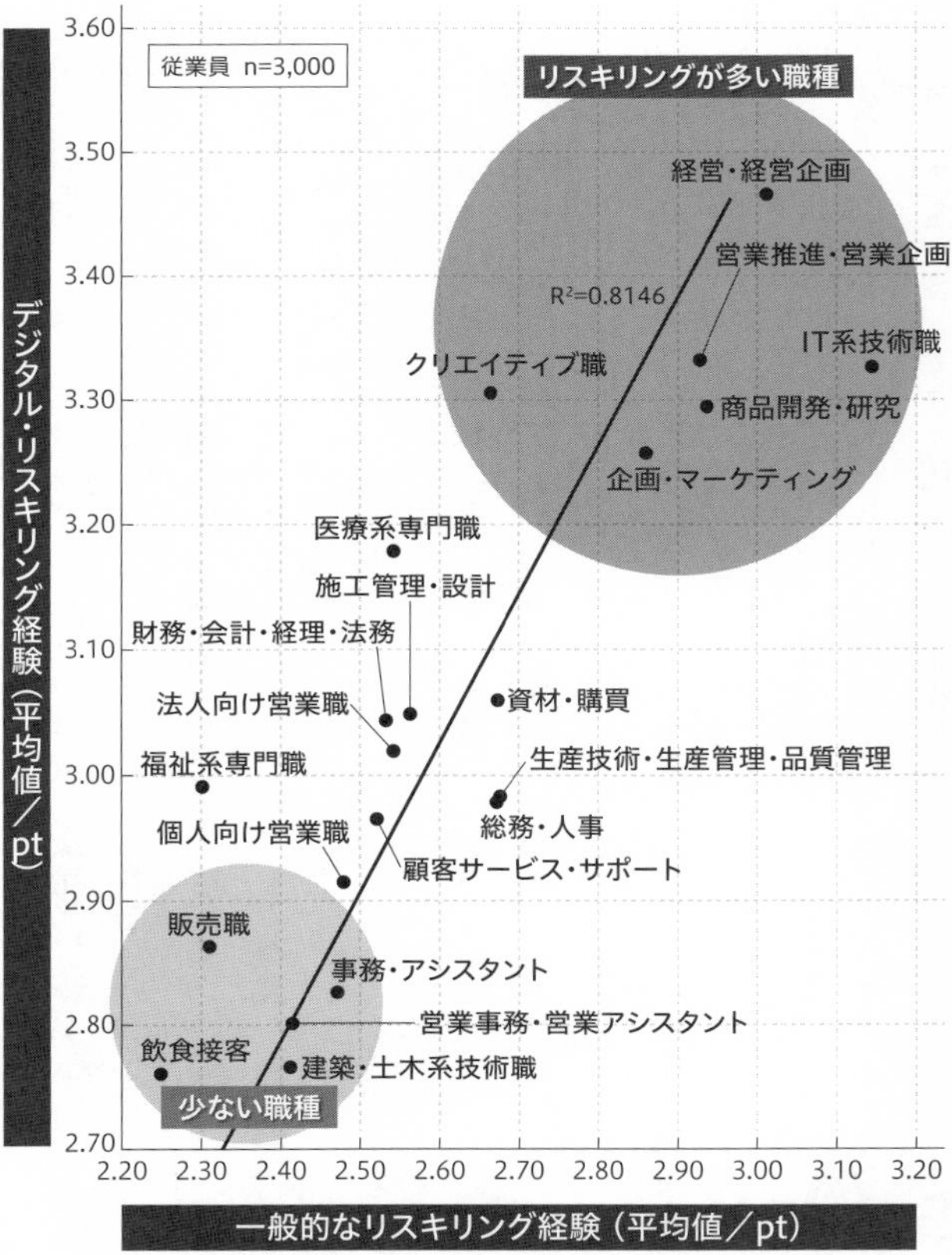

出所：パーソル総合研究所「リスキリングとアンラーニングについての定量調査」

育・学習支援業、金融業、保険業、電気・ガスをはじめとするインフラ業などです。DX・デジタル化の必要性やカーボンニュートラルなどの構造的変化の影響が強い業界でしょうか。また、コロナ禍による近年の社会変化が大きかった業種であることも指摘できるでしょう。

一方で、リスキリングの経験の多寡《たか》は、職種によっても大きく変わります。**IT系技術職や商品開発・研究、企画・マーケティングなどが、リスキリング経験の多い職種です。**これらはビジネス変化の影響を直接的に受けやすい（ないしは対応が必須な）職種としてまとめることもできるでしょう。

その一方で、**建築・土木系技術職、飲食接客、販売職や各種の事務・アシスタントは、一般的なリスキリング経験も、デジタル領域のリスキリング経験もともに極めて少ないことがわかります。**

さて、営業アシスタントや事務のようなオートメーション化によって雇用削減にさらされやすい職種がリスキリングから遠ざかり、経営企画やIT系技術職ばかりがリスキリングを実施している現状が見て取れました。こうした職種別のリスキリングの「格差」は、ダボス会議が指摘していたような「ジョブの変動」に対するリスキリングの必要性という大目的と照らし合わせれば大きな課題です。仕事世界の変容に伴う、「潜在的失業対策としてのリスキリング」とは程遠い世界が広がっています。この日本のリスキリングが持つ「お題目」との乖離《かいり》は、後ほど「スキルの明確化」という議論においても大きく影を落とす論点ですので、ぜひ覚えておいてください。

「リスキリング」の議論が表層的なものになる理由

さて、リスキリングの背景とその現状をざっと説明してきました。では、日本において、官民合わせた大合唱となっている**リスキリングの潮流は、今後、首尾よく進んでいくでしょうか。現状を見る限り、その行く末は残念ながら暗いと筆者は考えています。**５年間に１兆円という大掛かりな政府支援がされようとも、その支援が「現場」に届くには、大きなハードルがいくつも存在します。

日本の社会人領域の学びの推進には、かねて指摘されてきた困難がいくつも存在しますが、今のリスキリングをとりまく議論と実践は、その課題を解決する水準にあるように全く見えないからです。

リスキリングについての政策議論、有識者の議論、企業で交わされる言説の内容を眺めていると、各所で行われている「リスキリング」をとりまく議論は、ずいぶん昔から聞いたことのある言葉のオンパレードです。
例えば、リスキリングをどう進めていくかという点について、よくある議論の例を羅列してみましょう。

「リスキリングを進めるには、まずこれから不足するスキルや仕事を明確にすることが必要だ」
「未来のスキルのニーズと既存従業員のスキルを照らし合わせ、そのギャップを埋めていくべきだ」
「企業が求める人材像を、これからの経営戦略・人材ポリシーに沿って明確に描くことが求められる」

他にも「デジタルの時代において、スキルの洗い替えが必要だ」「企業はその投資をせねばならない」……といった前口上を含めて、このような論理はすでに数十年聞いてきた学びについての提言の多くに共通するものです。「リカレント教育」や「学び直し」と驚くほどに同形の論理が蔓延しています。こうした言葉があふれているリスキリングについての言説を、少し構造化して客観視してみましょう。

ほとんどのリスキリングの発想は、「未来に必要なスキルを明確化し」→「そのスキルを新たに身につけて」→「ジョブ（ポスト）とマッチングする」という線的なモデルに従って議論されています。具体的なスキルの明確化の仕方とそのためのガイド、教育訓練のプログラム内容や支援のあり方など、枝葉のバリエーションは無数にありますが、概ねこの考え方がベースです。大規模なジョブ・チェンジを伴う海外のリスキリング事例などを出して、「日本は遅れている！」という危機感に基づく広報・啓蒙を行おうとすれば、自然とこうした発想に引き寄せられるのかもしれません。

認知科学者である鈴木《すずき》宏昭《ひろあき》は、『私たちはどう学んでいるのか』（ちくまプリマー新書）において、近年の大学改革による、「三つの方針」の策定と公開の義務づけについて、まるで「工場」のようだと批判しました。

文部科学省などが大学教育に改革として求めてきた方針とは、「何を目標として、そのためにどんな学生を入学させるのか、そのためにどんな試験を行うのか（アドミッションポリシー）」「そのためにどのような教育をどんな順番で行うのか（カリキュラムポリシー）」「卒業の資格を与える要件を目標との関係で明確にする（ディプロマポリシー）」ことです。「学び」と

図表6　リスキリング議論の「工場モデル」

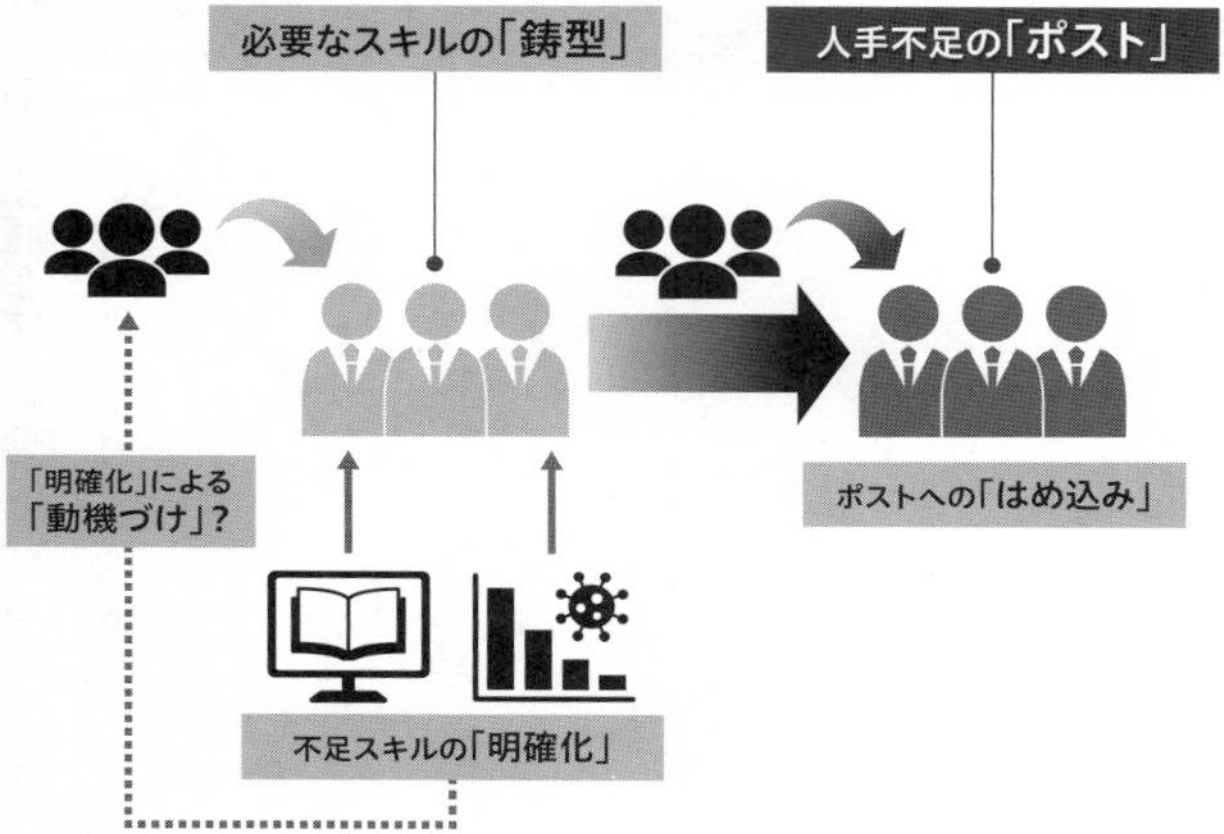

いう多様性とゆらぎを持つ営為を、このような線的な思考に還元してしまうことを鈴木は不当だと主張します。

本書が議論しているのは学校教育ではなく、社会人の学習の領域ですが、いま見てきたリスキリングの議論はまさにこの「工場」のメタファーで進められています。そこにあるのは、リスキリングの「工場モデル」と呼べる発想です（図表6）。

人材育成・人材開発についての学術的な研究分野はここ数十年、わが国でも多くの知見が急速に積み重ねられてきましたが、いま概観してきたような「リスキリング」や「人的資本」というトピックになったとたん、その思考のモデルはまるで先祖返りしているかのような単純さが目立ちます。

いくら「未来の大きな社会変化」が強調されようとも、この「工場モデル」をベースにした発想自体は、これまでの学び直しの言説ともほとんど変わりません。だからこそ、「リスキリング」が、学びの新しい売り文句程度にしかなっていないのです。ベテランの人事や学習研究の有識者と話すと、こうした「リスキリング」のブームを冷ややかに見ている人も少なくありません。

今のリスキリング・ブームを単なるブームに終わらせず、継続的で有意義なものにするためには、何よりもこの「工場モデル」を乗り越えることが必要です。そのためにまず、「工場モデル」という発想の欠点をきちんと整理しておきましょう。

「工場モデル」の欠点

①「個」への過度なフォーカス

工場モデルの第一の欠点は、リスキリングの実践が、「個」にフォーカスされ過ぎている点です。現代は教育も学習も企業人事も、社会の至るところで「個性」や「その人らしさ」が強調される時代です。学習プログラムも「一人ひとりに合った学び」がトレンドです。隙間時間にモバイル端末で学ぶ「モバイルラーニング」や、学習者に最適化された個別の学習内容を提供する「アダプティブラーニング」などが花盛りです。個人単位で努力する自己研《けん》鑽《さん》としてはそれでもいいでしょうし、これからもこうした「カスタマイズ化」の流れは止まらないと思います。

しかしその一方で、心理学や学習理論の研究者たちが半世紀以上前から探求してきたのは、「学びと他者との相互作用」のあり方でした。人の学びとは、他者との相互作用の中で「社会的」かつ「共創的」に営まれるということが、社会諸科学の様々な分野で明らかにされています。後でも整理しますが、ここでも代表的なものを紹介しておきましょう。

1920年代にはすでに、ソビエトのレフ・ヴィゴツキーが、人は自分をとりまく他者、つまり社会的関係を個人の中に取り込んでいくことで精神機能を発達させていくことを指摘しています。人間の能力向上や精神発達の本質に、社会関係という「他者との関わり」を中心に置いたのが、夭折《ようせつ》の心理学者ヴィゴツキーの慧眼《けいがん》でした。[11]

その後1960年代には、心理学者アルバート・バンデューラが、他者の体験の観察・模倣（モデリング）によって行動変化につながることを示す「**社会的学習理論 Social Learning Theory**」を提起しました。[12]従来の学習理論が、学習者自身の経験を前提としていたのに対し、学習とは他者の行動を観察し模倣することによっても成り立つことを実証したのです。バンデューラはこれらの業績によって、20世紀でも最も影響力の大きい心理学者の一人となっています。

また、学習理論を代表する研究者であるジーン・レイヴとエティエンヌ・ウェンガーが提唱したのが、**「実践共同体」**というコンセプトです。実践共同体とは、関心や熱意などを共有し、相互交流を通じて知識やスキルを深めていく集団です。言い換えれば、徒弟制《とていせい》のように「同じ職場で、切磋琢磨して成長する仲間」です。レイヴとウェンガーは、産婆《さんば》や服の仕立屋などの観察を通じて、「状況づけられた学習」や「正統的周辺参加」といった概念を用いながら、こうした社会的実践の中における人の学習のあり方を理論づけていきました[13]。

組織論の領域でも、１９８０年代末から１９９０年代にかけて、個人が学んだことの単純な総和ではなく、「組織」単位で学び改善していく**「組織学習 Organizational Learning」**というプロセスが研究されてきましたし、ピーター・センゲによってベストセラーとなった『学習する組織』もよく知られるところです。

これらを基礎的な学習理論としながらも、日本においても社会人の学びについての業績は特にここ20年で数多く積み重なっています。例えば、立教大学の中原淳《なかはらじゅん》によって**「職場学**

習」における同僚・上司による支援のあり方（業務支援、内省支援、精神支援）の重要性が実証されてきましたし、[14]南山《なんざん》大学の安藤史江《あんどうふみえ》は、高いレベルの学びには、会社や組織の他者の中にある自分の役割・目的を認識している**「組織内地図」**の形成が必要だと指摘しています。[15]

また、学びの社会性、他者性を追求してきたのは、このような組織論・学習の領域だけではありません。例えば社会学では、個人的な認識機能だと思われている「記憶」が、共同体内で蓄積され伝承されていく側面に光を当てたモーリス・アルヴァックスによる**「集合的記憶」**というコンセプトがあります。[16]加えて、経営学の領域では、組織の中において「誰が何を知っているか」という、知識に対するメタ知識である**「トランザクティブ・メモリーTransactive Memory」**のコンセプトが知られています。[17]

このように、「学びの他者性」に関する知見は、とりわけ企業や組織の中で行われる学習や経験について、様々な分野で提唱されてきました。いずれも個人のレベルを超えて、知識獲得や学習のプロセスにおける集団的・集合的なありように着目するものです。組織で行われる学びとは、「個」の学習を単純に足し合わせた総和ではなく、総和以上の創発的なメカニズムを持つことが示されてきたわけです。

一方で、リスキリングの「工場モデル」では、「個」を単位とした知識やスキル獲得に焦

点が集まります。「個」のスキルや能力を伸ばしてジョブとマッチングさせようとする工場モデル発想で考えられたリスキリング施策は、「個」が選択できるｅ－Ｌｅａｒｎｉｎｇのような個別学習や、一時的なグループワーク・課題の実施へと矮小《わいしょう》化されています。まるでＲＰＧのレベル上げのように「個」に属するステータスとしての「スキル」や「能力」を上げようとし、学習への動機づけも、キャリアアップや処遇の上昇などの「個」が享受する経済合理的なメリットばかりに注目します。学ぶことによって「個」が得する状況を作れば、もっと多くの人は学ぶだろう、という素朴な発想です。そこには、**企業という他者関係の中で行うリスキリングにもかかわらず、「トレーニングの仕方」や「研修の提供」「個人の動機づけ」にフォーカスされて、「組織的視点」が介在していません**。

企業は、従業員を教育支援する主体である以上に、人材マネジメント、つまり人の働き方の全体を設計する主体でもあります。工場モデルの問題は、そうした「組織的」な学びを人材マネジメント全体でトータルに設計していく視点が欠けることです。「不足している人材ポストへの個の送り込み」という線的な工場モデル発想では、学習理論がその重要性を重ねて説いてきた「他者との関わり」を考える余地が極めて少なくなってしまいます。

この意味で、リスキリングを経営課題として進めるにあたり、最も悲劇的な結末としてありうるのが、人材投資だけ増やし、あとの実務は教育担当者に丸投げするパターンです。多くの場合、大手企業になるほどに人事の役割も細分化し、縦割りになっていきます。教育担当者は研修訓練の企画・調整は行いますが、人材マネジメント全体を設計するための専門知識も権限も持たないことが多いです。そうした中で、教育担当者は「何を教えるか」「人材要件は何か」といった工場の「設計図」だけを精緻《せいち》に作り始めます。それはまさに、ここでいう「工場モデル」発想のリスキリングの始まりです。

② 学びの偏在性

第二に、工場モデルは、「学ぶ人しか学ばない」という学びの偏在性を解決できません。

第一の点にも関わりますが、「個」を単位とする工場モデルは、「一部の人は学ぶが、ほとんどのその他大勢は学ばない」という決定的な問題に対して無力です。後ほど詳しく述べるように、国際的には「勤勉」のイメージで知られる日本人は、社会人になったとたん国際的にも圧倒的に「学ばない国民」と化します。多くの就業者が継続的な学びの習慣を持ちませんし、読書量も少ないことが知られます。しかも、学びの量はここ数十年間でどんどん減っている様子さえ見られます。

先ほど、行政や企業が用意したリスキリングに関連するプラットフォームや補助金について触れましたが、これらの「学び直し」を進めようとする啓発支援策を多くの日本人は認知すらしていないのが現状でしょうし、知ったとしても関心は薄いでしょう。ビジネスの現場では、組織内の人材の割合を示す時に、「２：６：２」という言葉がよく用いられます。組織には意欲的に働く優秀層が20％いて、普通に働く層が60％いて、意欲やパフォーマンスの低い層が20％いることを示す言葉です。その中で、学ぶのは常に「上の２割」だけであり、「残りの８割」が学んでくれない。実務上のリスキリングにおける課題の多くは、この問題に集約されます。

図表４、５でも確認した通り、今すでにリスキリングに励んでいる人は、これからのデジタル革新においても一定のニーズが見込める職種についている人たちに偏っています。本当にリスキリングや学び直しが必要な層は今も学んでいないし、研修や学び直し支援に自ら手を挙げることもありません。日本のビジネスパーソンは、「学ばない」ということにすら「意思を持った選択」をしているとは言えません。

これこそが「学びの貧困国」である日本における最大の課題とも言っていいのですが、個へのスキル注入に重点を置く工場モデルは、この問題を全くカバーできません。社会人の学びについての政策的議論や企業施策の議論では、「国民一人ひとりも学びやキャリアへの意識を変える必要がある」といった、誰にも響かない「お説教」がむなしく繰り返されるだけです。

海外から最新動向と概念を「輸入」するのが大好きなのは、日本の人事業界（と学会）の常ですが、世界的に見ても極めて特殊な「学ばなさ」を前には、海外のリスキリング事例をそのまま輸入しても、ほとんど意味がないでしょう。

③「スキル明確化」という出発点

第三に、「スキルを明確化」することをリスキリングの「スタート」に置く点です。

すでに述べた通り、現在の「リスキリング」は、「DX」というさらに広義なバズワードと紐づいてしまっています。工場モデルの発想とこのDXという経営課題が結びつくと、「リスキリングのためにはまずはDX戦略を明確化し」、「DX人材の像や必要なスキルを明確化することが不可欠だ」という論理がまことしやかに現れてくることになります。

しかし、この「スキルニーズの明確化」をスタートに置く時点で、リスキリングの議論は現実味のない、「教科書的なきれいごと」へと墜ちていきます。日本企業において、DXによるビジネス変革に必要な人材像を技術レベルまで明確化し、その頭数を数えられるほど具体的に定まったＤＸ戦略などほとんどないからです。

チャールズ・Ａ・オライリーとマイケル・Ｌ・タッシュマンによる「両利きの経営」論[18]を持ち出す必要もなく、不確定要素に対する「探索」的な経営行動であるＤＸについて、スキルや能力の「正確な鋳型《いがた》」が作れるとは筆者には全く思えません。ＤＸというビジネスモデルを非連続的に発展させるイノベーティブな経営行動において、ほとんどの企業は手探り状態です。そのような状態の企業に対して、必要なスキルの明確化を求めるのはかなりの無理筋です。この競争的な市場の中で、しかもデジタルを活用しながら既存の事業構造を変革することを各社が狙う「ＤＸブーム」のさなかで、「どんなスキルが、どんな規模で、いつ必要になるか」をはじき出すことは、多くの企業においては「神のみぞ知る」領域です。可能だとしても、それはＤＸとは名ばかりの「業務のデジタル化」くらいのレベルでしょう。

この「スキル明確化」論が現実的でないもう一つの理由は、市場のスキル需要が変わる速度に適応できない考え方だからです。市場の変化の高速化は、より具体的なレベルで、市場で求められるスキルの変化速度も上げていきます。いま「リスキリング」において各社がこぞって学ばせようとしているデジタル領域のスキルこそが、技術的なアップデート速度の極めて速い領域です。だからこそ、「一度だけ我慢して学ぶデジタル・リテラシー」にも、「キャリアで1、2回だけ行う単発的なデジタル・スキルへの転換」にも、長期的な効果は期待できません。

例えば、ＩＴ技術分野におけるプログラミング言語一つをとってみても、如実に市場のニーズは移り変わっていっています。日本経済新聞のまとめ（図表7）によれば、新しいプログラミング言語である「Ｋｏｔｌｉｎ（コトリン）」を用いる仕事の報酬は時給約５０６０円、「Ｇｏ」を用いる仕事の報酬は時給約４７８０円でした。その一方で、老舗《しにせ》言語である「Ｃ」を用いる仕事は２９００円程度で、すでに大きな差があります。[19] 周知の通り、こうしたプログラミング言語を用いない「ノーコード開発」も実務では広がっていきます。「具体的スキル」のマーケット・ニーズは今後も高速で入れ替わっていくでしょう。

個人にしてみても、「必要なスキル」をどれほど正確に示されたとしても、それだけで学びへのモチベーションが上昇するわけではありません。学校側が「目指す生徒像」と「一週間の授業表」を精緻に作り、教室の壁紙に貼っておきさえすれば生徒のやる気が引き出せると考える教師などおそらくいません。

ですが、「リスキリングの工場モデル」では、なぜかそうした議論が散見されます。「それ

図表7　プログラミング言語ごとの報酬水準

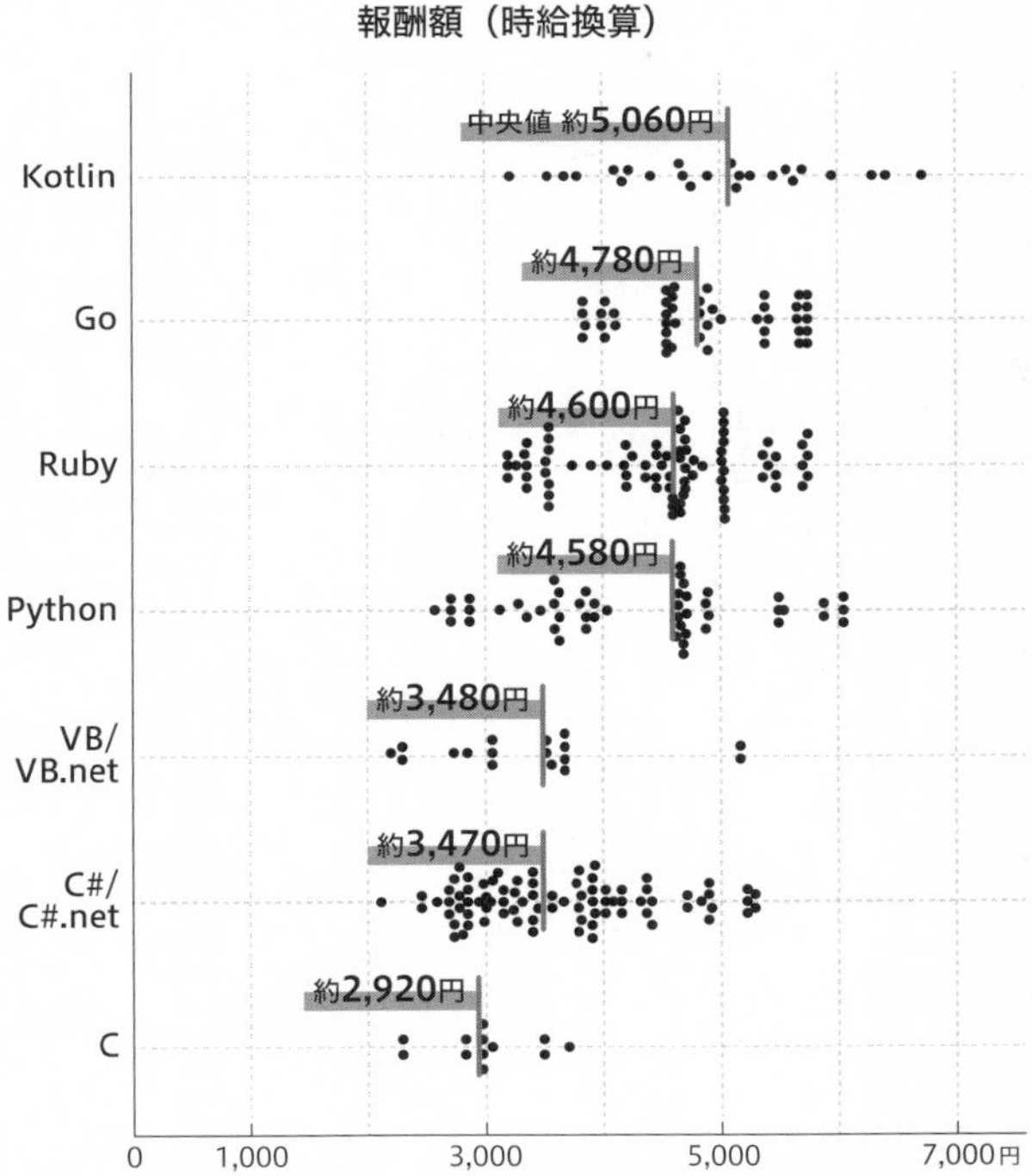

クラウドテック、2022年1～3月のデータ。各言語のうち時給が上位10～90%の案件を表示

出所：日本経済新聞オンライン、2022年9月30日「ITフリーランス、稼ぎは正社員の2倍　時給4150円」

で学ばないなら、あとは個人のせいでしょう」レベルの議論では、「2：6：2」の頂点の2しか学ばない現実は変わりません。この「スキルの明確化の困難」という問題については、日本の人事慣習ならではの理由もあります。少し専門的な内容なので、補論として後ほど議論したいと思います。

④　スキルの「獲得」と「発揮」の等値

第四に挙げられる工場モデルの欠点は、スキルの「獲得」と「発揮」を等値してしまっている点です。

ヒト・モノ・カネという古典的な三つの経営資源の中で、最も「伸縮性」が高いのがヒトという資源です。機械やロボットと違って、人は、置かれた環境によって発揮できる能力やスキルの幅を大きく増減させる生き物です。

例えば、スーパーエンジニアや新規事業開発の玄人《くろうと》など、「その領域のプロフェッショナル」として鳴り物入りで入社した人材が、転職先の企業で全く機能せずに辞めていってしまう事例など、枚挙にいとまがありません。筆者も何人も目にしてきました。この人間の能力やスキルの発揮についての「環境依存性」や「文脈依存性」も、様々な社会科学が多方面か

図表8 人的資本と企業業績の関係

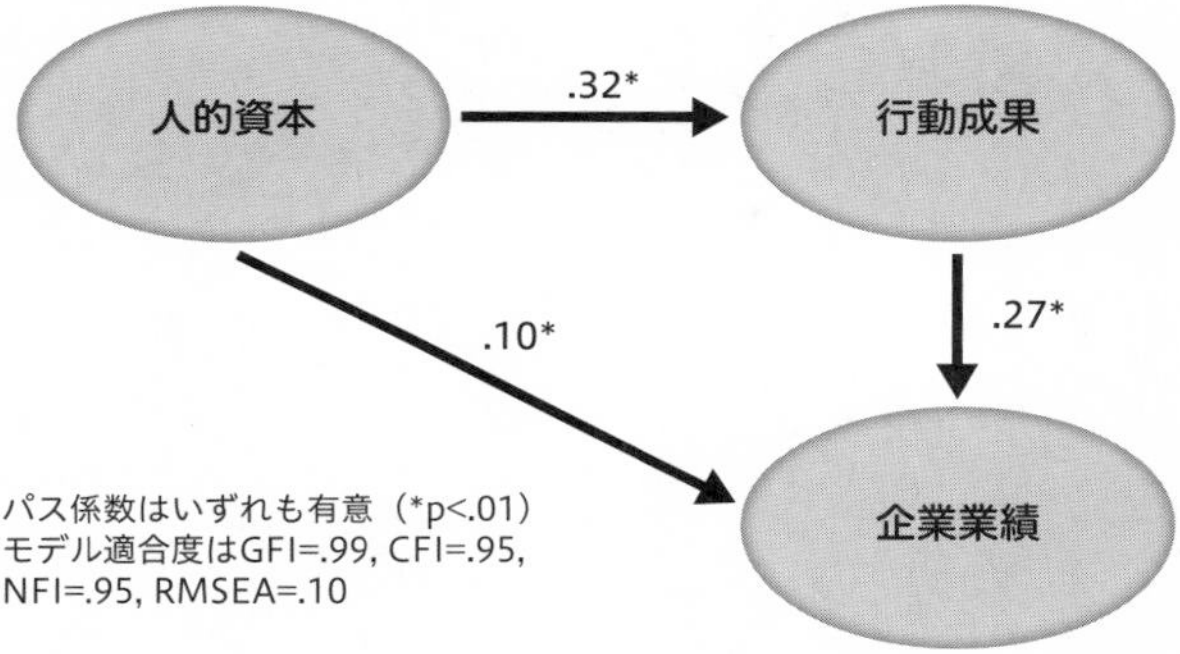

出所：Crook TR, Todd SY, Combs JG, Woehr DJ, & Ketchen DJ Jr. (2011) Does Human Capital Matter? A Meta-analysis of the Relationship Between Human Capital and Film Performance. The Journal of Applied Psychology. 96.

ら検証し実証してきたことです。

かねて、人事・人材業界には、**「企業が従業員に対して行う研修が、果たして企業の業績にプラスに寄与するのか」**という根本的な問いがあります。会社公式の研修訓練が、売り上げや利益といった会社の業績につながらないのであれば、研修訓練への投資意義は大変薄いものになりますので、数多くの研修ベンダーにとっても大問題です。これについても、多くの研究が積み重ねられてきましたし、「人的資本」という概念が提出されたのも、この課題に対する経済学的なアプローチを行うためです。

そうした大量の定量調査をさらにまとめて分析した、よく知られるメタ分析の結果があります（図表8）。それによると、**人的資本への投資は、「行動成果を通じて」企業業績を上げているという関係**が見られました。[20] 人的資本に対する研修や教育などの投資は、それがもたらす「業務行動 Operation」の変化を通じて、企業にプラスの影響を与える、ということです。つまり、リスキリングという「学び」においても、企業や組織にとって重要なのは「行動」です。ここに変化を起こさない限り、いくらスキルや能力の保有値だけ高めても意味はありません。文字通りの「宝の持ち腐れ」です。

「工場モデル」の問題は、スキルの「獲得」と「発揮」という本来最も重要なプロセスへのパースペクティブがあまりに素朴すぎるという点です。集中講座や研修やトレーニングで短期的にテクノロジーの「記憶」や「知識」を詰め込んでも、その「発揮」まではずいぶんと距離があります。

　リスキリングや学び直しはただの「暗記合戦」ではありませんし、「テストの点数を上げるお勉強」でもありません。組織の中で、具体的な仕事の現場で、「変化」を起こさなければなんの意味もありません。しかし、工場モデルはこのことを十分に検討できるようなモデルではありません。

人はなぜ「工場モデル」に引き寄せられるのか

いま見てきた四つの欠点は、それほど高度な問題ではありません。筆者自身、メディア記者などによく問われるものばかりですし、皆さんも直感的に理解できるものだと思います。しかし、リスキリングについての議論は、なぜか判を押したかのようにこの工場モデルによる思考経路をたどります。そこでさらに思考を深め、なぜリスキリングに関わる人が「工場モデル的発想に惹《ひ》きつけられるのか」も同時に考えてみることにしましょう。

筆者が考えている理由の一つは、リスキリングのブームが「自律的なキャリア形成」の流れともまた結びついていることです。

今、企業の人材マネジメントは従業員の個々の「らしさ」を活かそうとするのがトレンドです。ダイバーシティ施策も、副業解禁も、複線型人事制度も、「それぞれの個と、個の多様性を活かす」というお題目のもとに実施されています。

教育訓練の領域においてそうした「個」のモードが最もよく表れているのが「自律的なキャリア形成」の動向です。皆が新卒で入社して30代で係長になり、40代で課長になり……といった単線的で同質的なキャリアパスではなく、個人が多様なキャリアを歩むことを認め支援していこうというのが自律的キャリア形成の要諦《ようてい》です。大手企業の中期経営計画の「人材戦略」のページにはことごとく「自律的キャリア」の文字が躍ります。

この「自律的キャリア形成」という「個の『らしさ』を活かす」発想が、リスキリングの工場モデルの発想の通奏低音として存在します。キャリアは多様かつ自律的なものであるべきなのだから、学びも「個」に合わせて自律的に進めていって然《しか》るべきだ、というわけです。

例えば、経済産業省の未来人材会議が中間報告として発表した、「未来人材ビジョン」はこのように謳います。

新たな未来を牽引する人材が求められる。それは、好きなことにのめり込んで豊かな発想や専門性を身に付け、多様な他者と協働しながら、新たな価値やビジョンを創造し、社会課題や生活課題に「新しい解」を生み出せる人材である。そうした人材は、「育てられる」のではなく、ある一定の環境の中で「自ら育つ」という視点が重要となる。[21]

しかし、この自律的で自発的な学びというお題目は、先ほどの「学ぶ人がごく一部しかいない」という学びの偏在性との相性が極めて悪いものです。学ぶ意思や意欲を持った人がそもそも国際的に圧倒的に少ないにもかかわらず、企業や行政が「自律的な学び」というお題目を通して学びを「個人の選択」に任せれば、その結果は悲劇的なものになるでしょう。「学ぼうとする個人」を人材マネジメントにおいてどう増やしていくか企業が考えるのをやめた時、その先には「孤独な自己責任」の論理しか待っていません。

リスキリングの議論が「先祖返り」してしまうもう一つの理由は、リスキリング・ブームを牽引《けんいん》している「人的資本」という概念そのものにあると筆者は感じています。

「人的資本」というコンセプトは、主に「教育」「研修」「訓練」といった各種の人への投資の価値を測定するために発明された経済学の概念です。ともにシカゴ大学で活躍したセオドア・シュルツやゲイリー・ベッカーといった経済学者が1960年代にかけて彫琢《ちょうたく》してきました。二人ともノーベル経済学賞を受賞した超・大物経済学者です。

人的資本の研究では、機械設備のような「物的資本」ではなく、人という労働力の「質」の上昇が、経済成長にどの程度寄与するのかが問われました。より具体的に言えば、研修をはじめとする職場内教育、そして学校教育への投資、それによる人的資本の向上で、賃金や企業収益などへの影響がどのくらい生み出されるのかに焦点が集まりました。

ベッカーらの提起からおおよそ半世紀経った今、この「人的資本」のコンセプトが、「人的資本投資」や「人的資本経営」として日本企業の経営を左右しているのです。

しかし、**人に関連する特性やネットワーク、意識や習慣などを「資本」として捉える見方は、経済学における「人的資本」だけのものではありません。**人に関わる「資本」のバリエーションは、これまで社会諸科学において大小様々な切り口のものが提案されてきました。

例えば、フランスの社会学者ピエール・ブルデューは、学歴や素養、書物や絵画などの文化的な財物を、個人が持つ「**文化資本**」と呼びました。こうした文化資本は学校教育などを通じて親から子へと受け継がれ、地位や権力の再生産に結びついているとブルデューは指摘しました。文化資本が家庭による差異や子供の学力や教育達成に及ぼす影響についても、日本を含む世界中で数多くの実証研究が行われています。

また、文化資本ほど知られていませんが、「**感情資本**」という概念もあります。アメリカの社会学者であるアーリー・ラッセル・ホックシールドは、感情を制御しうまく表出すること、すなわち感情管理が重要になるキャビンアテンダントのような労働のことを「感情労働」だと喝破《かっぱ》しました。[22] エヴァ・イルーズはそれを受けて、他者の感情を察し自分の感情をコントロールすることが出世や昇進、人脈拡大などを導くことを指摘し、「感情資本主義」だと呼びました。[23]

さて、こうした社会諸科学にいくつもある人の「資本」概念のバリエーションの中において、「人的資本」は比較的古いコンセプトです。

経済学的コンセプトである「人的資本」は、主体としての「個」を単位としています。統計的な解析ではもちろん個人の集合体としての定量データを扱いますが、その内容は知識・能力・スキルなど、個人で完結する特質を指す概念です。仕事や業務に直接活かせるそうしたスキルは、もちろん「リスキリング」とは相性の良い概念ではあります。しかし、人的資本の「高め方」や「教育のあり方」というＨＯＷ（どうやって）の部分まで「個」をベースにしてしまう思考が、リスキリングの議論全体に薄い膜のように覆いかぶさっています。

つまり、個人を単位とする「人的資本」のパースペクティブに引っ張られ、リスキリングの議論まで先祖返りしてしまっているということです。人的資本への投資がリスキリングの呼び水になっていると同時に、リスキリングのモデルの発想を狭くしてしまっている。筆者はそのように見立てています。**その意味では、今の「リスキリング」が乗り越えるべきは、ブームの背景にある「人的資本経営」という発想のしがらみそのものです。**

私見では、日本のリスキリングの成否のカギを握るのは、「心理的資本」と「社会関係資本」という二つの資本概念です。詳しくは後ほど説明しますが、「心理的資本」とは、希望や効力感などの人が持つポジティブな心理状態（一瞬の感情ではありません）のことで、人材マネジメントの研究で注目され始めているコンセプトです。「社会関係資本」とは、人と人が創る信頼をベースにした人間関係のネットワークのことで、社会学を中心に1990年代以降多くの蓄積があります。

この「心理的資本」と「社会関係資本」は、後ほど議論していくリスキリングのための処《しょ》方箋《ほうせん》にバックボーンを与えてくれるコンセプトでもあります。

工場モデルを乗り越えるために

さて、今の「リスキリング」言説が依拠している「工場モデル」の限界をいくつか指摘してきました。リスキリングの議論をより深め、より現実的なものにするために、筆者がこれから本書で提案していくのは、以下のようなことです。

本書の大きな方針は、「個人のやる気」頼みのリスキリングをやめ、リスキリングのための動機づけを「仕組み化」することです。いまトレンドになろうとしている「自律的学び」や「個に合わせた学び」は、従業員の動機の高低に過剰に依存しています。

Ａｍａｚｏｎの創業者であるジェフ・ベゾスに、「善意は働かない、働くのは仕組みだ」

という言葉があります。企業がリスキリングで行う研修訓練の多くは、学び続けることを個の自発性、自律性に依存しっぱなしです。孤独に画面に向かい合うe-Learningでの学習も、個人が選択する手挙げ式の研修も、学ぶ人それぞれの意思や動機にその効果が左右されすぎています。「世界で最も学ばない」キャリアを当たり前に歩む日本のビジネスパーソンに、自発的な学びや主体的な学びを促すのは、そう簡単なことではありません。この日本特有の**「学ばなさ」**がリスキリングの最大のハードルであることは疑いようがありません。

「学ばなさ」に加えて、リスキリングのもう一つの大きなハードルは、**「変わらなさ」**です。今のリスキリングの議論の欠点の一つに、スキルの「獲得と発揮の等値」があると言いました。職場においてもキャリアにおいても、なんらかの「変化」を起こさない限り、いくら高度なスキルを身につけても意味がありません。リスキリングの大敵は、研修訓練の場を離れた時の従業員の「変わらなさ」です。

変わらなさの中には、職場の業務レベルの変わらなさと、「自分のキャリアはもう変わらない・変えられない」という個人のキャリアレベルの変わらなさがあります。後ほど見るように、集団で働く組織の中には、こうした変化を抑制するようなメカニズムが埋め込まれていることも私たちの研究で明らかになっています。また、特に中高年になってくると、キャリアや仕事のやり方を変えることへのハードルは高くなります。スキルをいくら獲得しても「発揮」という行動変容につながらないこれらの「変わらなさ」は、仕組みづくりのための大きなハードルです。

そこで、次の第2章、第3章は、この仕組みづくりのヒントを探るために、根本的な問題である「学ばなさ」、そして「変わらなさ」という二大問題を見つめ直すことに費やします。**こうした仕組みづくりの議論をより精緻にしていくためにもう一つ必要なことは、「リスキリング」の解像度を上げることです。**そもそも「学び直し」も「リカレント教育」も「リスキリング」も、社会人領域における学習・訓練という広い意味合いを持った言葉です。そうした広い言葉を用い続けることで、今のリスキリング全体の議論はとても「粗《あら》い」解像度で行われてしまってします。そうした粗すぎる解像度が、雑駁《ざっぱく》な「おれの・わたしの教育論」を生み出し続けていますし、実効性のある仕組みづくりの議論がなかなかできません。

今回、筆者が実施した調査では、リスキリングを支えている具体的な学び行動として、**「アンラーニング」「ソーシャル・ラーニング」「ラーニング・ブリッジング」**という学びが見出されています。これらは広義のリスキリングに対して、より下位レベルで実践されている学び行動として整理できるものです。

「アンラーニング」は「学習棄《き》却《きゃく》」とも呼ばれ、それまで続けてきたスキルややり方を「捨てる」ことに重点を置いた学びのコンセプトです。「蓄積」だけではない社会人の学びのダイナミズムを捉えることができる概念として、以前から存在します。

「ソーシャル・ラーニング」とは、一人きりで独学するのではなく、他者にフィードバックを求めたり学ぶ仲間を集めたりする、「人を巻き込む」タイプの学び行動です。[24]「ラーニング・ブリッジング」は、学びと経験、学びと実務を「つなげていく」ことを示す学びです。

むろん、この三つの学びだけが重要なわけでもないですが、これらの概念を使うことで、大雑把な「リスキリング」について議論する時の粒《りゅう》度《ど》をきめ細かなものにすることはできます。何がこれらの学びの障害になり、何がこれらを促進できるのかをより具体的に検討し、より精度の高い施策を実行できるようになります。「リスキリング」という曖昧《あいまい》な自然言語に振り回されるのを防ぎ、より職場のリアリティに根差した議論に近づけていくことが目的です。これらの三つの学びについては、本書後半の第４章で詳しく紹介していきます。

1 Frey, Carl Benedikt, and Osborne, Michael A. "The future of employment: How susceptible are jobs to computerisation?" *Technological forecasting and social change* 114 (2017): 254-280.

2 Arntz, Melanie, Gregory, Terry, and Zierahn, Ulrich. "The risk of automation for jobs in OECD countries: A comparative analysis." (2016).

3 岩本晃一編著、２０１８、『ＡＩと日本の雇用』、日本経済新聞出版社

4 パーソル総合研究所「人的資本情報開示に関する実態調査」従業員数１０００名以上の企業の役員層（取締役・執行役員）、人事部長を対象

5 日本経済新聞オンライン、２０２２年７月６日「独ボッシュ、世界40万人をリスキリング　ＩＴ人材に転換」 https://www.nikkei.com/article/DGXZQOGR263LW0W2A620C2000000/?utm_source=pocket_mylist

6 https://www.skillsfuture.gov.sg/

7 独立行政法人情報処理推進機構『ＤＸ白書２０２１　日米比較調査にみるＤＸの戦略、人材、技術』

8 https://manabi-dx.ipa.go.jp/

9 経済産業省「経済産業省の取組」令和４年２月 https://www.mhlw.go.jp/content/11801000/000894640.pdf

10 日経クロステック、２０２２年６月16日「日本リスキリングコンソーシアムが発足、49団体が２００超のプログラムを提供」 https://xtech.nikkei.com/atcl/nxt/news/18/13099/

11 Vygotsky, L. S., 1927, The collected works of L. S. Vygotsky: Volume 4: The history of the development of higher mental functions. Plenum Press.

12 Bandura, Albert, 1971, Social learning theory. General Learning Corporation.

13 ジーン・レイヴ、エティエンヌ・ウェンガー、１９９３、佐伯胖訳、『状況に埋め込まれた学習　正統的周辺参加』、産業図書

14 中原淳、２０１０、『職場学習論　仕事の学びを科学する』、東京大学出版会

15 安藤史江〝組織学習と組織内地図の形成〟組織科学 32.1 (1998): 89-103.

16 M・アルヴァックス、１９９９、小関藤一郎訳、『集合的記憶』、行路社

17 Wegner, Daniel M. ,1987, "Transactive memory: A contemporary analysis of the group mind." *Theories of group behavior.* Springer-Verlag, New York, pp. 185-208.

18 チャールズ・Ａ・オライリー、マイケル・Ｌ・タッシュマン、２０１９、入山章栄監訳、渡部典子訳、『両利きの経営』、東洋経済新報社

19 日本経済新聞オンライン、２０２２年９月30日「ＩＴフリーランス売り手市場で腕磨く」https://www.nikkei.com/telling/DGXZTS00002420Q2A930C2000000/

20 Crook, T. Russell, et al., "Does human capital matter? A meta-analysis of the relationship between human capital and firm performance." *Journal of applied psychology* 96.3 (2011): 443-456.

21 経済産業省「未来人材ビジョン」令和４年５月 https://www.meti.go.jp/shingikai/economy/mirai_jinzai/pdf/20220531_1.pdf

22 Hochschild, A.R., 1983, The managed heart: Commercialization of human feeling, University of California Press.（２０００、石川准、室伏亜希訳『管理される心　感情が商品になるとき』、世界思想社）

23 山田陽子、２０１９、『働く人のための感情資本論　パワハラ・メンタルヘルス・ライフハックの社会学』、青土社
岡原正幸、２０１３、『感情資本主義に生まれて　感情と身体の新たな地平を模索する』、慶應義塾大学出版会
https://www.jstage.jst.go.jp/article/jws/18/0/18_206/_pdf/-char/ja
Illouz, E., 2007, Cold Intimacies: The Making of Emotional Capitalism, Polity.
Illouz, E., 2008, Saving the Modern Soul: Therapy, Emotions, and the Culture of Self-help, University of California Press.

24 ちなみに、「ソーシャル・ラーニング」は、ベネッセ教育総合研究所・立教大学中原淳教授・パーソル総合研究所との共同プロジェクト（ハタチからの「学びと幸せ」探究ラボ）調査研究において導出されたコンセプトでもあ

ります。また、「ラーニング・ブリッジング」はもともと「複数の場面における学習を架橋すること」として学校教育の分野で研究されてきた概念です。

河井亨〝学生の学習と成長に対する授業外実践コミュニティへの参加とラーニング・ブリッジングの役割〟日本教育工学会論文誌 35.4 (2012): 297-308.

【補論】「スキル明確化」という幻想
――氾濫する「うまくやる力」はどこへいくのか

ここでは補論として、工場モデルの発想が共有している「スキル明確化」という言説の限界について補足しておきましょう。スキルの明確化をリスキリングのスタートとする発想は、工場の生産ラインのメタファーで言えば**「鋳型の正確性」を求めようとする**ことです。鋳型の種類とその鋳型から作られる人材の数を正確に割り出すこと。それこそが、「必要なスキルの明確化」の意味するところです。

「スキル」という言葉は、自然言語であるために扱いが難しく、議論が散逸してしまいがちです。そこで、ここでは領域を横断する**専門的知識や技能の幅と種類のことを「スキルの広さ」として「x軸」に置き、特定領域の「専門性の高さ」を「y軸」**として置いた図にして考えてみましょう（**図表9**）。

x軸は、各職種領域の「スキルの幅の広さ」です。端的に言えば、「どのくらい、複数の領域にまたがった技術を持っているか」を示しています。この幅の広さに対する物差しは、具体的な「職種」です。例えば、経理や人事、営業、最近ではデジタル・マーケター、デー

図表9　スキルのX軸（幅）、Y軸（高さ）、Z軸（奥行き）

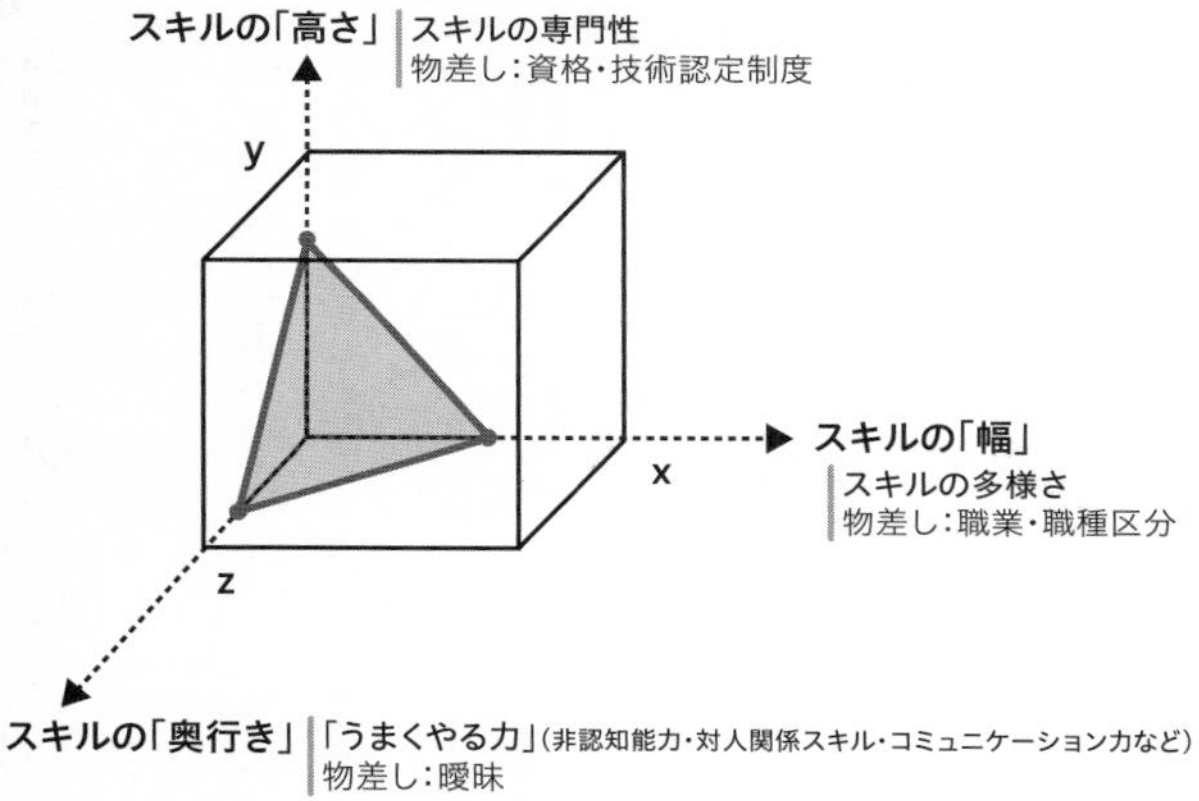

タ・アナリスト、リサーチャーなどがいま注目されている職種です。デジタル・マーケターもできるし、データ・サイエンティストもできます、という人はこのx軸がより右側に長くなっていきます。

一方の専門性の高さを示すy軸は、具体的で操作的な専門技術がどれくらい高度で希少性が高いものかを示します。会計知識や人事制度の知識、Pythonを操る技術、機械学習の知識、統計分析のノウハウ、画像処理技術などのことだと考えていただければいいでしょう。

このy軸の高さを測るための物差しは、一般的にも馴染みのある「職業資格」です。例えば簿記検定や統計士資格、中小企業診断士など、職業ごとに様々に存在している技術的資格がこのスキルのy軸の物差しになります。弁護士資格から医師免許まで、多くの資格制度はその獲得難度が高いものから低いものまでありますし、資格の中でもグレードや段階に分かれているものもありますが、それらがy軸の高低、つまり専門性の高さを証明するものとして機能します。

スキルに対する話題が、この二つの軸だけで語り切れるのであれば、話は簡単です。どんな領域の職種（ジョブ）におけるスキルなのか、どれだけ専門性が高いかが議論できますし、それぞれ市場にはある程度の物差しが存在します。

しかし、仕事に大きな影響を与えるスキルにはもう一つ重要な軸があります。業務で発生する問題をうまく考えたり、プロジェクトの進捗《しんちょく》をうまくコントロールしたり、職場の人たちと相互調整しながら協働していったりといった、**特定の領域に紐づかない、より一般的な仕事のスキルです**。こうしたスキルは人によって呼び方が異なり、ジェネリック・スキルやトランスファブル・スキル、ポータブル・スキルなどと呼ばれたりします。専門性の「幅（x軸）」でも「高さ（y軸）」でもない、仕事にまつわる様々な一般的スキルのことを、ここではあえてざっくりと、**「うまくやるスキル」**と呼んで、「奥行き」として**「z軸」に置くことにします**。

この「うまくやるスキル」は、その抽象度の高さも手伝って、列挙しようとすれば極めて膨大なリストが出来上がります。情報整理力、コミュニケーション力、協調性、問題解決力、主体性……。人の社会生活において、このような一般的な能力・技能の何が大事なのか、重要なのかを特定しようとする試みは、アカデミア・ビジネス問わず多く行われてきました。例えば、心理学の領域では「非認知能力」などが盛んに議論されてきましたし、対人折衝での重要性は社会心理学における「ソーシャル・スキル」の分野で研究されてきました。

時代によって変わる「うまくやる力」をその時代時代で特定しようとする試みは、行政や国家機関の十八番《おはこ》でもあります。文部科学省の「生きる力」、内閣府の「人間力」、日本経営者団体連盟（日経連）の「エンプロイアビリティ」、経済産業省が提議した「社会人基礎力」やOECDが提議したＤｅＳｅＣｏ（Definition and Selection of Competencies）など、社会人生活にとって重要な抽象的能力やスキルを確定、測定しようとする試みは乱立してきました（**図表10**）。先ほども見た経済産業省による22年の「未来人材ビジョン」も例にもれず、これから求められる能力が議論されています。そこでは、「注意深さ」や「責任感」が重要だった2015年から、2050年は「問題発見力」「的確な予測」「革新性」などの能力が重要になってくることが述べられています。

図表10 「新しい力」の乱立

年	名称	機関
1999	エンプロイアビリティ	日経連
2003	OECD-DeSeCo	OECD
2004	就職基礎能力	厚生労働省
2006	社会人基礎力	経済産業省
2008	学士力	文部科学省
2008	就業力	文部科学省
2010-12	ジェネリック・スキル	OECD
2018	人生100年時代の社会人基礎力（新・社会人基礎力）	経済産業省

これらの「うまくやる力」はそれぞれの機関がそれぞれのロジックで導き出したものであり、個別には興味深いものも多く存在します。**しかし、こうした「うまくやる力」の決定的な弱点は、統一化できるような標準的な「物差し」がないことです。**どの力も一般性と抽象度が高いがゆえに、職種が物差しになる「x軸」にも、資格が物差しになる「y軸」にも振り分けられず、測定することが困難です。何を指していても、「確かに大事だよね」と納得できるものの、それらが「能力」なのか「技能」なのか「スキル」なのか、後天的にどの程度身につくのかも曖昧なものばかり並びます。

時代の変化とともに次々と〝発明〟され

〝再発見〟され〝推され〟ていく「うまくやる力」群は、その一般性と抽象性がゆえに「そうだよね、そうした力はあったほうがよい」「それは大事だ」という納得感以上のものをなかなか与えてくれません。この「うまくやる力」の乱立状態を見ても、概念、測定方法ともに収斂《しゅうれん》していく様子は全く見られません。

ここで、「いや、リスキリングの議論は、特定領域の特定の専門性のみに留めればいいではないか」と思う方もいるでしょう。まさにその通りです。しかし、日本企業の実務においては、実はそうしたきれいな切り分けはなかなか難しいのです。

なぜかというと、**日本企業がこれまでも、そしてこれからも重視し続けるのは、この「うまくやるスキル」だからです**。そして、今やリスキリングを支える屋台骨となっている「DX」という大きなビジネス変革の必要性も、この「うまくやる力」を抜きにしては語ることができないのです。

例えば、企業が新入社員に求める能力を聴取すれば、帝国データバンクの調査が示すようにもう何年も「コミュニケーション能力」の一人勝ち状態です（図表11）。採用面接では、採用面接官から「最終的には、一緒に働きたいと思うかどうかだ」という言葉がなんの躊躇《ちゅうちょ》もなく飛び出てきます。

図表11　企業が求める人材像 上位10項目

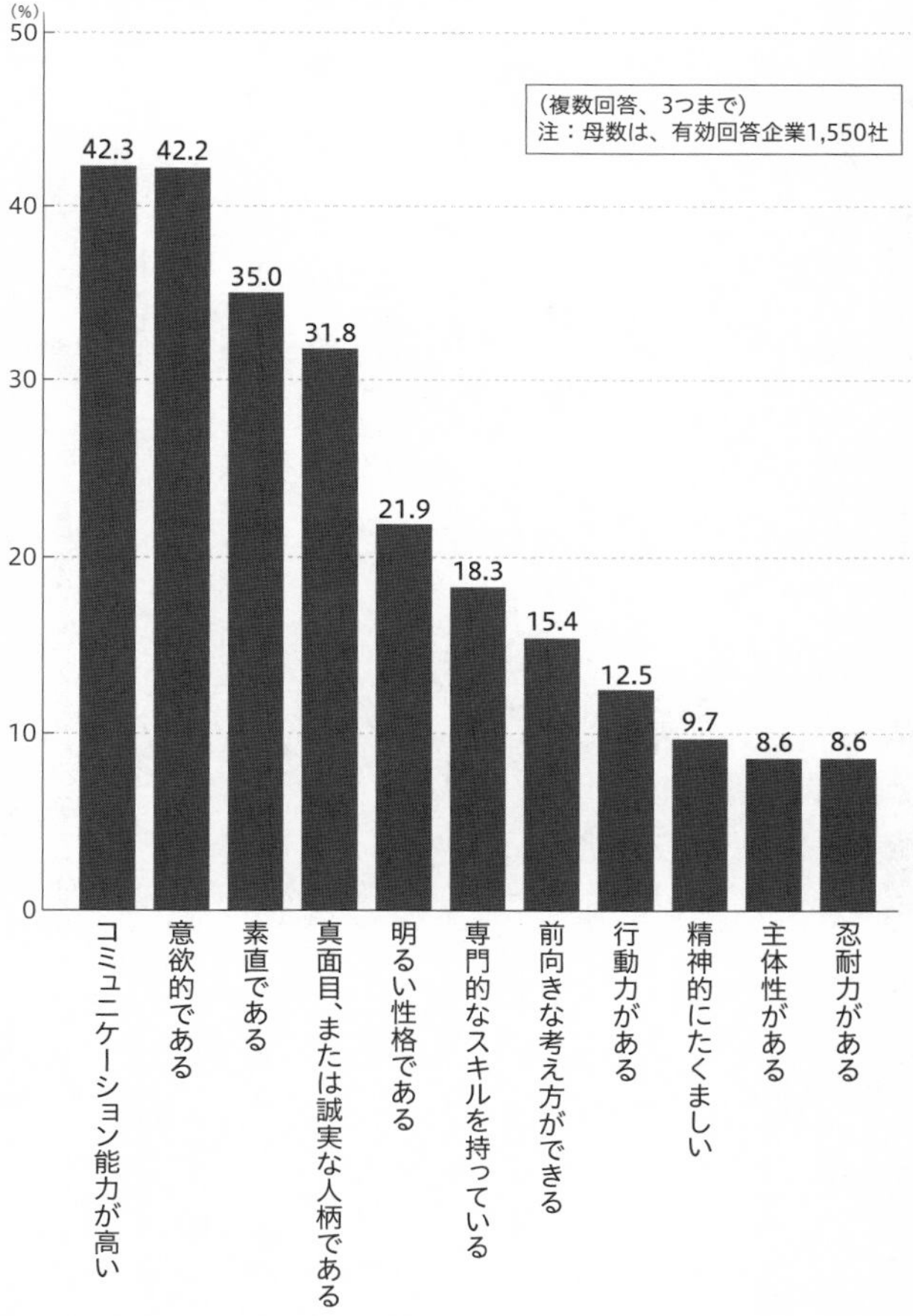

出所：帝国データバンク「企業が求める人材像アンケート」(2022)
https://www.tdb.co.jp/report/watching/press/pdf/p220905.pdf

背景には、一括入社・一括育成とその後の組織主導の配属（今どきの言葉で言えば「配属ガチャ」）という国際的には珍しい雇用慣習があります。採用時に「どこで働くか」がわからないがために、「どこに配属してもうまくやりそうな人」を採るのが合理的なのです。[1]

こうした「うまくやる力」群の重要さは、今に始まったことではありませんし、「採用」に限った話でもありません。１９７０年代からの日本企業は、採用以外の面についても、この「うまくやる力」を明確に人材マネジメントの中心に位置づけてきました。いわゆる「職能主義」の人材マネジメントです。

「職能」とは、「職務遂行能力」のこと。つまり具体的なジョブや専門性と紐づいていない仕事全般についての抽象的な能力です。その曖昧な力が、ここでいう「うまくやる力」であることはおわかりいただけるでしょう。

戦後すぐの日本企業の賃金は、電算型賃金と呼ばれる仕組みでした。電算型賃金は、賃金のかなりの部分が年齢と家族構成で決まってしまう、かなり純粋な年功給（生活給）です。

ですが、１９７０年代になると日本は年功賃金の硬直性を克服するものとして、職能等級資格制度に基づく能力主義管理を導入し、労働者の潜在能力を重視するようになります。**職能等級制度は、職務に関係なく、一般的で抽象的な「職務遂行能力」、つまりここでいう**

図表12　育成タイプとスキルの関係

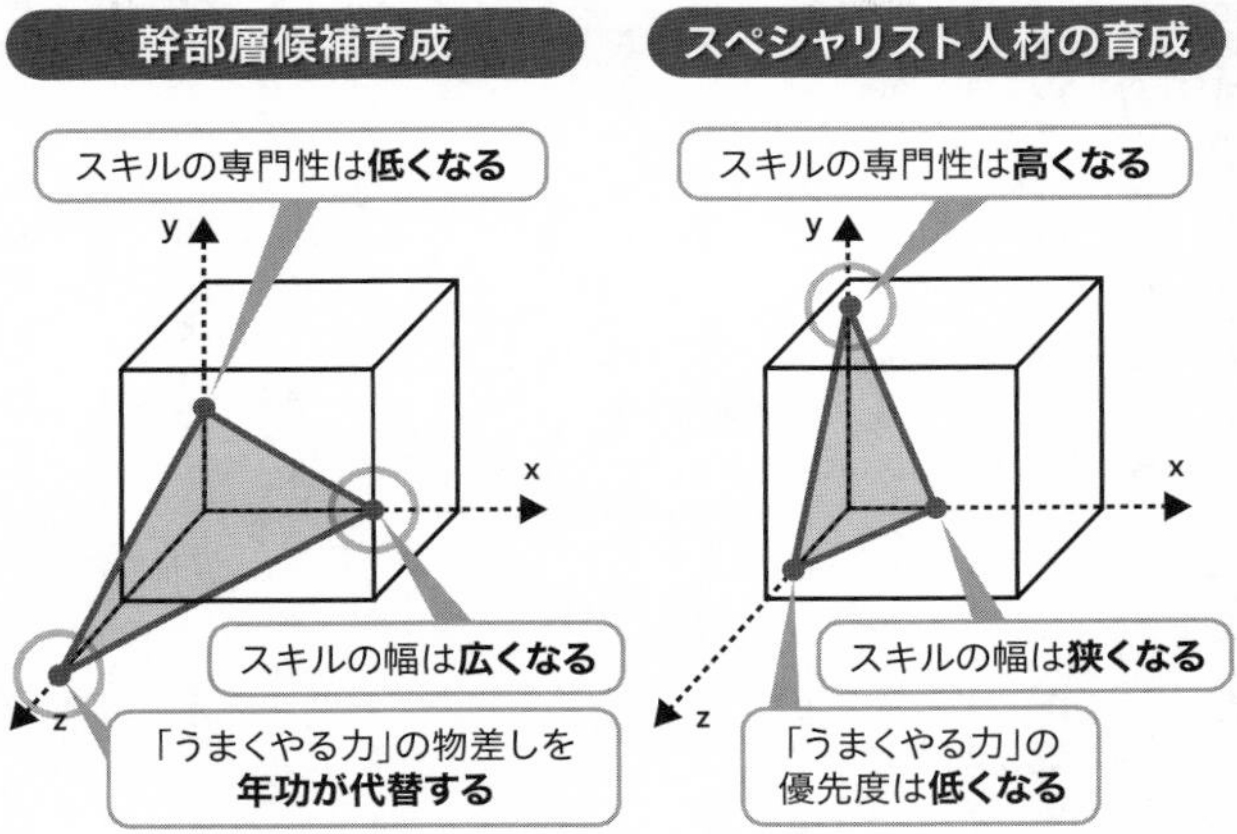

「うまくやる力」によって**従業員を格づけする制度です**。職能等級は、例えば、「リーダーとして人を引っ張ることができる」「独力で業務を進めることができる」といった力によって等級を定義していきます。この等級制度を中心とした人材マネジメントが、「職能主義」であり、今でも日本企業の人事制度の根幹となっています（図表12）。

今や、日本企業の年功序列は極めて評判の悪いものになりました。「年功序列ではなく、実力で評価してほしい」という意見もよく耳にします。ですが、これは大きな誤りです。職能等級は、生活給思想に基づいた「純粋年功」が高学歴化によって歪《ゆが》みを起こしていることに対抗して発明された、まさに「実力」

主義的な仕組みだからです。

しかし、**「実力」のような曖昧な「うまくやる力」を測定できないからこそ、「新人よりベテラン」が「後輩より先輩」のほうが仕事ができるという「蓄積」の論理が発生してきたのです。**実は、職能主義が提唱されたころには、「職務分析」を通じてきちんと実際のジョブと紐づけなさい、ということが言われていたのですが、ほとんどの企業は職務分析の工数の多さを嫌い、その道を選びませんでした。

そして、もう一つの押さえるべきポイントがあります。**この職能主義的な人材マネジメントの対象は、「正規雇用・総合職」のみに限られているということです。**背景にあるのは、日本企業における非正規雇用と正規雇用の大きな格差です。

バブル崩壊後、日本企業は非正規雇用の割合を上げることによって総人件費を抑え、デフレ経済期に収益を確保する道を選びました[2]。その結果、今やパート・アルバイトや契約社員などの非正規雇用の率は4割近くまで増加しています。

業務責任の軽い、時給制で働く非正規雇用者と、広い幹部層候補である正規雇用者の賃金格差と育成格差の大きさが、日本の雇用社会の大きな特徴です。賃金格差はもちろんのこと、企業の育成対象から除外されているため「育成格差」が広がることになります。

さて、少し人事の専門的な話が多くなりましたが、リスキリングの話題に戻しましょう。日本企業がいま盛んに「リスキリング」と言っているその対象は、後者の幹部層候補である正社員総合職のスキル開発です。図表12で言えば、左側の幹部層候補の育成タイプにおけるリスキリングです。非正規雇用者に対して、大きな人材マネジメント上の格差を是《ぜ》とする日本企業は、非正規雇用者へのリスキリングをほとんど考えていません。そもそも人材ポートフォリオの中で、流動性の高さを確保するために雇用した人材だからです。一方で、国際的には一般的ないわゆる「ジョブ型雇用」の社会では、非正規雇用と正規雇用という雇用形態の格差よりも、学歴的なエリートである幹部層候補とその他の労働者の格差のほうが大きいのが普通です。

リスキリングの「工場モデル」の欠点は、そうした総合職＝幹部層候補である日本のビジネスパーソンについて、「人材の正確な鋳型を作る」という難題を企業に対して求めるところです。「うまくやる力」は物差しがないからこそ「ジェネリック」で「ポータブル」なので、資格や職種で明確に区切ることもできません。「x軸」にも「y軸」にも置けないのです。

ジョブ型雇用社会のリスキリングの多くは、広い「非エリート層」も対象にします。だからこそ、時代の流れに影響を受けやすい職業についている労働者への「失業対策」としても機能しやすくなります。

こうした歪みの中で、欧米のようなジョブ型雇用社会における「リスキリング」の事例をいくら輸入しようとしても話が噛み合わなくて当然です。欧米のリスキリングの事例を、いま日本の企業が行いたい「広いエリート層」に対する正社員向けのリスキリングと重ね、「スキルを明確化せよ」と言ったところで、「うまくやる力」を重視し続ける多くの日本企業は困り果てるのです。

補論の内容をまとめましょう。「工場モデル」発想のリスキリングは「必要なスキルの明確化」を出発点に置きます。しかし、**具体的スキルの広さ**（x軸）**と高度さ**（y軸）**をハッキリさせるには、自社の未来を予想し計算することへの原理的な困難があります。**また、**職能主義の正規雇用のみをリスキリングの対象にする日本企業では、物差しの曖昧な一般性と抽象性を持つ「うまくやる力」**（z軸）**を考慮に入れざるをえません。**こうした理由から、「スキル明確化」は「とりあえずやってみた」くらいの表面的なレベルでしか実施できないものです。それはどのような意味でも「明確化」ではありません。日本企業のリスキリングには、曖昧模糊《あいまいもこ》とした「うまくやるスキル」の問題が亡霊のように常につきまとってしまうのです。x軸とy軸だけ、つまり特定領域の特定スキルのみで語り切れる人材であれば、その人はすでに社内で「幹部層候補」として育てるべき人材ではなくなります。専門スキルだけ高くて社内でうまく人間関係を築けない人や特定領域に引きこもる高スキル人材を日本企業は優遇しませんし、育ってほしいと思っていません。DXのような重要なミッションを任せられるとも考えていないでしょう。

それと同時に、日本企業は、非正規雇用の労働者を有期雇用の入れ替え可能な人材として、教育投資の「外」に置き続けています。もちろんリスキリングからも「対象外」であり、その構造は、リスキリングがいくら流行しようと変わりません。この意味では、**パブリックなプレイヤーである政府・行政が支援するべき重点は、やはりこの非正規雇用者・有期雇用者のリスキリングです。**

1　ちなみに、「うまくやる力」程度の抽象度の高いスキルを重視するからこそ、就活で選考に落ち続けることに耐えられない大学生が現れます。「フィット感」のような曖昧な基準で落とされることによって、自身が全人格的に否定されたと捉えてしまうからです。その一方で、アルバイト経験くらいしかない実務未経験の若者が、「潜在的な幹部層候補」として就職（就社）できる可能性を開いているのもまたこの「うまくやる力」重視の雇用構造に他なりません。

2

この経営動向に対して理論的支柱を提供したのが、1995年に日経連が示した「雇用ポートフォリオ論」です。金融用語である「ポートフォリオ」という言葉を用いながら、社内人材を長期蓄積能力活用型、高度専門能力活用型、雇用柔軟型の3タイプの雇用に分けて管理することを提起しました（新・日本的経営システム等研究プロジェクト編著、『新時代の「日本的経営」　挑戦すべき方向とその具体策』）。

第2章　「学ばなさ」の根本を探る——「中動態的」キャリア論

「世界で最も学ばない日本人」を解剖する

さて、先ほど日本人は国際的に見ても圧倒的に学ばないという話をしました。その実態を、最新の国際調査で確認してみましょう（図表13）。一目瞭然ですが、具体的な学習行動を聴取すれば、日本のビジネスパーソンは「何もやっていない」率が圧倒的に高くなっています。何もやっていない人の割合は、世界平均で18・0％ですが、日本は52・6％でした。ちなみに、図のデータは性別・年代の割合を各国一定にして比較しています。

さらに他のデータからは、年齢を重ねるごとにそうした学習行動が少なくなっていく様子も明らかになっています（図表14）。

さて、ここで読者の皆さんに立ち止まってほしいのですが、では、かつての日本人は学んでいたのでしょうか。実証研究のデータを見ると、自己研鑽をしている人は1970年代から減少傾向にあることがわかります。しかも、日本が世界有数の経済大国に登り詰めていた1986年の時点でも、1日に1時間以上の自己研鑽をしている人はわずかに5％程度しかいません（図表15）。

図表13　社外学習・自己啓発を「何もやっていない」人の割合

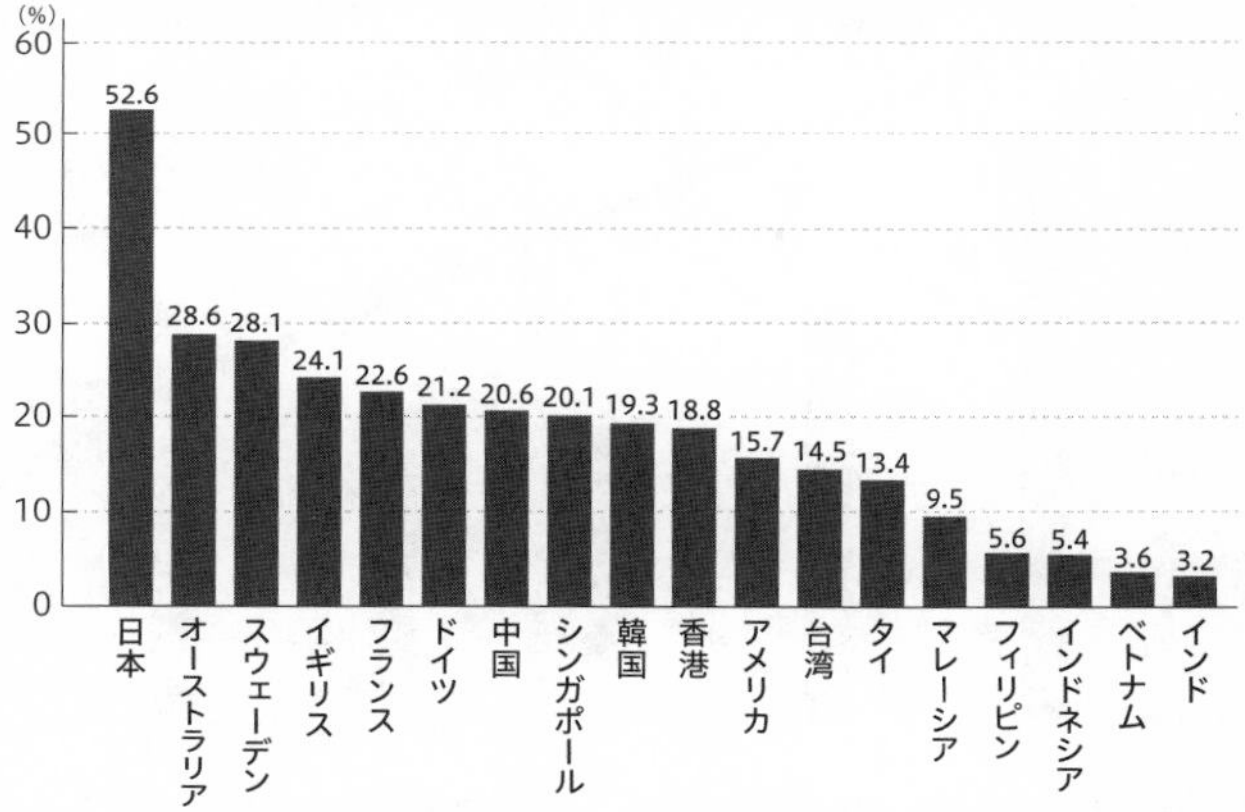

出所：パーソル総合研究所「グローバル就業実態・成長意識調査」（2022年）

図表14　年齢と学習時間

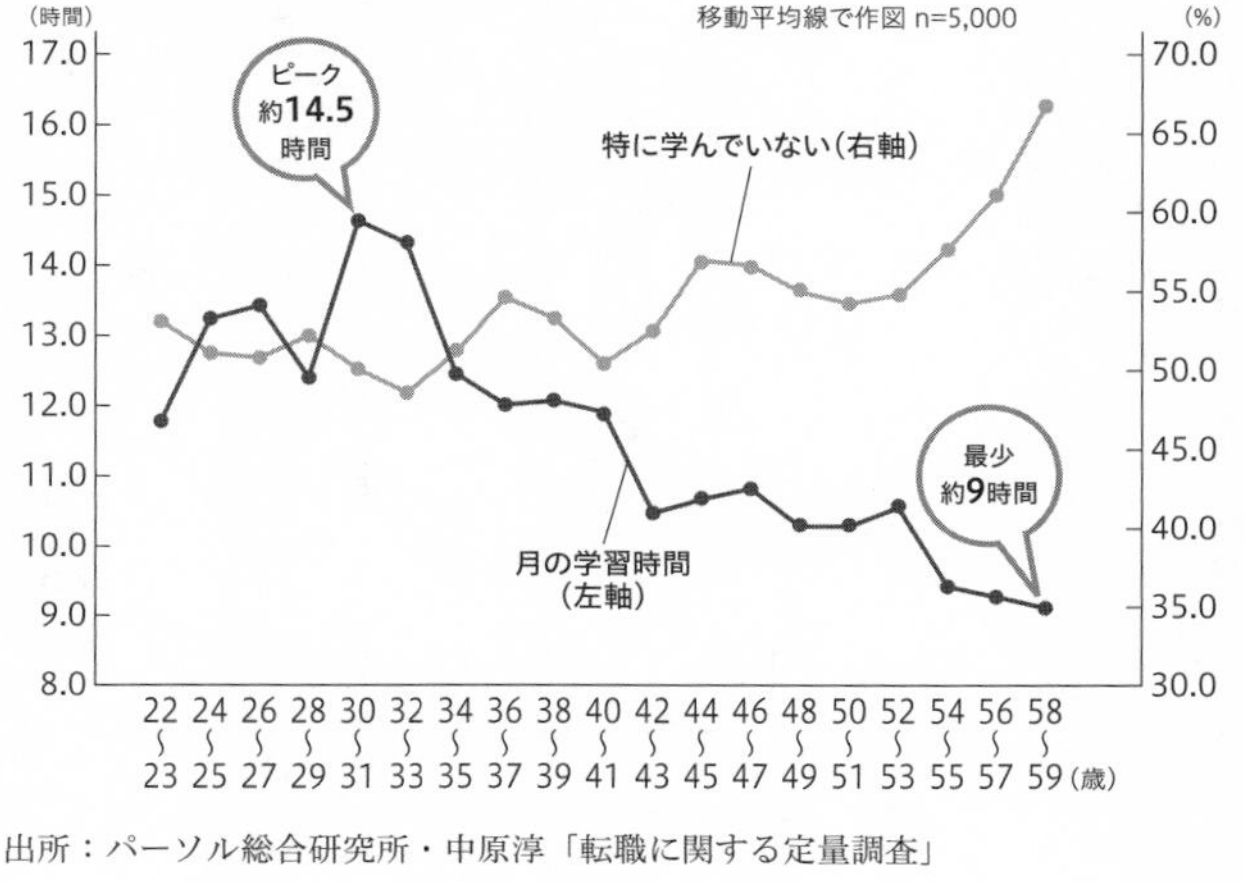

出所：パーソル総合研究所・中原淳「転職に関する定量調査」

図表15　自己研鑽をした人の割合（1976年〜2016年）

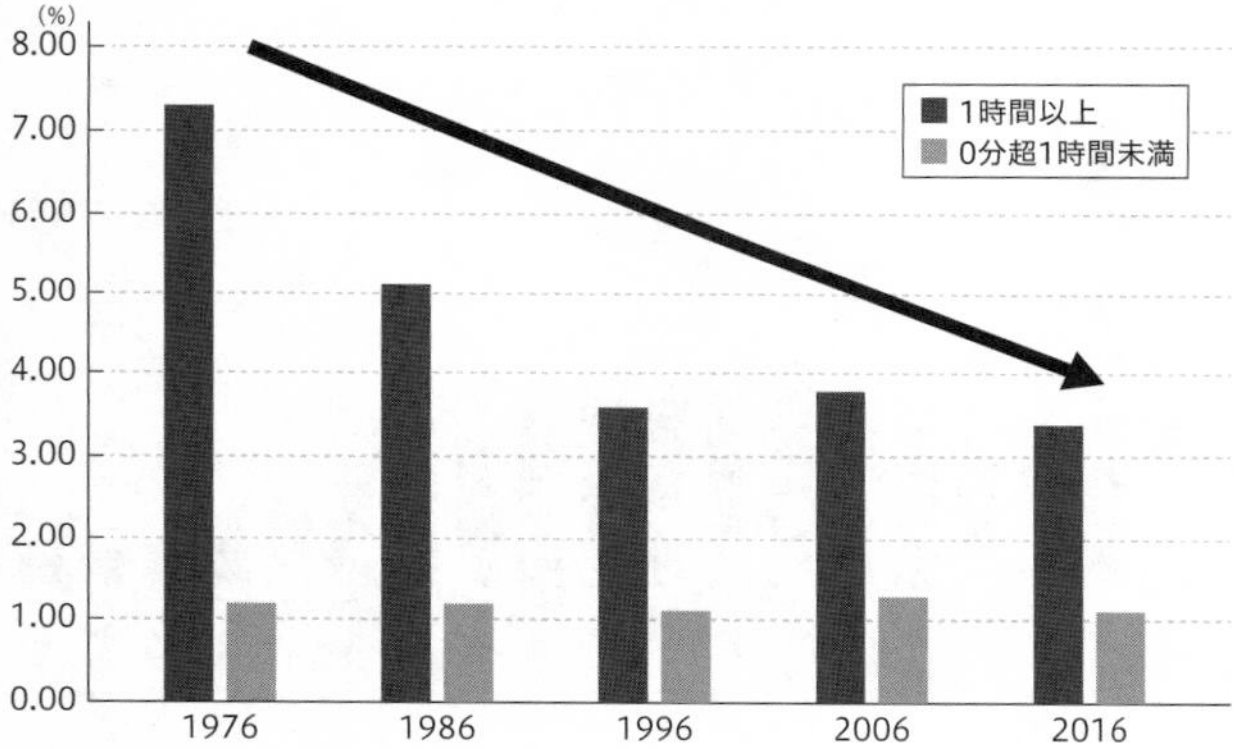

出所：黒田祥子・山本勲「長時間労働是正と人的資本投資との関係」2019、経済産業研究所

日本人が学ばない理由は「なんとなく」

では、日本人が学ばない理由はなんでしょうか。「学ばなさ」の理由を直接聞いているリクルートワークス研究所のデータを見れば、1位が「転職や独立を予定していない」、2位に「仕事や家事・育児などで忙しい」といった項目が並びますが、一番下の「あてはまるものはない」に51・2%と圧倒的に多く回答が集まっていることがわかります（図表16）。

定量的なアンケート型のリサーチにおいて、このような「主観的な理由」を聴取する際には、注意が必要です。社会全体に、「学ぶこ

図表16　仕事に関連した学び行動をとらなかった理由（複数回答）

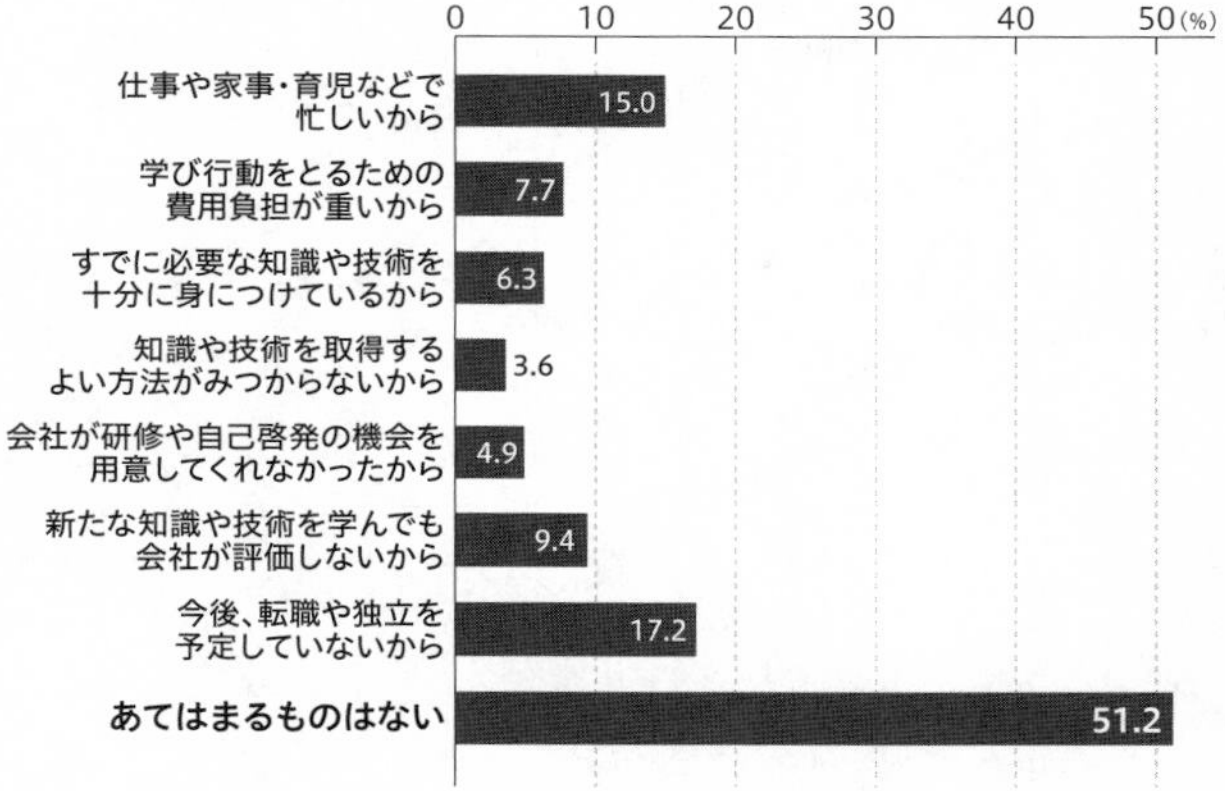

出所：リクルートワークス研究所「全国就業実態パネル調査2018」

とが望ましい」という規範が存在する場合には、「社会的望ましさSocial-Desirability Bias」の回答バイアスがかかり、人は並んでいる選択肢から「学ばない理由」を「言い訳」として探すものだからです。

例えば、他の調査においても学ばない理由を聴取した時、多くの意見が集まるのが、「学ぶための時間がない」です。長時間労働の多い日本ではよく聞く理由だと思いますし、読者の中にもそう答える方は多いと思います。

では、日本人は余暇の時間を増やせば学ぶようになるのでしょうか。いえ、コロナ禍で長時間労働が減り、テレワークで通勤時間がカットされても、「テレワークで余った時間を学習に使う」ような行動がほとんど見られなかったことを多くのデータが示しています。[1]

　こうしたバイアスを考慮してもなお、「あてはまるものはない」が圧倒的に多くなるということは何を意味しているのでしょう。つまりは、世界の中でも圧倒的に学ばない日本人に、**「学ばないことへの積極的な理由」**や**「学ばないことの明確な原因」など存在しない**ということです。こうした日本人の学びへのそもそもの消極性、「意思のなさ」こそが、この問題の核心です。

　総務省「令和3年社会生活基本調査」によれば、日本人は1日の平均でテレビ・ラジオ・新聞・雑誌などのメディア消費に2時間8分、休養・くつろぎに1時間57分を使っています。それに対して、勉強時間はわずか13分です。また、こうした意識的に配分される時間の他に、私たちはこの10年でとてつもない時間を、スマートフォンをいじることに費やすようになりました。しかも多くの人は、「スマホを触るぞ！」という強い意志をもってスマホをいじっているわけではありません。

　ＰＲ ＴＩＭＥＳがｉＰｈｏｎｅユーザー１３００人を対象にした「スマートフォン（ｉＰｈｏｎｅ）利用に関する生活者実態調査」では、スクリーンタイム機能を通じて実際の利用時間と意識評価を比較しています。利用時間は平均で6時間58分でしたが、ユーザーが回答した平均値は4時間9分。つまり、実際の自分のスマホ利用時間を「過小評価」している人が81・9%と圧倒的に多かったそうです。もちろんスマートフォンでも学ぶことはできるわけですが、先ほどのようなデータを見ればその時間は極めて少ないでしょう。

このように、「なんとなく」触ってしまうのがスマートフォンだとすると、「なんとなく」やっていないのが学習行動です。**日本人は、学ぶ意欲があるのに何かの障害があるわけでもなく、「学ばないぞ」と主体的に選んでいるわけでもなく、「なんとなく」学んでいない。**息をするように、当たり前に学ばない日本人に対して、いくら「時代が変わるから」「リスキリングが必要だから」とお説教しても効果が薄くて当然でしょう。

学ぶ時間が足りないのであれば、時間を作れば学ぶかもしれません。学習のためのお金が足りないのであれば、補助金でなんとかなるかもしれません。もちろんそうしたリソース配分によって学ぶ人は一部にいるでしょう。しかし、より多くの「なんとなく」学んでいない人を、学びそしてリスキリングへと突き動かすことは、アポリア（難題）とも言うべき課題です。

「学ばせたくない」企業と「学びたくない」国民の共犯関係

さて、「学ばない」個人の行動と意識を見てきましたが、次に企業側の実態を見ていきましょう。日本企業の一般的な人材育成への投資が世界の先進各国と比べて非常に低いことについては、すでに触れました。ここでは、その予算の「中身」も確認しておきましょう。

筆者らが調査したところ、もともと少ない企業の人材開発予算の大半は「新人」に対して使われていることがわかっています（図表17）。人材開発・育成・研修に関する予算配分は、34・5％が新卒入社者、中途入社者が20・2％です。従業員規模別には、小さい企業では「中途入社者」への割合が増えますが、その他はあまり差が見られません。シニア人材向けともなるとわずか6・3％です。

実務未経験入社という世界では珍しい雇用慣行を持つ日本企業では、具体的な職業とポストに対して人が雇われません。「会社に入る」ことまでは決まっても、「何をやるか」が決まっていません。多くの育成予算はこの「白板」としての新人に対して割かれています。

日本の新卒採用は多様化が進みました。通年採用や学生向けのインターンシップも一気に広がっていきました。これからは、本格的な就活前の大学1年生、2年生向けのインターン

図表17　人材開発予算配分

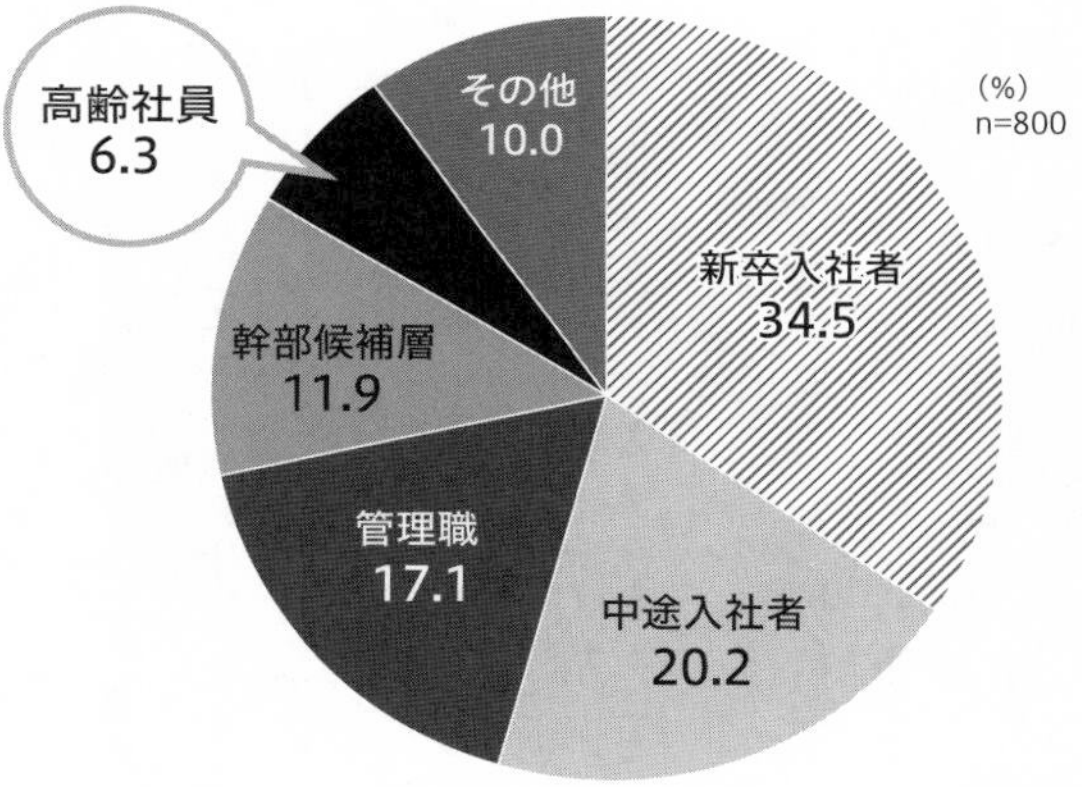

出所：パーソル総合研究所「企業のシニア人材マネジメントの実態調査」（2020）

シップやキャリア関連のイベントも増えていくでしょう。こうした一括採用の多様化を見て、新卒採用あるいは日本型雇用の変革の兆候かのように捉える人もたくさんいます。

しかし、筆者は以前から、**日本の就職の特徴は、新卒「一括採用」ではなく、「一括入社」のほうにある**ということを指摘してきました。実務未経験の「ピカピカの新人」を大量に集め、年度始まりの４月に入社式を行い、数カ月から半年といった長い期間をかけて「一括」「一律」に育成すること。このことの社会的・組織的なコスト削減効果は計り知れません。

日本の未経験入社は、具体的な職務や仕事への未経験であること以上に、ビジネスを行う社会人としての未経験です。挨拶の仕方、名刺の渡し方、電話の取り方から企業が教え込むことになります。そうした時、ビジネスマナー講師や研修講師を一人呼んでくれば、同時に数十人を一斉に教育できるのは、4月1日に行われる一括「入社」だからこそなせる業です。そのため、通年採用やインターンシップ採用などで多様化が進んできた「一括採用」の慣行に比べ、「一括入社」の慣行が大きく変わる様子はほとんど見られません。日本の雇用を語る時、この一括教育の意味はもっと強調されてよいポイントです。

さて、**図表17**に戻りましょう。新人の次に人材開発予算の大きな投資対象となっているのが、「管理職」です。平均で17・1%が管理職に対して配分されています。多くの会社では係長、課長、部長と徐々に上位役職になるにつれて「階層別研修」が設定されていくものです。

しかし、もちろん管理職に上がれる人は全員ではありません。特にバブル崩壊後、「組織のフラット化」の名のもとに、日本企業の管理職の数は減少傾向にあります。今や半分以上の従業員は、新人研修の後はダイバーシティ研修、コンプライアンス研修などの義務的かつ業務と関連しない研修しか受けないことになります。こうして日本企業は、多くの従業員を「教育訓練の対象外」にしていくのです。

実際に調査してみても、40歳以上の中高年では、10年以上研修を受けていない従業員が半数を超えます。[2] こうした人にとって、研修訓練などは「新人が受けるもの」でしかありませんし、「研修よりも実務がすべてだ」と研修に懐疑的な意識を持つ人も大量発生していきます。

こうして、「学ばせたくない」企業と「学びたくない」国民の共犯関係が出来上がります。「研修は新人が受けるもの」であり、多くの従業員にとっては関係のないもの。それは、そもそも人材投資額が極めて低い日本企業が、さらにその投資先を正規雇用の「新人」と「管理職」にばかり振り分けることによって起こります。先ほど見た「なんとなく」学ばない日本人は、こうした企業側の経営行動と裏表の関係にあるのです。

「足場」なき労働市場の中で

ここまで、日本人の学習行動のなさとそれに対する意識、そして企業の動向をデータで確認してきました。これらは、「内部労働市場」と「外部労働市場」というマクロな雇用市場のあり方から説明することもできます。欧米先進国では、企業の外にある労働市場が、個人が学びを通じてキャリアアップしていく時の「足場」になるような様々な機能を提供しているのに対して、日本の労働市場はそれらの機能が貧弱です。

足場の一つは、**「賃金相場」**です。多くの先進諸国では、職種とその技能レベルに合わせた市場の相場観があります。「ある職種の、この技能レベルの人はだいたいこのくらいの賃金をもらう」という市場相場です。欧米では伝統的に、労働組合と企業との団体交渉における大きな争点として職種別や業種別の賃金交渉がありました。アメリカのようにすでに組合組織率が低くなった国でも、サラリーサーベイという形でコンサルティング会社が広く調査した賃金相場を企業に提供しています。こうした国では、個々の企業が好き勝手に賃金を決めるのが難しくなります。組合交渉の結果の賃金水準（協約賃金）や市場相場に従って、自社の賃金水準を決める必要があるからです。

また、先進各国では職業能力を具体的に評価するための物差しである、**「職業資格」**も併せて発展しています。

例えばイギリスでは、11の職業分野にわたり、5段階のレベルに分かれたＮＶＱ（全国職業資格：National Vocational Qualifications）という国家認定制度が整備されており、労働力人口の15％近くがＮＶＱを取得していると言われています。

こうした職業資格は、各国がそれぞれ整備するだけではなく、それらを横断的に比較可能にする枠組みの整備も進められてきました。ヨーロッパ全体では、共通の資格フレームワークとしてＥＱＦ（European Qualification Framework for Lifelong Learning）が、ＡＳＥＡＮではＡＱＲＦ（ASEAN Qualification Reference Frameworks）が資格の標準フレームワークとして整備されています。これは、複数の国で「物差し」が異なる資格間を「翻訳」し、比較可能にするものです。こうした国を超えた制度整備は、教育訓練と資格制度の一貫性を強化し、「教育の世界」と「労働の世界」をつなぐ橋渡しとしての役目を果たしています。

一方の日本では、こうした賃金相場と職業資格がともに極めて貧弱です。行政は日本版ＮＶＱとして職業能力評価制度を整備し、個人職業能力や訓練修了の証明のための「ジョブ・カード」の普及にも（紆余曲折ありながら）努めていますが、[3] 広く使われているとは言い難い状況が続いています。

つまり、この国には、どのように能力を証明し、どのくらいの賃金をもらえるかという学びのための「足場」が極めて弱いのです。代わりに、日本では企業内部、つまり「内部労働市場」が、こうした機能を提供するという道を歩んできました（図表18）。

日本の従業員の「昇格」「賃金」に関わる格づけ制度は、職種に関わらない組織に閉じた資格の序列（職能資格）として組み上げられており、市場に存在する技能資格とは関連づけ

図表18　世界の学びのための「足場」

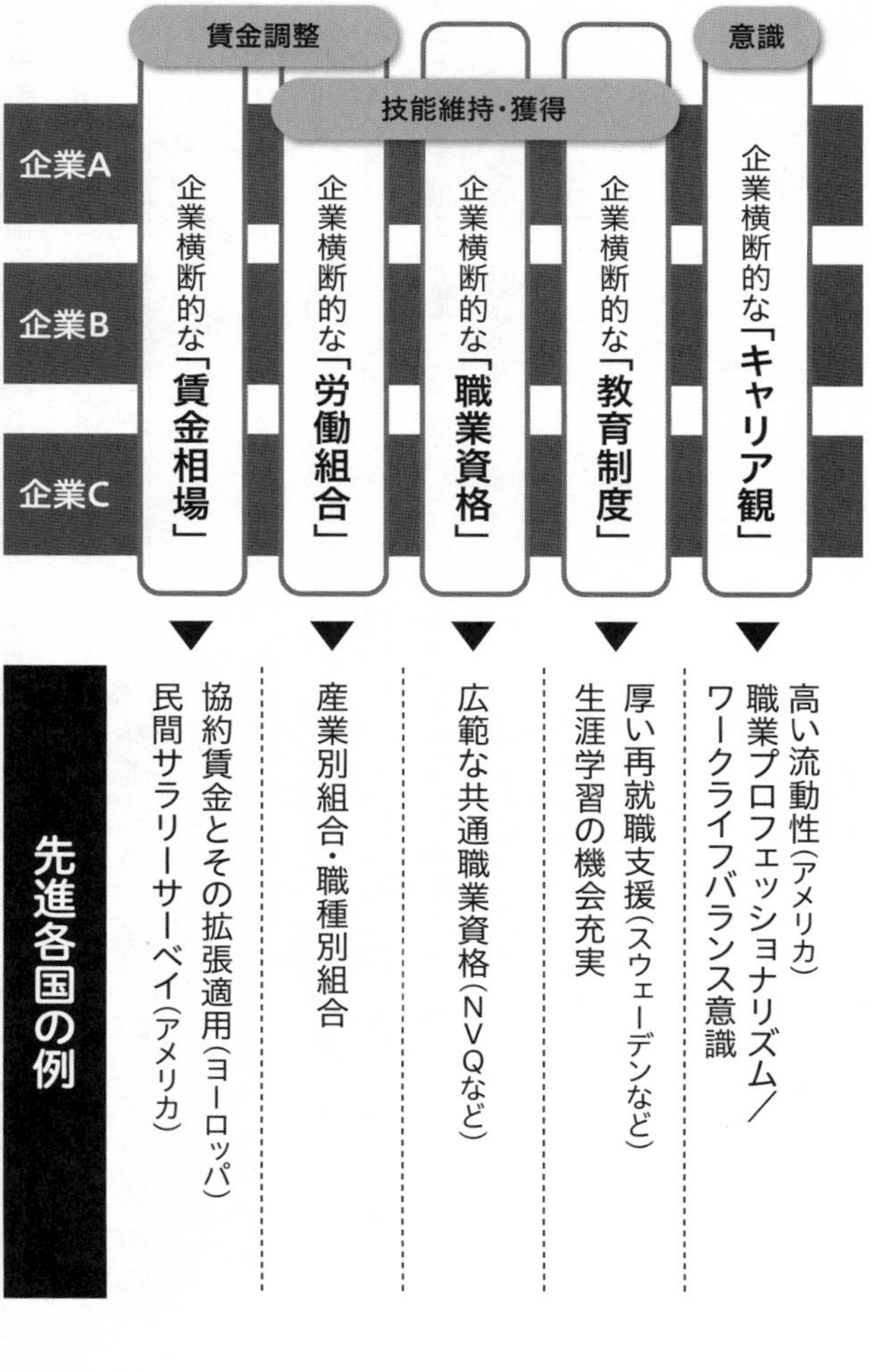

られていません。教育訓練も、企業が提供する研修と配属後のＯＪＴという企業内部の学習によって行われます。

これらマクロな労働市場の特徴は、日本人の「学ばなさ」、そして「学び」が企業内に閉じてしまうことの説明として合理的ですし、しばしば指摘されてきたことです。だからこそ「日本型雇用を変えなければならない」といった「改革の必要性」が幾度も叫ばれてきました。

しかし、こうした「足場のなさ」をそのままひっくり返し、例えば企業横断的な教育制度を整備したり、職務別の賃金相場を提供すれば、日本人は学ぶようになるのでしょうか。

筆者は、残念ながらそううまくいくとは考えていません。もちろん企業横断的な学びの「足場」整備に意味がなくはないと思いますが、日本で働く極めて多くの人々は、すでに「学ばなさ」を空気のように当たり前のものとして受け入れているからです。それは歴史的な蓄積のせいとも言えますが、それ以上に**「学び」に対する主体性が「発生しない」ようなメカニズムが企業の人材マネジメントに内包されているから**です。それこそが、日本人の「学ばなさ」の核心だと筆者は考えています。そのことについて考察するためには、労働市場全体のマクロな議論を離れて、もう少しミクロな個人の「キャリア」という視点で「学ばなさ」を見つめてみる必要があります。そのために少し話を脇道にそらし、筆者の研究者としての体験をお伝えしましょう。

「働かないおじさん」問題に抱く違和感

企業の人事管理の領域で、筆者がここ7年ほど取り組んでいる研究テーマの一つに、「中高年の不活性化」問題があります。世間で言うところの「働かないおじさん」問題をどのように解決するか、というテーマです。

企業の抱える課題は次のようなものです。やる気が感じられず、期待している成果を出してくれないが給料は高めの中高年が社内にたくさんいる。そうした中高年が古い仕事のやり方や役割に固執して、もはや自ら変わろうとしない。若手にも悪影響が出ているし、もうそういう中高年に回せる仕事がない。

筆者はここ数年、この話題について様々な調査研究を行い、解決策を提案してきました。2022年春には、その中間決算として『早期退職時代のサバイバル術』(幻冬舎新書)を上梓《じょうし》しました。そうした研究成果をもとにしながら、これまで数百人を超えるビジネスパーソンと意見交換してきましたし、講演やセミナーで数千人の人事や経営の方々にお伝えしてきました。

しかし、そうした議論の場で、違和感を抱くことが多くあります。それは、この中高年の不活性化という問題についての、当事者たちの「他人事」感です。

多くの人は、こうした「仕事のやる気の感じられない中高年」を語る時、自らのことをきれいに棚上げしています。自分が働かないおじさんやおばさんになるかもしれない、もうすでに足を踏み入れているかもしれないといった危機感が見られることは稀《まれ》です。多少の危機感を口にするとしても、具体的に何か動こうとする様子は見られません。「働かないおじさん」問題を語る人事担当者や論者にも、どこか「他人事」感が常に張りついています。この違和感の根っこにあるものがなんなのか、ずっと気になっていました。

「受け身のキャリア」という誤解

世間には、「キャリア論」と呼ばれるような一群の言説領域があります。実証的な学術研究というよりも、「時代がこう変わったから、これからのキャリアはこうなる（べきだ）」という規範的な意見に近いものです。そうした「キャリア論」を打つ人々の多くは、大学教授、スタートアップの経営者、ノマドワーカーなど、独立独歩で成功を収めた方たちです。社会的に「成功した」と思われているような人々が、その社会的ステータスを後光効果の源泉としつつ語る、同時代的な言説群です。

例えば、「個人としてやりたいことを追求する」「転職しながらキャリアアップしていく」「複数の専門性を掛け算して貴重な人材になっていく」……こうしたキャリアについてのアドバイスや助言を挙げていけば枚挙にいとまがありません。

こうした「キャリア論」の中で、槍玉《やりだま》に挙げられ、仮想敵にされるのが日本の「普通」のキャリアです。普通の日本のビジネスパーソンのキャリアのあり方はあまりにも「受け身」で、「受動的」だと言われます。

たしかに、日本の正規雇用においては、初期配属も配置転換も、企業の業務命令として行われ、勤務地まで企業に握られ続けます。長期雇用の慣習もまた、「企業にとらわれている」というイメージに一役買うことになります。そうした特徴を指しながら、例えば、「アメリカなどの先進国では、転職してキャリアアップしていくことが常識、日本人は受け身のキャリア観しか持っていない」「もっと自分のやりたいことを追求するべきだ」「組織に依存せず、好きなことをして働こう」――通俗的な「キャリア論」はこのように問いかけます。

そうした言説を発する「キラキラした人たち」と、それを目を輝かせて聴講する「キラキラしたい人たち」にとっては、日本の一般的なビジネスパーソンは、働く場所やする仕事まで「受け身」で「面白くもなく」「抑圧的」なものとして見えているようです。

実は、こうした対比は伝統的なものです。昭和の時代、サラリーマンがみな同じグレーのスーツを着ていた頃、彼らは「ドブネズミ色」と揶揄《やゆ》されていました。そこまで意地悪ではなくても、こうした「キャリア言説」は、「単調で、同一的で、つまらない仕事」と「そうではなく、やりがいのある仕事」を（具体的ではない）抽象的なレベルにおいて対比させることによって、言説的なインパクトを持たせようとします。だからこそ「よし、おれはそんなつまらないキャリアを歩まないぞ！」という短期的な発奮効果を持ちうるのでしょう。

筆者自身はいつの時代にも出てくるキラキラしたキャリア言説に興味はありませんが、この構図自体は大変興味深いものです。

現実を冷静に見てみれば、ブラック企業で拘束的に働いてしまっている人を除けば、日本の「普通の会社員」のキャリアは、そのような「受け身」で覆い尽くせるものではありません。完全に受動的であるしかない奴隷のような状態であれば、もっと反動的な反抗心や労働者同士で連帯を促すような危機感を持ってもいいはずです。歴史を遡《さかのぼ》ってみても、国家や企業に対する抵抗運動は、奴隷的な隷属状態にあった市民の不満が爆発する形で起こってきました。
実際に日本の現場で目にするのは、キャリアの主導権を企業に握られつつも、「なんだかんだ、そこそこ楽しく」働いている多くの会社員の姿です。すごく仕事を楽しんでいるわけではないけれど、とはいえ居酒屋で愚痴《ぐち》っていれば解消するくらいの不満しか抱えない。業務命令異動やジョブ・ローテーションも、「飽きが来ない」「新しい人との出会いがある」「成長できる」ものとして捉えている人も多いものです。そうした人々にとっては、先ほどのような「受動的な仕事／能動的な仕事」という対比は、ピンときません。**「学ばなさ」を考えるにあたって目を向けるべきは、強調されがちな日本人のキャリアの「受け身な態度」ではなく、この「中途半端さ」そのものです。**

パーソル総合研究所における国際調査でも、日本人は「転職もしたくなければ、働き続けたくもない」という傾向が見られます（図表19）。日本は元来、こうした意識調査において振り切った極端な回答は出にくい国ですが、それにしても目立つ数字です。

また、日本の労働市場は、労働運動が極めて少ないことも特徴です。各国の定義が異なるため厳密な比較は難しいですが、労働争議による1年間の労働損失を日数換算すると、アメリカが３２３・７万日、イギリスが20・6万日、ドイツが19・5万日、フランスが２０９・

図表19　転職もしたくなければ、働き続けたくもない日本人

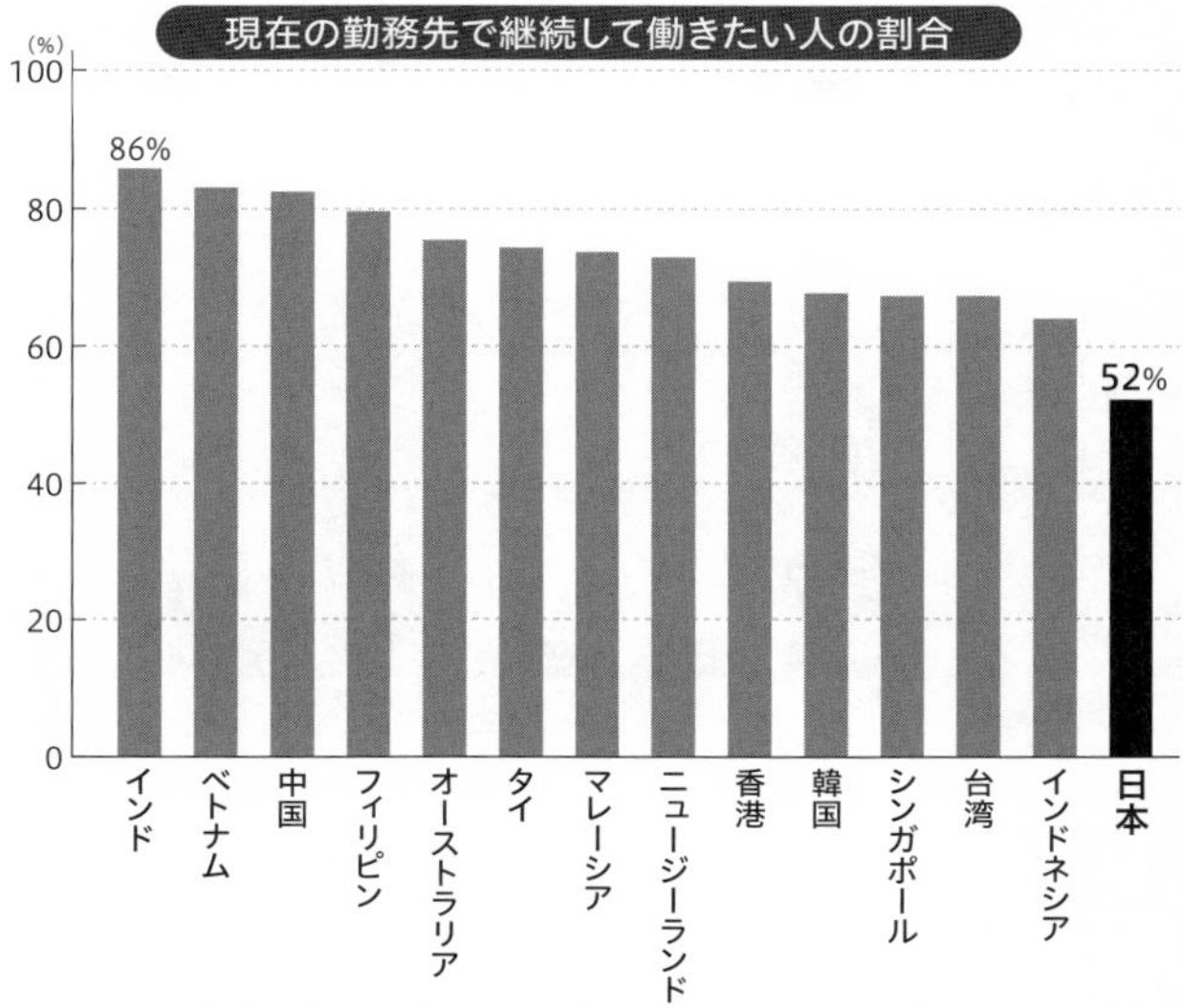

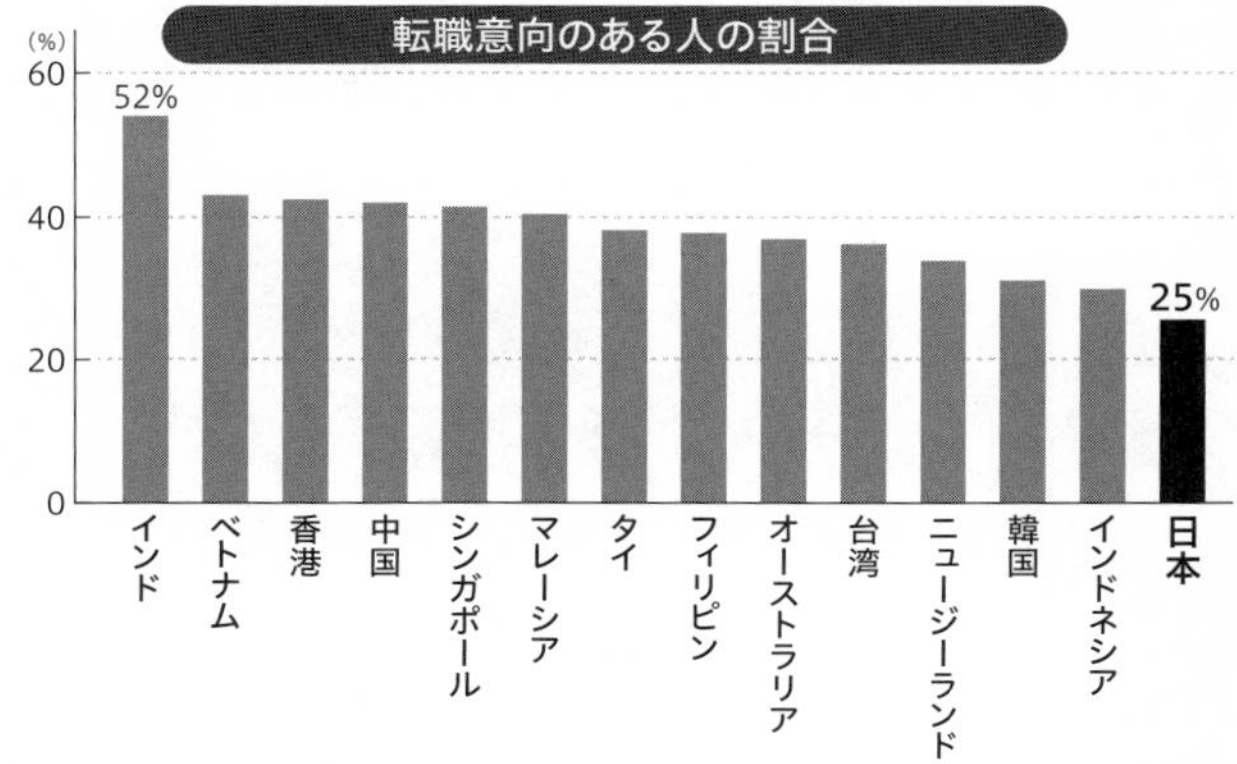

出所：パーソル総合研究所「グローバル就業実態・成長意識調査」（2022年）

図表20　労働争議による労働損失日数（2020年）

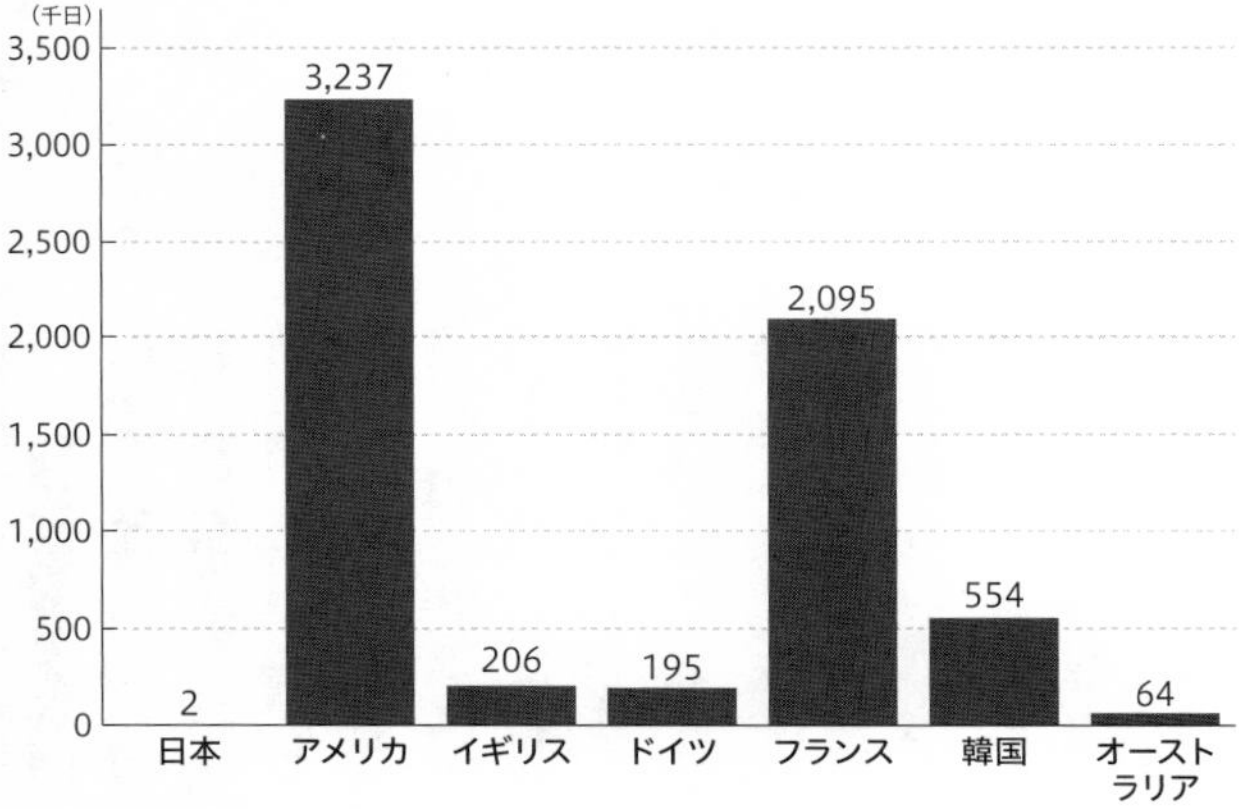

出所：労働政策研究・研修機構「データブック国際労働比較2022」

5万日、韓国が55・4万日、オーストラリアが6・4万日でした。一方、日本は労働損失日数がわずか2000日です（図表20）。1970年代ぐらいまで年間1万件を超えることもあった労働争議はすでに過去のもの。普段生活していても、ストライキやデモに出会うことも少なくなりました。

長期的にはサービス産業化や短期労働者の増加もあり、労働組合の組織率は世界的に減少傾向にあります。しかし近年、各国では改めて労働者による労働運動が活発になってきています。

アメリカで、短期間労働者やフリーランス的に働く労働者によって行われたFight for $15運動は、アメリカの最低賃金を底上げする契機を創り出しました。近年話題になることの多いＵｂｅｒドライバーたちもアプリをオフにするストライキを会社に対して起こしています。

さらに、２０２１年12月のスターバックス社（ニューヨーク州）、２０２２年４月のＡｍａｚｏｎ社（ニューヨーク市の倉庫）など、新興企業においても労働組合の発足が続いています。また、産業や職業ではなく、世代・性別・エスニシティなどの労働以外の属性でつながり、労使関係・経済活動以外のジェンダーや環境問題といった課題にも活動範囲を広げるような組合運動が各国で見られます。これらはＳＮＳによる緩い団結や運動発信を続ける「新しい労働運動」として注目されています。

そうした各国の状況を見ると、過去を忘れ、まるで根っからの協調主義者であるようにふるまい続けている日本の労働者は特異なものに映ります。

日本のキャリアは〝中動態〟的である

「学びたくもないし、転職もしたくないし、勤め続けたくもないし、企業と交渉したくもない」超・協調主義的な労働者。この、働くことに対する徹底した「意思の欠如」はどこからくるのでしょうか。**この謎を理解するヒントをくれたのは、哲学者の國分《こくぶん》功一郎《こういちろう》によって広**

く知られるようになった、「中動態」の議論です。「中動態」とは、「受動態」「能動態」という私たちに馴染みのある態とは異なる態のあり方です。ここからは、國分功一郎『中動態の世界』（医学書院）を参考にしつつ、この「中動態」という態を導きのヒントとして、日本人のキャリアのあり方を考えてみたいと思います。

「能動 Active」および「受動 Passive」というのは、動詞の「態 Voice」を示す文法用語です。多くの方にとっては、英語の授業を思い出してもらうのが早いでしょう。私たちは英文法などを通じて「態」について学びます。私たちが教わるのは、この「態」には、「能動態」と「受動態」の二つがあり、そしてその二つしかないということです。例えば、"They are displaying the hats." は能動態で「彼らは帽子を展示しています」と訳されますが、"The hats are being displayed." は受動態で、「帽子が展示されています」という同じ文意を示すことができます。

しかし、フランスの言語学者のエミール・バンヴェニストによれば、この「受動態」と「能動態」という区別は全く普遍的なものではなく、歴史的にはかなり後世になってから出現した新しい文法規則であることがわかっています。

これまでの比較言語学の知見によって明らかにされてきたのは、**能動態でも受動態でもな**

図表21　中動態的キャリアの特徴

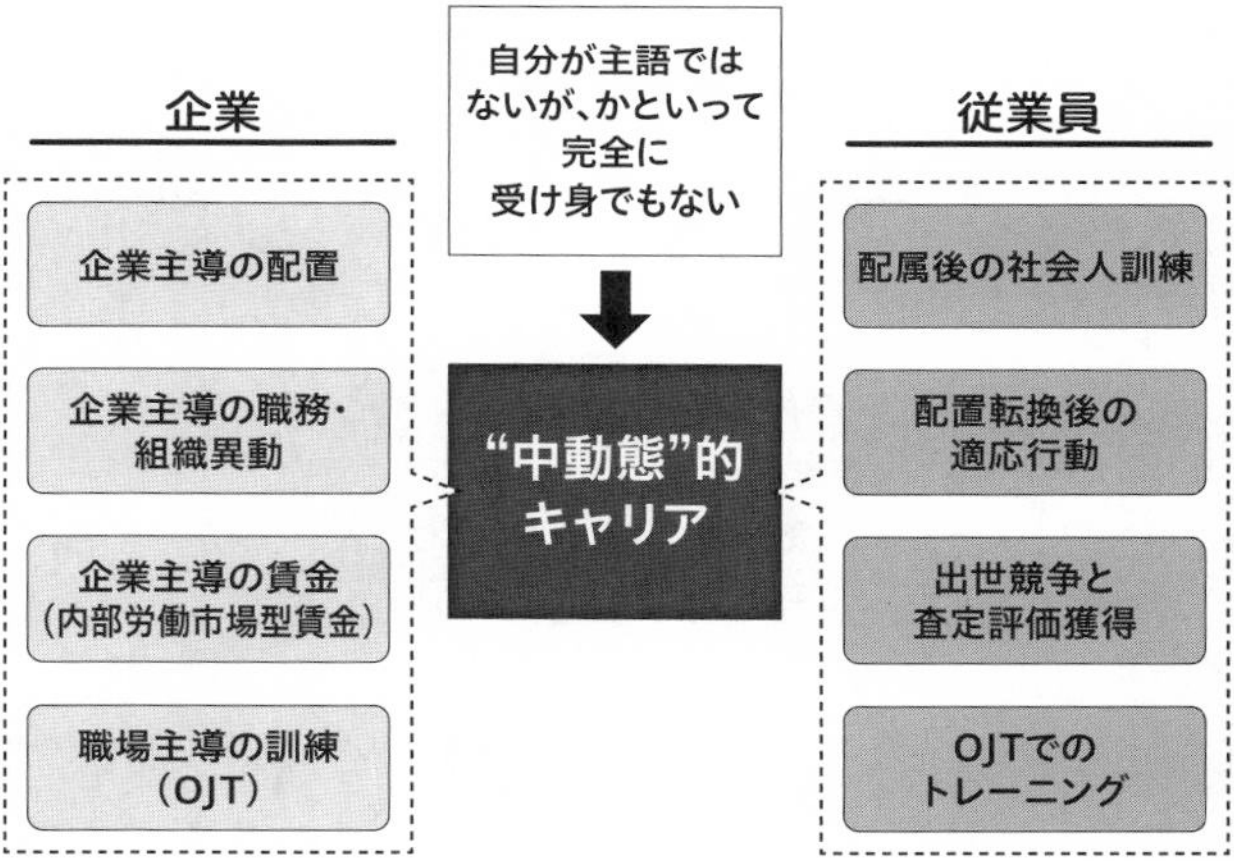

い「中動態 Middle Voice」という態が存在していたという事実です。しかも、この「中動態」は、「能動態」と「受動態」の「間」にあるものとして存在していたのではありません。「能動態」の反対側、つまり能動態の対《つい》になっていたものが「中動態」なのです。今や「能動態」の対として疑いようのないものとして鎮座しているように見える「受動態」ですが、実は本来その場にあったのは「中動態」でした。

筆者は、日本人のキャリアの特徴とは、まさにこの「中動態」的なあり方にあると考えています（図表21）。

日本人のキャリアは「受け身」だと考えられていますが、現実の一人ひとりの働き方を見てみれば、企業のなすがままにされているわけではありません。配属後に訓練を受けて適応するのも、出世競争も、査定評価を受けるのも働く個人の側です。日本の雇用は「年功序列」だと単純に呼ばれ続けていますが、それはかつてのような年齢と賃金が直接紐づいた「純粋年功」ではなく、現場で半期か1年ごとに査定評価を受け続ける、「査定つき年功」となっています。そこで行われる目標管理のプロセスもまた「単なる受け身」とは程遠い、目標設定から評価までの主体的なコミットメントを必要とします。

昇進構造を例に、もう少し見ていきましょう。日本の正社員のキャリアの昇進構造をまとめて示せば、**「オプトアウト」方式の平等主義的・競争主義的な昇進構造**です。オプトアウトとは、不参加や脱退という意味。同意が無くとも原則的には参加が決められており、抜けるときに意思表示する方式です。オプトインはその逆で、参加したい人だけが意思表示することを指します。

日本の企業の多くは、先ほどの「一括入社」の後、新入社員に一律的で平等な訓練を施《ほどこ》します。学歴差別への批判は日本の就活につきものですが、どの大学を出ていても入社後のこのタイミングで育成内容に大きな差をつけられることはありません。先進各国は、ハイレベルの教育を受けていなければ、役員候補や管理職候補としては扱われない国が大半です。

欧米の大手企業の幹部層はほとんどが修士号を持っていますし、大学新卒で未経験でも採用されるのは主に生え抜きのエリート学生です。

一方で、正社員として入社さえしてしまえば、ほとんどの人が「未来の幹部層候補」として扱われるのが日本です。しかも飛び級や留年が少なく、同年代の男女が「同期」という疑似的な共同体を形成します。こうした「えこひいき」のない一括育成の構造は、それぞれの新入社員をデフォルト(初期設定)で出世競争に巻き込んでいきます。最初は「自分は出世なんて目指していないよ」と言っていても、この同期との「平等な競争」と「比較の視線」に巻き込まれていく内に、昇進と昇格の優劣を意識し始めることになります。

そして、**「オプトアウト」方式**である側面が最もわかりやすく見られるのは、そうしたデフォルトとしての昇進レースから、「女性」が徐々に抜けていく時です。結婚というライフイベントが来るころ、多くの女性が「仕事よりも家庭を選ぶ」というオプトアウトの選択が前景化します。

日本はご存知の通り、女性の管理職比率が極めて低い国です。女性活躍推進における企業の最大のハードルとして、「女性に意思がない」ことが指摘されたりしますが、これは問題の本質を捉えそこねています。見るべきは、「男性は意思がなくても昇進構造に含まれ続ける」という構造の特殊性です。だからこそ、そこから抜ける＝オプトアウトしていく女性の「意思のなさ」が目立つ構造です。

こうしたキャリアの特徴を持つ日本では、ＷＩＬＬ＝主体性の発揮がなくても、昇進レース、配属後の適応、目標管理といったプロセスを経て、「そこそこ能動的に」仕事ができてしまいます。

しかも、日本企業においてはポストの空きがなくても処遇は徐々に上がっていきます。完全に働き方やキャリアを企業にコントロールされているような状況からも、個々の自律的な主体性からも、ともに遠く離れた場所。それこそが日本のビジネスパーソンが働いている「場」です。

特に安定雇用型の大手企業で働いている人のインタビューや、新入社員への薫陶《くんとう》のような場では、次のような言葉がしばしば飛び出します。

「たまたま辞令を受けた異動で新しい出会いがあった」「やりたいことは会社に入ってから考えればいい」「ＭＵＳＴの中からＷＩＬＬが見えてくる」……。未経験で「就社」し、ジョブ・ローテーションしながら自分の適性を見極める。こうした言葉は働く個人からも有識者からもしばしば発せられますが、**これらはすべて「中動態」的なキャリアを良いもの、**

否定すべきではないものとして捉えている言説です。

メタファーを重ねるならば、中動態的キャリアは会社という机の上で回るコマのようなものです。コマは自ら回ることはできません。コマが回る「動力」は、「自分自身ではない」企業が与える力によって生み出されます。しかし机の上で回っているコマの一つ一つは、移動しつつバランスをとりながら、速度を調整し、よりうまく、より長く回ろう＝働こうとする、「能動的な主体」そのものです。「受動的に回されたコマとして能動性を発揮する」という構図がそこにはあります。

日本人のキャリアをこのような「中動態的」なものとして捉えると、昔から低い就業満足度も、転職もしたくなければ働き続けたくもないという意欲の欠如も、そして「学ばない」ことへの積極的な理由のなさも、見通しよく理解することができます。

職業的な意思を「ゼロからイチ」にするという契機を欠いたまま、「置かれた場所で咲き続ける」ことによって、組織内のキャリアの長くて広いはしごを上ることができたからです。このような日本のキャリアの現状は、哲学的メタファーを使えば「自由からの逃走（エーリッヒ・フロム）」だともいえますし、経済学のタームを使えば「合理的無関心」とも表現できるでしょう。

「普通のキャリア」が世界一学ばない社員を生み続ける

誤解のないようにここで強調しておきますが、**「中動態的」であること自体に、正しいも正しくないも、良いも悪いもありません**。先ほどのような状況を見て、アメリカ的なキャリアではこうではない……と意思のなさや能動性の欠如を嘆《なげ》きたくなってしまうのは、まさに「能動／受動」という「新しい区別」を用いた対立構図に私たちが慣れ親しんでしまっているからです。

「中動態的」である日本人のキャリアは、それを見る立場によってポジティブにもネガティブにもなりえます。「キラキラした」キャリア論者から見れば「受け身」的に見えますし、画一性や意欲的な転職の少なさなどが批判されます。しかしそれもまた、「受動か能動か」という現在の言語体系に縛られた思考です。

実際、世界を見渡してみても、労働者階級の就業観は職業的な意思（ＷＩＬＬ）に満ちたものではありません。むしろ、職業的なアイデンティティを「追い求めないこと」こそをアイデンティティにするような文化的習慣もあります。

イギリスの社会学者ポール・ウィリスの『ハマータウンの野郎ども』（ちくま学芸文庫）は、

落ちこぼれの男子中学生である「野郎ども」が、反学校文化を内面化し、社会階層が再生産されていく様子を描いた名著です。彼らにとっては、労働にのめり込んでいくようなことは、「女々《めめ》しい」権力側のやること。自我は投入させず、労働力を最小限にして提供することこそが「世界のリアルをわかってる」自分たちが選ぶべき働き方です。

「ハマータウンの野郎ども」は、このようにして中産階級（＝やつら）／労働階級（＝おれたち）という階級構造が再生産されていく過程を描いたわけですが、より広い意味で「仕事などただの食い扶持《ぶち》でしかない」という意識は、世界中で当たり前に見られますし、「仕事での自己実現よりも家族との時間のほうが大切だ」という価値観も、極めて一般的なものです。エンゲージメントという言葉がいくら流行しようと、私たちには仕事から「距離を取る自由」もありますし、キラキラした「自分らしいキャリア」ばかりが正義のように考えるのは、単なる視野狭窄《しやきょうさく》です。

つまり、日本の中動態的キャリアが「問題」になってしまうのは、変化し続ける環境と企業の人材マネジメントとの相性の悪さからであり、「中動態的であること」そのものではありません。

その前提を置いた上で「中動態」的なキャリアが抱えがちな課題をまとめれば、次のようなことです。

- **学びへの意思も、学ばないことへの危機感も醸成《じょうせい》されないこと**
- **主体的に専門性を蓄積する習慣がつかず、半端な専門性も時間の経過とともに陳腐化すること**
- **処遇が上がることによって、中高年になってからの成果と期待がアンマッチを起こすこと**

筆者が中原教授と共同調査したデータを分析しても、就業者の「学び直し」への意欲へ大きく負の影響を与えているのは、「**仕事は運次第**」という意識でした（図表22）。やはり、**キャリアにおける具体的な職業選択について、「自分の計画通りにいくことはない」という意識は、様々な属性の影響を取り除いても、学び直しの意欲を大きく下げていました。**運や偶然に左右されるという感覚は、主体的な学びの大敵です。このようにして「中動態」的キャリアはリスキリングを考える上での最大のハードル＝「学ばなさ」に直結していきます。

図表22　学び直し意識へ影響する要因

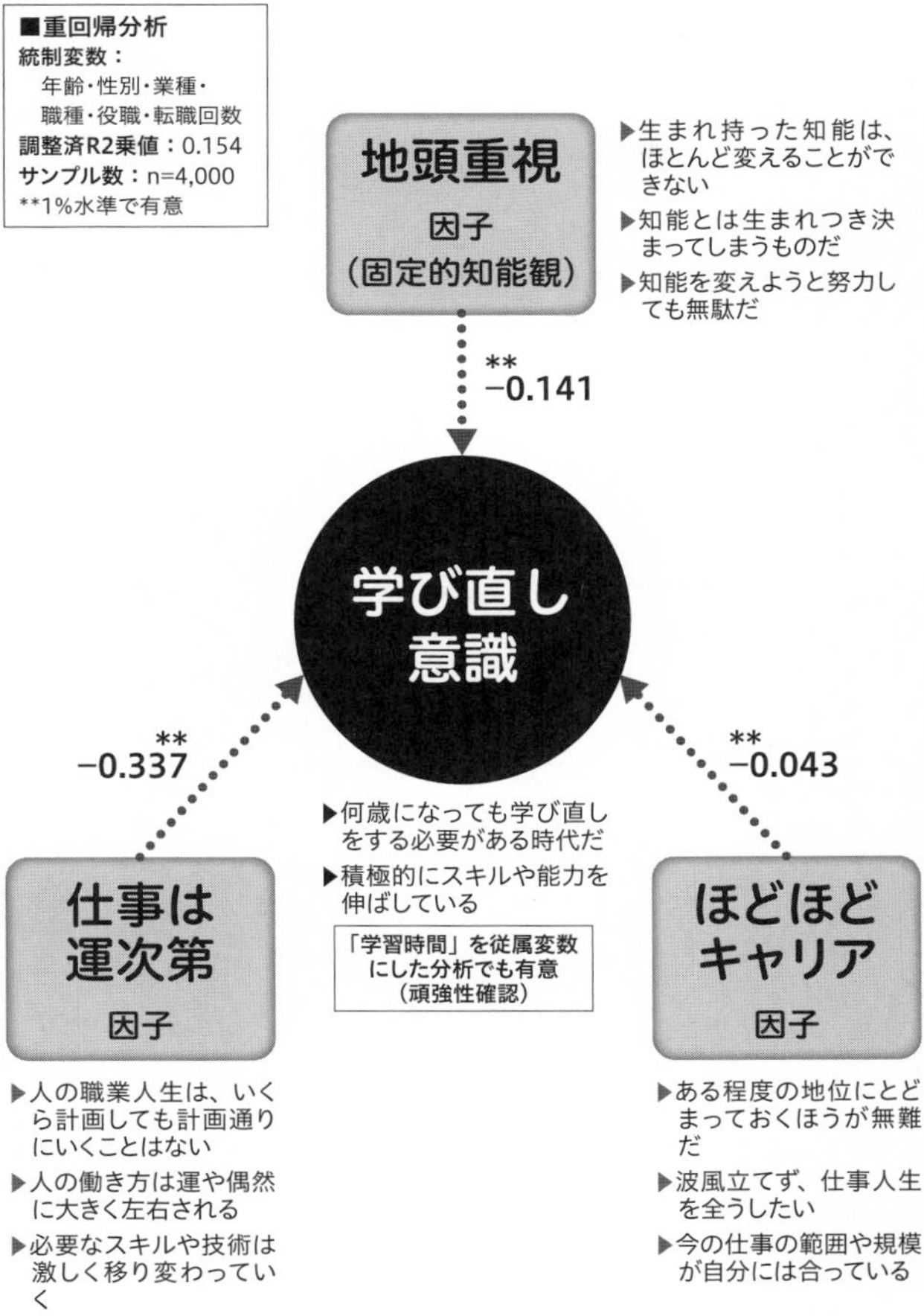

出所：パーソル総合研究所・中原淳「転職に関する定量調査」

企業と個人の「WILL」「CAN」「MUST」がズレる時

さらに理解しやすくするために、キャリア研修などでもよく用いられる「WILL」「CAN」「MUST」のフレームで「中動態」的キャリアを定式化してみましょう。WILLとは働き手が持っている「主体的な意思」、CANとは「できること、能力」、MUSTとは「やらなければいけないこと（仕事）」を指します。

若い内は、意思がなくてもMUSTとしての仕事はいくらでも降ってきますし、それに応じて職務遂行能力＝CANも増えていきます。すると、主体性の十全な発揮がなくても、そこそこ能動的に、そこそこ忙しく、飽きが来ない程度には楽しく働くことができます。しかも、徐々に処遇は上がっていきます。

しかし、中堅となりミドル期に差し掛かってくれば、CANとMUSTは縮小していきます。いったん身につけたスキルは陳腐化し、昇進の天井も見えてきます。早期退職募集や事業再編などの大きな変化もやってきます。この縮小とともにやりたいことや学びたいこと、キャリアで成し遂げたいことなどのWILLがあればいいのですが、多くの人にはそのような強い意志を持つ機会などありません。この国で、仕事を通じてやりたいことがある、と明言できるビジネスパーソンは極めて少数です。

入社から中堅までは、「能動態」的な主体としての人事管理を行う企業側と、それに受け身でもなく、かといって能動的でもなく働く従業員という構図は、互いに噛み合っている**相互依存関係**です。組織の合理性のために訓練を縮小し、異動配置を自由に行い、多くの経営上のメリットを享受してきた企業と、それに対して「被害者」でも「完全な受け身」でもなく、「中動態」的に働いてきた個人の依存関係。新しい経験や増える賃金などを与えられつつ、企業に対して労働争議を起こすこともなく、同僚に愚痴をこぼすくらいの「なぁなぁ」な関係を微温的に支え合い続けることになります。

ところが、中堅を超えミドル世代くらいになると、「能動的」であった企業は与えるものがなくなっていきます。「働かないおじさん」という言説がまさに象徴的であるように、まずポストや役割、賃金を縮小させていくと同時に、従業員を「受動態」的な存在として扱い始めるのです。**企業は従業員それぞれの個の主体性＝ＷＩＬＬを、入社してから20年後、ミドル期ごろになって急に求め始めます**。40代や50代になってから「あなたのやりたいことは何か」ということを、「キャリア自律」の言葉を盾にとって突きつけます。その時、「受動」と「能動」の二元論が規範的に駆動し始めるのです。「やらなければならないこと」「やるべ

図表23　企業と従業員の関係変化

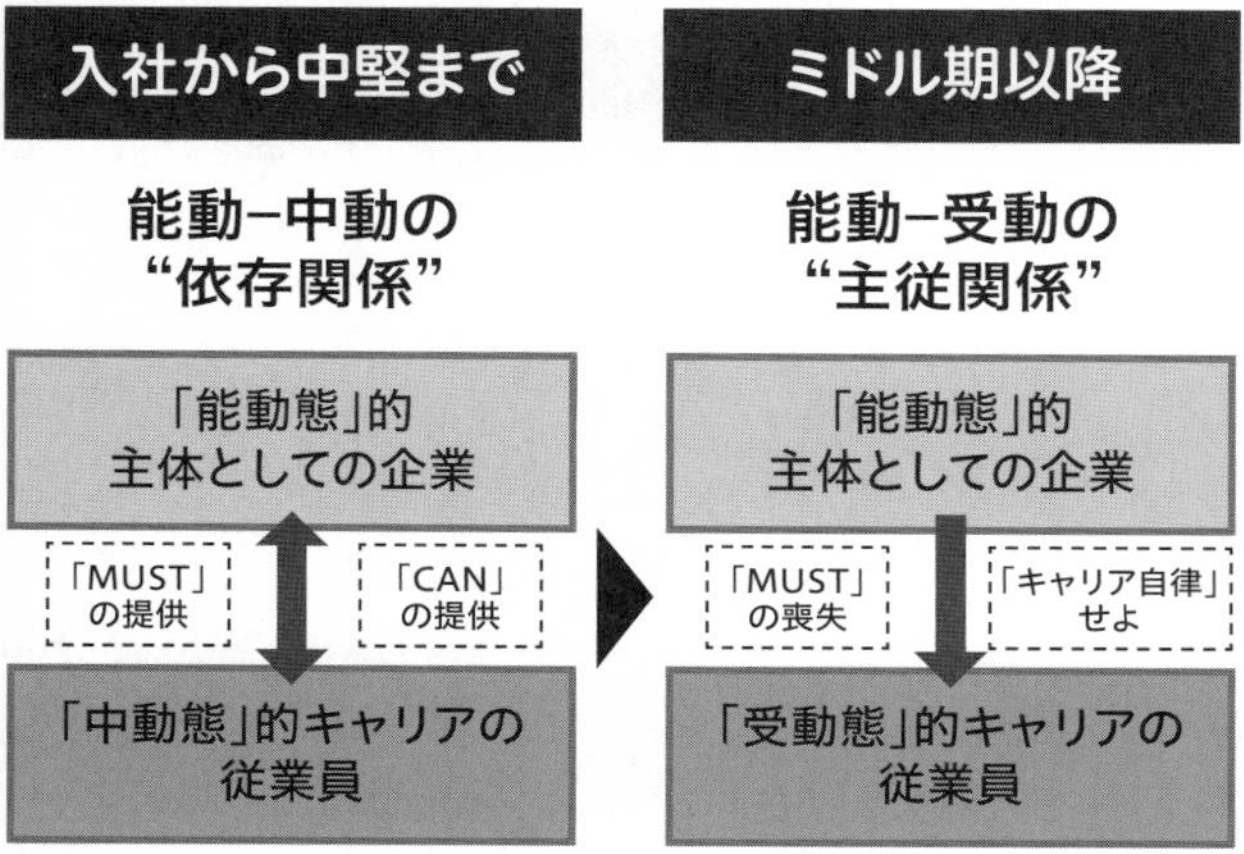

きこと」を与えるのが難しくなった時、企業は「自律的であること」「能動的であること」を従業員に求める**主従関係へと変化していきます。**

今、**時代の変化とともにこうした会社が増えていますが、これは人事戦略における「一貫性のなさ」そのものであり、そのことを従業員個人に責任転嫁する構造になっています。**40代半ばまでは「そこそこ楽しく」働いていた人たちが、その後に次々と「引退モード」の就業しか選択肢がなくなってしまうのは、こうしたメカニズムゆえです（図表23）。

企業だけではありません。「キャリア論」のような言説が好きな人々は、能動性が欠如した「普通」のキャリアに対して「覚醒」を促し、「自己責任」を押しつけ始めます。そして当然のことながら、戸惑う個人が大量に発生します。

中動態的なキャリアによる共犯関係が、急に意思と責任を求められることによって、「受動態」として扱われる。この構造に対して無自覚な「キャリア」についての言説はただの「お説教」ですし、現実を変えるような力を持ちません。

中動態的にキャリアを歩んでいくビジネスパーソンが、歳をとるごとに「受動」と「能動」の区別に追いやられ「中動態」であることを許されなくなってくる……これが中動態的なキャリアに降りかかってくる現実です。ここで「中動態」のような言葉で表現しているのは、単なる「中途半端さ」だけでなく、こうした時系列的なダイナミズムを理解するためです。

國分功一郎が『中動態の世界』で述べていたのも、社会において「意志と責任」の論理が上昇してくると同時に、「中動態」としての言語のあり方が失われていくという歴史的な変遷でした。國分は「授業中の居眠り」を叱られるという例を引きながら、次のように述べます。

「お前は早く寝るか夜更かしするかを、自由に、自分の意志で、能動的に選択できる状況にあった。さて、お前は夜更かしすることを選択した。そのせいでいま、お前は授業中だというのに居眠りをしている。居眠りの責任はお前自身にある。お前は叱責されてしかるべきだ」というわけだ。

ここから分かるのは、人は能動的であったから責任を負わされるというよりも、**責任あるものと見なしてよいと判断されたときに、能動的であったと解釈されるということである。**意志を有していたから責任を負わされるのではない。**責任を負わせてよいと判断された瞬間に、意志の概念が突如出現する。**

「夜更かしのせいで授業中に居眠りをしているのだから、居眠りの責任を負わせてもよい」と判断された瞬間に、その人物は、夜更かしを自らの意志で能動的に選択したことにされる。**つまり責任の概念は、自らの根拠として行為者の意志や能動性を引き合いに出すけれども、実はそれらとは何か別の判断に依拠しているということである。**（太字、傍点筆者）

國分功一郎『中動態の世界』（医学書院）、P26

今の社会は、「個性」の時代を迎えています。社会のあらゆるシーンにおいて、「自分らしさ」を発揮することに比重が置かれます。キャリアや働く領域も、そうした「個性」や「個人の意思」を求めるようなモーメンタムの真っ只中《ただなか》にあります。しかし、そうした「世間」の流れの一方で、このような「中動態的」キャリアは連綿と再生産されています。そこには、働く就業者の中で「個人の意思」が強まるような要素はほとんど見られません。多くの働く個人は相変わらず、学びもしたくない、転職もしたくない。やりたいこともないけれど、かといって「全くの受け身」でもない中動態的なキャリアを歩んでいます。

あるお笑い芸人は、こうした状況を指して「**『個』の繰り上げ当選**」だと呼んでいました。言葉を操る職業らしい、実にうまい表現です。つまり、日本は**個そのものの力が強くなったわけではなく、個以外の「組織」や「会社」、その他の共同体の力が弱くなった。それによって相対的に「個」が浮き上がってきたように見えるだけ**という感覚です。これは中動態的な働き方を目の当たりにしている筆者の心に強く残りました。

「個の力」への過剰な期待

さて、リスキリングの話に戻しましょう。

従業員へのリスキリングを考える上でも、こうした独特なキャリアのあり方と、それが数十年積み重なってしまっている事実を前提とする必要があります。企業が作るリスキリングについての資料を見れば、「主体的な学びを促進」「自律的なキャリア形成」といった、耳馴染みの良い言葉で埋め尽くされています。会社というのはほとんどの場合そうしたきれいな体裁を整えたがるものですが、多くの場合、こうした言葉は空転していきます。

より端的に言えば、いま企業が連呼する「主体的な学び」や「自律的なキャリア形成」は、**従業員の「個の力」への過剰な期待です**。「中動態」的に意思を持たずして働いている従業員に対して、「個性の時代だ」「らしさの発揮だ」といくら煽《あお》っても仕方がありません。そうした言葉こそが、賃金と職務と役割を与えることができなくなった時に、急に「ＷＩＬＬ」を求める構造、「依存関係から主従関係」へと変化させる言葉です。

もはや中動態的なキャリアのあり方は、リスキリングと相性が悪すぎるという意味で、限界を迎えています。必要なのは、働くことや学びについてのなんらかの「個の意思」を発芽させるような仕組みの変革です。その仕組みもまた、企業が考えるべきことでしょう。経営闘争を行っていた時代ならまだありえたかもしれませんが、現代の働く「個」が、そうした企業の仕組みに変革を起こすようなことはまずありません。

変革の具体的な仕組みは後ほど議論していきますが、結論に飛びつくにはまだ尚早です。

次に見るべきは、「学ばなさ」に加えて存在するもう一つのハードル、「変わらなさ」です。もう少し視線を「現場」と「組織」の具体性へと移しながら、スキルの「発揮」を抑制するように働いてしまう集団的な力学について考えていきましょう。

1　例えば、パーソル総合研究所「第五回・新型コロナウイルス対策によるテレワークへの影響に関する緊急調査」の結果によると、テレワークによって浮いた通勤時間全体を100%とすると、学習や勉強に費やされた時間はわずか6・5%でした。
2　石山恒貴・パーソル総合研究所「ミドル・シニアの躍進実態調査」
3　https://www.job-card.mhlw.go.jp/

第3章 「変わらなさ」の根本を探る——変化を抑制するメカニズム

スキルを発揮することが「コスト」になる理由

従業員の学びや新しいスキルを獲得することがリスキリングの要点です。しかし、当然のことながら、**新しい知識や技術は「獲得するだけ」ではなんの価値発揮にも結びつきません**。学び直された知識や技術は、現場で使われ、組織の中でなんらかの変化を起こさない限り意味がありません。

しかし、第1章でも述べたように、「工場モデル」の欠点は、スキルの「獲得」と「発揮」を等値してしまい、「発揮」についての手立てを考えられていない点にあります。「一定のスキルやマインド、デジタル・リテラシーを身に着けてくれれば、何かしら、どこかしらで活かしてくれるだろう」という、淡い願望にも似た想定が忍び込んでしまいます。

従業員側から見ても、行動を通じた「変化」が一切見込めないのであれば、わざわざ新しいスキルを獲得したりすることには消極的にならざるをえません。今よりも仕事をよりうまく回したい、効率的にプロジェクトを進めたい、新しいテクノロジーを試したい、うまく部下をマネジメントできるようになりたい……そうした「今より良い変化」への願望は、「学び」の意欲の裏側に常に張りついています。こうした意味で、従業員のリスキリングと業務行動の変化は、並行的な事柄です。

しかし、この「スキルを身につける」ことと「組織の中で仕事に変化を起こす」ということの間には、決して無視できない間隙《かんげき》が空いています。「研修会場」と「現場」の間にある谷、とも言えるでしょう。そして筆者が実施した調査では、「現場」には、組織において「変化」を起こすことを躊躇してしまうメカニズムがあることがわかっています。

業務で変化を起こすことを従業員が自ら抑制してしまう。その心理を筆者は、**〈変化抑制意識〉**と呼んでいます。**〈変化抑制意識〉とは、組織の中で業務上の変化を起こすことを「負荷＝コスト」として捉えてしまい、自発的な変化を起こすことを避けようとする意識のことです。**

具体的には、「今の組織で仕事のやり方を考えることは大変だ」「自分だけが仕事のやり方を変えてもしょうがない」「今の組織で仕事の進め方を変えると混乱を招くと思う」といった意識を指します。調査によれば、こうした変化に対する負荷の意識について、就業者の３割以上が「ある」ないし「たまにある」と答えます（図表24）。

私たちは、会社の中で一人きりで働いているわけではありません。自分の仕事は、多かれ少なかれ周囲の誰かの仕事と関わり合いながら実践されています。相互関係の中で仕事をし

図表24　組織の中での変化抑制意識

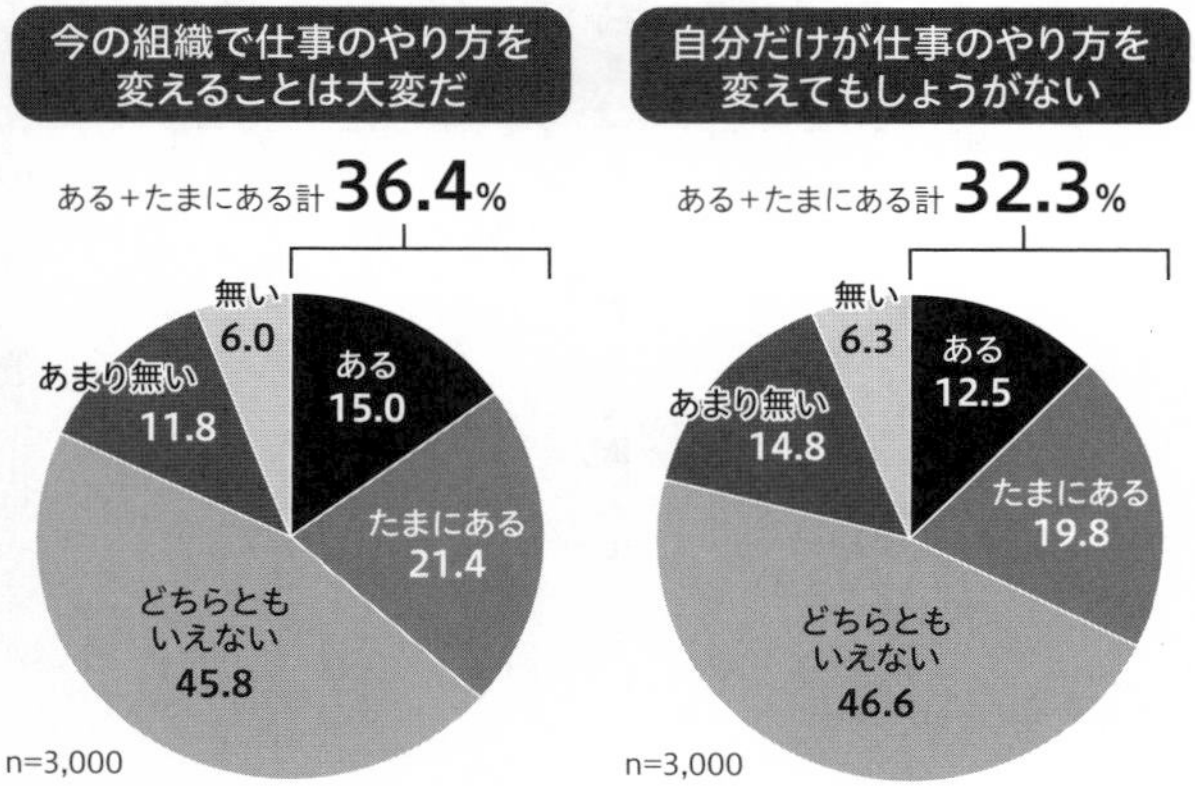

出所：パーソル総合研究所「リスキリングとアンラーニングについての定量調査」

ている私たちにとって、自分が起こす業務上の「変化」は、職場の周囲の人々にも少なからぬ影響を与えます。その「影響」への対処は、変化を起こす側にとって「コスト」や「負担」として認知されます。そうした時、〈変化抑制〉は起こるのです。

こうしたことは、多くの読者の皆さんも身に覚えがあるでしょう。セミナーなどで聞いてみても多くの人が「経験がある」と答えます。理解の助けのために、実際にあった〈変化抑制〉ストーリーを紹介します。なお、固有名詞などの具体的な部分は匿名化しています。

＊＊＊

ある中規模の工業用部品メーカーで、人事が「リスキリング」に乗り出しました。自律的なキャリア形成のために、会社側が教育ベンダーと契約して幅広い研修を用意し、学び直しをサポートしてくれるということです。

さっそく、法人営業部のメンバーである入社7年目のAさんが手を挙げ、データ分析の入門講座を受講することになりましました。土日含めた3日間の研修を通じて、統計学における説明変数と結果変数の考え方、相関分析や重回帰分析といった基本的な分析方法などを学ぶ機会を得ました。学生時代に経済学部だったAさんは、久しぶりに統計学的な知識に触れ直し、興味を持って研修を受けることができました。

その研修の最終日には、「今回の研修で学んだ知識を、職場でどのように実践できるか」「統計の知識をどのように使えそうか」を考えるパートがありました。そのパートでAさんが考えたのは、「顧客ヒアリングの電子カルテ化」というアイデアでした。

Aさんは、営業部が行っている顧客ヒアリングが属人的で、他の人から見えないブラックボックスになってしまっていることに日ごろから問題意識を持っていました。どの会社でも、個人成績がわかりやすい営業チームはともすれば個人プレイに走りがちなもの。もっとチームや職場横断で情報を整理して、より正確に協力しながら営業できるツールはないだろうか。かといって、大仰《おおぎょう》な営業管理システムを導入するような規模感でもないし、予算もない。どうしたものか、という悩みです。

会社が費用を負担してくれるリスキリング講座で統計学的な分析の発想を得たAさんは、「顧客ヒアリングの電子カルテ化」ができる、と閃《ひらめ》きます。いまバラバラに行っている顧客へのヒアリングを電子カルテのように構造化して行い、データを蓄積する。そのデータを業界や企業規模などの顧客の属性データ、そして受注情報と紐づけて整理・分析すれば、どのような業界でどのような課題感を持っている企業に自社の製品が刺さりやすいのかがわかるのではないか。「これはいける!」とAさんは研修会場で一人ほくそ笑んでいました。

しかし、研修が終わって職場に戻ってきたAさんは、数日ぶりに同僚たちが仕事する姿を見ながら、ふと冷静になりました。自社でこの営業の電子カルテ化を実現しようとすると、いくつもの壁があることに気がつき始めたのです。

「まずは、各自が自由にやっているヒアリングのやり方をある程度統一する必要があるな……。すでに営業現場での鉄板トークをそれぞれ持っているベテランの営業メンバーたちは嫌がりそうだ」

「チームで一緒に動いてくれているメンバーたちにもきちんと説明しないとな。同じクライアントで成績を追いかけている伸び盛りのC君は、すぐ結果に結びつかない施策に協力してくれるだろうか……」

「分析の工数を確保するためには、課長にきちんと説明する必要がありそうだが、課長も部長から今期の売り上げ見込みについてたっぷり絞られていたところだ。そんな中、課長はこのアイデアを喜んでくれるだろうか」

「自分も、今の営業成績を維持しながら回すのは無理だな。誰かアシスタントをアサインしてもらわないといけないけれど、営業企画は企画の仕事に追われているし、うちの会社で誰に頼めるんだろうか」

このように、冷静になったAさんの頭の中には、様々な「面倒」「調整事」「周囲の不協力」「総論賛成、各論反対」といった抵抗感が浮かんできます。研修会場を出る時にはあんなにワクワクしていたはずのAさんは結局、この「顧客ヒアリングの電子カルテ化」を誰にも相談せず、いったん胸の内にしまい込みます。上司に提出する研修参加レポートには、「現場で役に立ちそうなアイデアがたくさん浮かび、大変刺激と学びになった」と「大変満足」の欄に丸をつけておきました。

「このアイデアはいつか実現できるかもしれない……」。Aさんはそう思いながら「いつもの業務」に戻っていきました。その次の春、Aさんは異動辞令を受け取り、地方の営業支部での新規顧客開拓のチームに異動していきました。データ解析を通じた営業活動の合理化というアイデアは、最後までこの会社で実現されることはありませんでした。

＊＊＊

いかがでしょうか。これは、「学び直し」と「実践」の間にあるストーリーとして、「あるある」の光景です。「研修会場」と実際の「職場」の間に流れている空気はこれほどまでに、大きく違うものですし、研修の学びが現場に活かされないという悲惨な事態は大量発生しています。アイデアを思いついたAさんが「実現は大変そうだな……」と考えた瞬間に作用していたのが、〈変化抑制意識〉です。〈変化抑制意識〉とは、まさにこうした「スキル発揮による職場での実践変化」を妨げてしまうような「予期」なのです。

イノベーションは「迷惑」である

リスキリング、アンラーニング、そしてそこから派生するイノベーション……これらはすべて「変化」をもたらしますし、変化をもたらさなければなんの意味もありません。しかし、新たな仕事のやり方やデジタル活用のアイデアなど、よりよい変化についての新しい思考が生まれたとしても、組織全体を見渡した上で、「この変化を現実にするのは大変だろうな」「こんなことを自分が言い出したら同僚は困るだろうな」という予期が生じれば、そのアイデアを引っ込めてしまいます。

そう、職場の秩序を崩してしまうという意味で、イノベーションとは「はた迷惑なもの」なのです。自分が起こす変化は周りの人を巻き込んでしまうし、周りが起こす変化は面倒な「コスト」として感じられる。「このいつものやり方、変えてみませんか?」という提案は、提案するだけでも「私たちの穏やかな日常」を壊してしまう。私たちはそんなふうに思いながら、慣れ親しんだやり方に「新たな手垢《てあか》」を塗り重ねています。繰り返される同じような仕事は刺激がないかもしれませんが、周りに眉をひそめられるよりマシなのかもしれません。

変化を起こすのが面倒なのであれば、人は、学ぶことによって新しい知識やスキルを得よ

図表25　変化抑制意識と学び

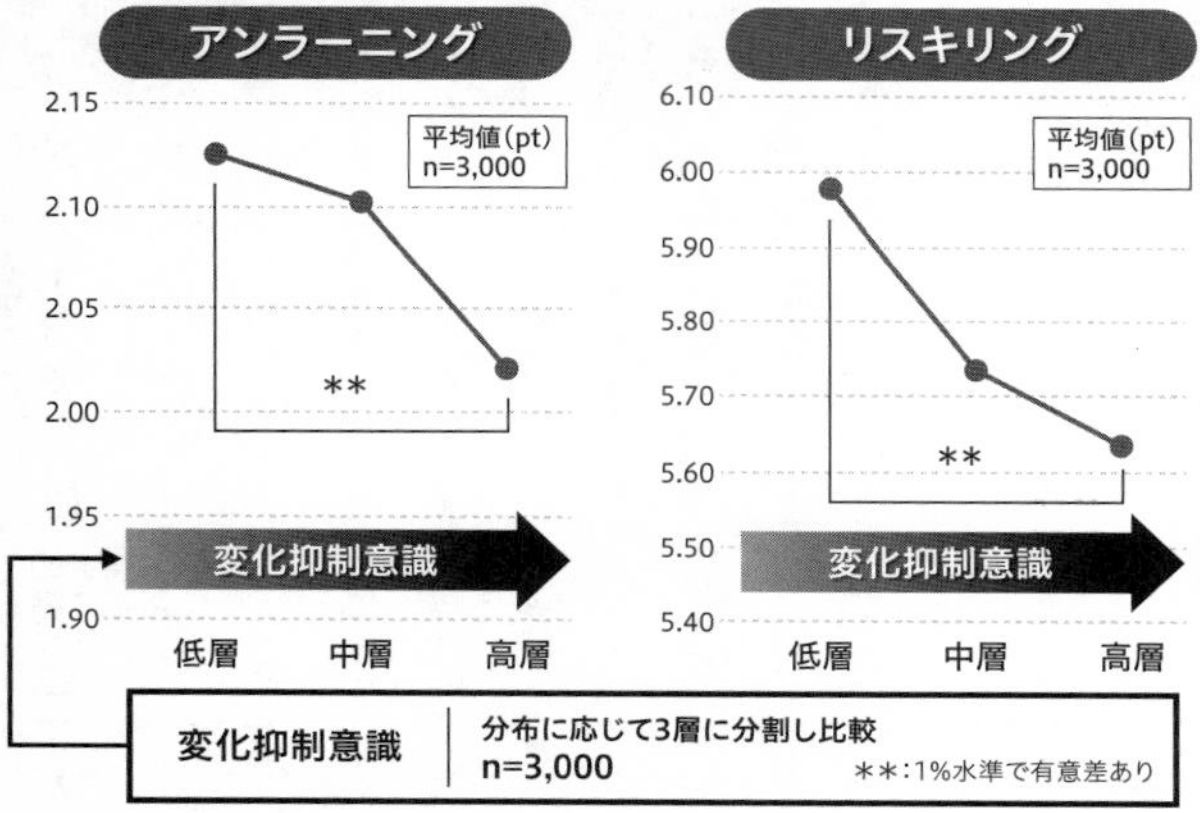

出所：パーソル総合研究所「リスキリングとアンラーニングについての定量調査」

うとは思いません。**実証研究においても、やはりこの〈変化抑制意識〉が強いと、古いスキルを捨てるアンラーニングにもリスキリングにもマイナスの影響があると確かめられました。**〈変化抑制意識〉の高い層と低い層を3グループに分けて比較すると、高い層のほうがアンラーニングもリスキリングも有意に低い傾向が見られたのです（図表25）。様々な属性をコントロールしてもこの傾向は維持されます。

〈変化抑制意識〉は、単純にアンラーニングや変化創造を妨げるだけではありません。仕事に対してのポジティブで充実した心理状態であるワーク・エンゲージメントに対してネガティブな効果も見られました。また、「仕事について深く考えない」「やりがいや意味を見出さない」といった縮小的な仕事意識を促進してしまう効果も見られました。

私たちは「自分だけ何かを変えても意味がない」「変化を起こすのは面倒くさい」と思ってしまうような組織で働いていると、仕事そのものへのやりがいを見出せないということでしょう。先ほどのストーリーでのAさんも、「ワクワク」を奪い取られてやる気をなくしてしまったと言えます。毎日の仕事において「自ら起こせる変化の余地が何もない」ということは、人の仕事への動機づけを大きく弱めます。

〈変化抑制〉は波及する――「多元的無知」のメカニズム

さて、定量的なデータから職場で「変化」が嫌われていく事態へのヒントが得られました。〈変化抑制意識〉が作用するメカニズムについて、もう少し構造的に理解することで、処方箋への糸口を探りましょう。

この意識をより正確に言い換えれば、「自分が変化を起こすことが、組織として負荷＝コストになることへの予期」です。このコスト予防的な予測に基づいて、人は職場で変化を起こすことを抑制してしまいます。より直截《ちょくせつ》的で硬い表現にすれば、**〈変化抑制意識〉**とは、

「変化コスト予期」と言い換えられます。

ポイントは、これが「予期」であることです。他人の心の中はわからなくても、変化のコストが「予期」されてしまった瞬間に、その人の中で、自発的な新しい試みが抑制されてしまいます。「本当は」周囲の同僚も変化を望んでいるかもしれませんが、私たちはいまだに他人の心の中を覗《のぞ》き見ることのできるテレパシーのような能力を持っていません。

ここで概念的な補助線として紹介しておきたいのが、社会心理学者のF・H・オルポートらが提唱した「**多元的無知**」という概念です。多元的無知とは、学術的な定義で言えば、**「集団の多くの成員が、自分自身は集団規範を受け入れていないにもかかわらず、他の成員のほとんどがその規範を受け入れていると信じている状態」**のことを指します。[1] 日常語で簡単に言い換えてみれば、「周りの人はこう思っているだろうな、という間違った個人の予想」です。

ある町における投票行動を例にとって図示します（図表26）。この町で選挙権を持つ太郎さんは、政党Bの公約に賛同し、次の選挙で支持したいと考えています。しかし、太郎さんが住んでいる町は、歴史的に政党Aの支持者が多い地域。自分の周りの人は政党Aを支持しているだろう、と太郎さんは予期しています。

図表26　多元的無知

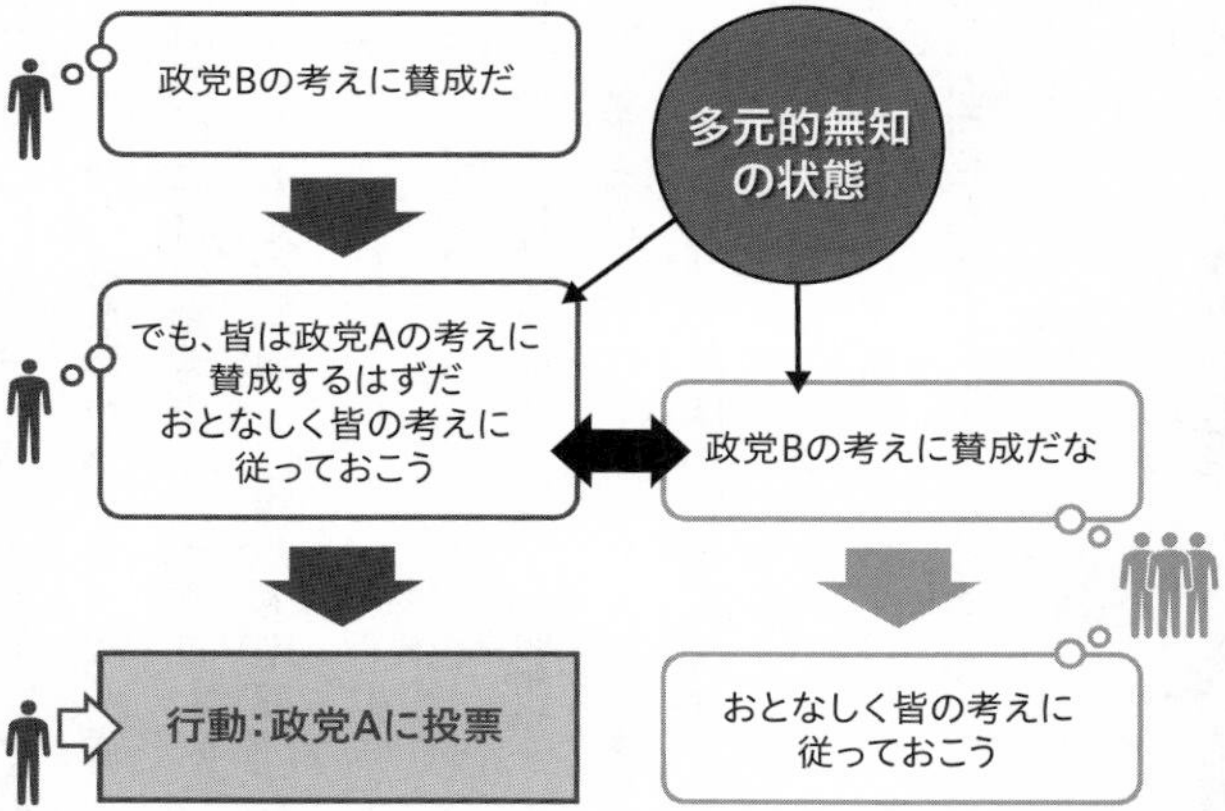

そうした中で、太郎さんが政党Ｂに投票することを周囲が知ったら、太郎さんはそのコミュニティで微妙な立場に立たされてしまうかもしれません。もしかしたら近所で白い目で見られたり、学校で子供がいじめられたりするかもしれません。「浮いてしまう」ことを恐れた太郎さんは本来支持したい政党Ｂではなく、政党Ａに投票してしまいます。

しかし実は、周囲の他の人も心の中では政党Ｂの公約に対して賛成の意見を持っていました。けれど周囲の他の人もまた太郎さんと同じように、「この地域で政党Ｂに投票すると言ったら、周りから変な目で見られてしまうかもしれない」と不安に思い、政党Ａに投票をしてしまいます。

このように、それぞれが他者の予期を誤って予期してしまい、それが重なると、本当は皆が望んでいないにもかかわらず、政党Aへの投票という行動が継続的に導かれてしまいます。だいぶ簡単に言い換えましたが、**これが「多元的無知」が導く人々の行動メカニズムです**。

こうした多元的無知の理論が応用できる範囲は広いものです。例えば、日本人はしばしば集団主義的、集団協調的だと考えられていますが、実際には個々人は独立的な生き方を望んでいるかもしれません。しかし、自分勝手な行動をとると周りの人に嫌われてしまうと皆が「予想」するがために（これが多元的無知です）、協調的なふるまいが人々に採用され続けている。そのような可能性も指摘されています。[2] 実証的な研究知見はまだまだ少ないですが、多くの組織秩序・社会秩序が安定的に保たれる裏側には、こうしたメカニズムが強く働いているでしょう。

社会学のメディア研究においては、このようなプロセスが集合的に発生することを「沈黙の螺旋《らせん》 spiral of Silence」という考え方で探求してきました。[3] 沈黙の螺旋とは、自分が少数派であると認識した人が孤立を恐れて沈黙し、多数派の意見だけが拡大再生産されていくことです。

先述した〈変化抑制意識〉には**多元的無知を引き起こし、連鎖的に波及させる可能性**があ

図表27　変化抑制のメカニズム

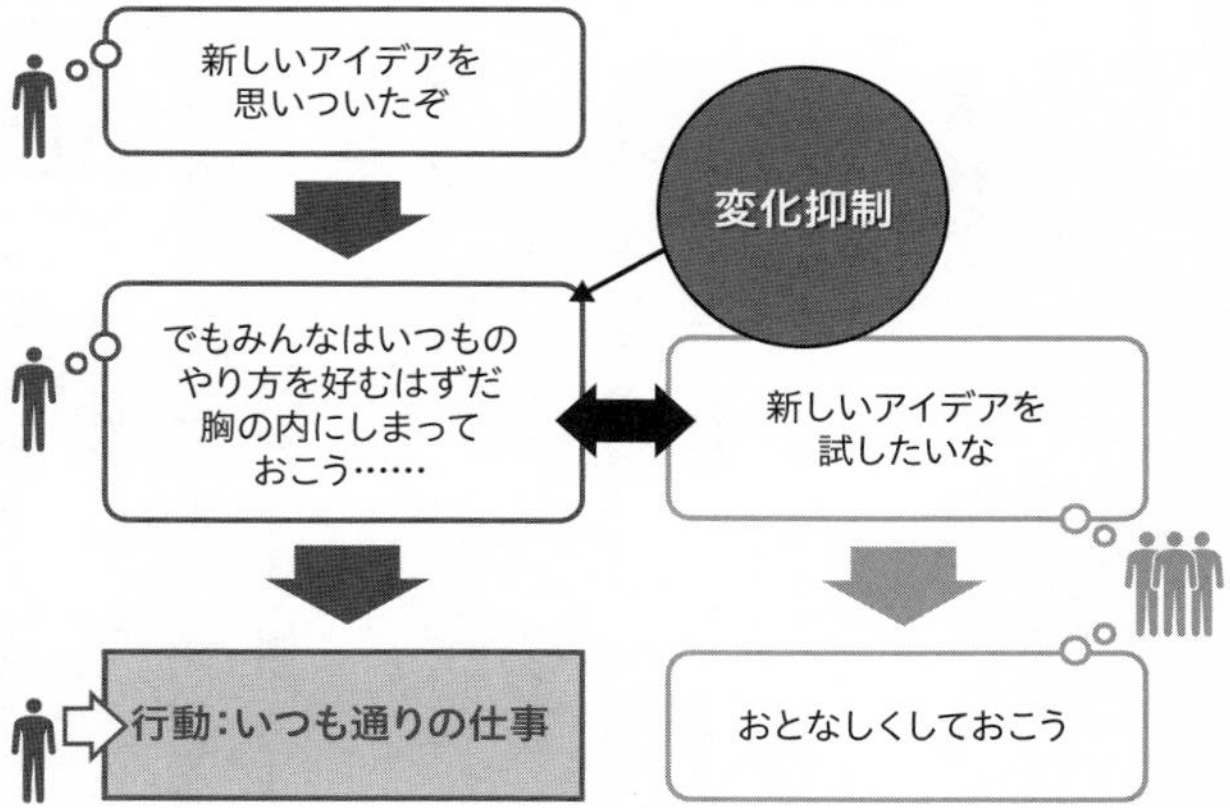

ります。本当は周囲の同僚も新しいアイデアを試したいと考えていたとしても、その意図について当該者が「無知」であれば、〈変化抑制〉の作用が働いてしまうからです。

「皆はいつものやり方を好む＝変えるのには負荷がかかる」という予期が、本人だけでなく他の同僚にとっても同様に発生してしまえば、その「無知」はまさに「多元的」に重なり合います。こうして、〈変化抑制〉は個人のレベルを超えて組織的な波及力を持つようになる可能性があるのです（図表27）。

「認知的不協和」のプロセス

さらに面白い知見も指摘されています。多元的無知によって自分の意図とは違う方向に行動した個人の中で、「**認知的不協和**」が起こり、それを「正当化」することがあるのです。

認知的不協和とは、自分が認知していることに二つの矛盾する考えや行動がある場合、ストレスや不快感を抱くことです。多元的無知による選択の結果、認知的不協和が起こり、それを解消するように自らの選好や価値づけを変えていく……これは極めて興味深い心理的メカニズムです。

社会心理学者の岩谷《いわたに》舟真《しゅうま》と村本由紀子は、大学生50人にパートナーへのお土産のグミを選ばせる実験に基づいて、このことを確認しています[4]。実験では、自分の好みとは異なるグミをお土産として選んだ参加者は、その後に、選んだグミへの評価を相対的に上昇させていました。つまり、自らの好みそのものを変化させることによって、「自分の選択行動は自分の好みに基づいたものである」という形で自らの選択を正当化し、認知的不協和を解消させたわけです。

先ほどの投票の例に戻って考えましょう。太郎さんの政党Aへの投票という行動は、太郎さんの本当の意見とは異なるものでした。しかし、自分の意見を曲げた行動を実際にとったという事実は、太郎さんにとってあまり認めたくない、不快なことです（これが認知的不協和です）。

そこで太郎さんは、その不協和を解消するために、「しかし、政党Ａの言うことにも一理あるな」「なんだかんだ言っても、これまでお世話になってきたのは政党Ａだった」などと考え始めます。つまり、政党Ａへ投票したことを後から正当化して自らの認知を変え、不協和状態を解消しようとするのです。

同様のことが〈変化抑制〉でも起こりえます。職場での変化を生み出さなかった個人は、捨ててしまったアイデアや思いつき、発揮したかったスキルなどの「本当の思い」とは異なる行動をとったことになります。そのモヤモヤ（認知的不協和）を解消させるために、「でもいつも通りが一番スムーズだ」「波風立てないことが安全だ」「普段通りのやり方にもいいことがあるな」などと、**「変化を起こさなかった側」である自分の意見そのものを変えていく可能性があるということです**。

まだまだ定量的に確かめられた知見ではありませんが、直感的にも、経験的にもこうしたことは「職場のあるある」です。こうして、「沈黙の螺旋」のように、変化を起こさないことが「当たり前」になっていくとしたら、変化行動の抑制が個人レベルと組織レベルでともに温存され、再生産されていくことになるでしょう。それがリスキリングの「スキル発揮」にとっての高いハードルになることは言うまでもありません。これこそが「研修会場」と

「現場」にある深い谷の正体です。

「助け合い」の不都合な真実

私たちは、この「谷」を乗り越える必要があります。そこで、組織が持っている特徴とこの〈変化抑制意識〉との関係を再度分析してみたところ、さらに興味深い事実が浮かび上がってきました。

職場メンバー間で仕事をフォローしたり助け合ったりする、「相互援助」の文化を持っていることが、〈変化抑制〉の意識を「上げる」方向に作用していたのです（基本属性を統制した多変量分析の結果）。つまり、「フォローし合う」「助け合う」ような極めて健全に見える関係性が、かえって〈変化抑制〉を高めていたのです。

このことは、リスキリングを考える私たちに、さらに重い難題を突きつけます。なぜなら、「助け合い」のような相互依存性の強さは、国際的に見た時の日本の組織の特徴として長らく指摘され、時に賞賛されてきたものだからです。このことを説明するためには、少し日本の組織構造の特徴に触れる必要があるでしょう。

しばしば言われるように、日本企業の雇用のあり方は、個々のポストのジョブ・ディスクリプション（職務記述書）が明確でなく、従業員においても「ここまでが自分の仕事、ここからは他の人の仕事」という分業意識が希薄です。「その人のポストを奪うことになるので、あえて他の人の仕事は手伝わない」というような他国でしばしば見られる分業意識は、日本の職場にはあまり見られません。

逆に、日本では職務分担をまたぐような相互の「助け合い」は当然のように奨励されてきました。業務範囲が曖昧な中で効率的に働くには、互いの仕事をカバーし合ったり調整しあったりする必要があります。「手が空いている人がフォローする」というのは一般的な感覚としても、美徳のような規範意識としても広く見られるものです。

ジャパン・アズ・ナンバーワンと呼ばれた１９８０年代まで、このメンバー同士の相互依存性の高い働き方は、日本企業が世界に誇る「強み」とされてきました。とりわけ日本の中心業であった製造業において、部署を横断した「全体最適」を達成するための横のつながり・重なりを生み出し「カイゼン活動」や「小集団活動」に代表されるような生産性の向上に直結していきました。そして筆者の見るところ、この特徴は伝統的な製造業だけのものではなく、今でも多くの産業で受け継がれています。例えば顧客に合わせたＩＴシステムのスペックの可変性や作りこみの精度、外食店舗のメニュー開発・調理・サーブが一体となった総合的な顧客提供価値の向上などは、世界的に見ても高レベルなものですし、それは先ほどのような横のつながりが生み出す全社的なフィードバック・ループのたまものです。

こうした**「相互依存性の高いメンバーが、チームで仕事を行う」という日本の慣習が、強みを生んできたと同時に、現場での変化とスキルの発揮を「抑制」する方向に作用していきそう**なのです。

その他にも〈変化抑制意識〉を高めていた要因分析の結果を列挙してみましょう。仕事が「自律的でないこと」「タスクが個人で完結していないこと」「成果が明確でないこと」などです。こうした分析結果も、「みんなで助け合って、チームで仕事を分担しながら働く」という日本組織の特徴はことごとく「変化創造」というプロセスと相性が悪いことを示しています。

日本企業の横のつながり――メンバー間の職務横断的な協働関係を支えてきた「助け合い文化」や「業務の相互依存性」――が、「個の新しいアイデア」や「変化を生む意思」を削《そ》いでしまう〈変化抑制意識〉を高めているのは極めて興味深いことです。職務を超えた横のつながりは、モノづくりやサービス品質向上における全体最適を図るには適していたかもしれませんが、個人発の「思い切った変化」に対してはマイナスであることを示唆するからです。しかも、「変化」と「スキルの発揮」は並列的な事柄だと述べた通り、それらは確かにリスキルやアンラーニングといった知識・技能の獲得にも負の影響を及ぼしていました。

この問題が根深いのは、私たち日本企業で働く人々にとって、フォローし合ったり助け合ったりするチームこそが「良いチーム」に見えることです。コロナ禍によるテレワークでもコミュニケーションが希薄になることを嫌って、各組織が朝会やランチ会などのコミュニケーション機会＝ネットワークを緊密にする活動を（反動的に）活性化させました。

濃密で結束の強い組織において個人が「変化」を起こそうとすると、様々な人の仕事に影響を及ぼすことになります。逆に、つながりの弱い非緊密なネットワークでは個人がバラバラに仕事をしているので、組織の中で情報は十分に回ってこないかもしれないし、相互の仕事の助け合いも少ないかもしれませんが、その分、「変化」は起こしやすくなる。つまり、メンバー相互のネットワークの緊密性は、**「善意に基づく足の引っ張り合い」を生む**ということです。

日本の経営者の多くは「現場」が大好きです。営業現場や製造現場からのたたき上げとして出世する人も多く、経営層になっても「現場発の、ボトムアップ的なイノベーション」を期待します。現場力こそがわが社の強みと言って憚《はばか》らない経営者は数多くいます。

しかし、そうした「現場力」を支えるようなメンバー間による相互依存的・相互援助的な仕事のあり方が「変化」というイノベーティブな活動を抑制してしまう。このことは、多くの会社にとって「不都合な真実」と言えるでしょう。

下がる〈変化適応力〉と上がる影響力

いま〈変化抑制〉で見てきたのは、現場、職場で集合的現象として表れる「変わらなさ」のメカニズムでした。この「変わらなさ」に関しては、より個人的な変数、つまり個人の特徴に注目することもできます。次に論じるのは、個人の「キャリア」という時間軸で見た時の「変わらなさ」です。

筆者はここ数年、**〈変化適応力〉**というコンセプトをカギとして、変化に強い個人とそうでない個人の特徴を研究してきました。拙書『早期退職時代のサバイバル術』を読んでいただいた方にとっては繰り返しになりますが、この〈変化適応力〉について紹介しましょう（図表28）。

人的資源管理の研究では今、ポジティブな影響を及ぼす心理的状態を、個人の資産のようなものとして捉える**「心理的資本」**というコンセプトが注目されています。日本ではまだあ

図表28　変化適応力

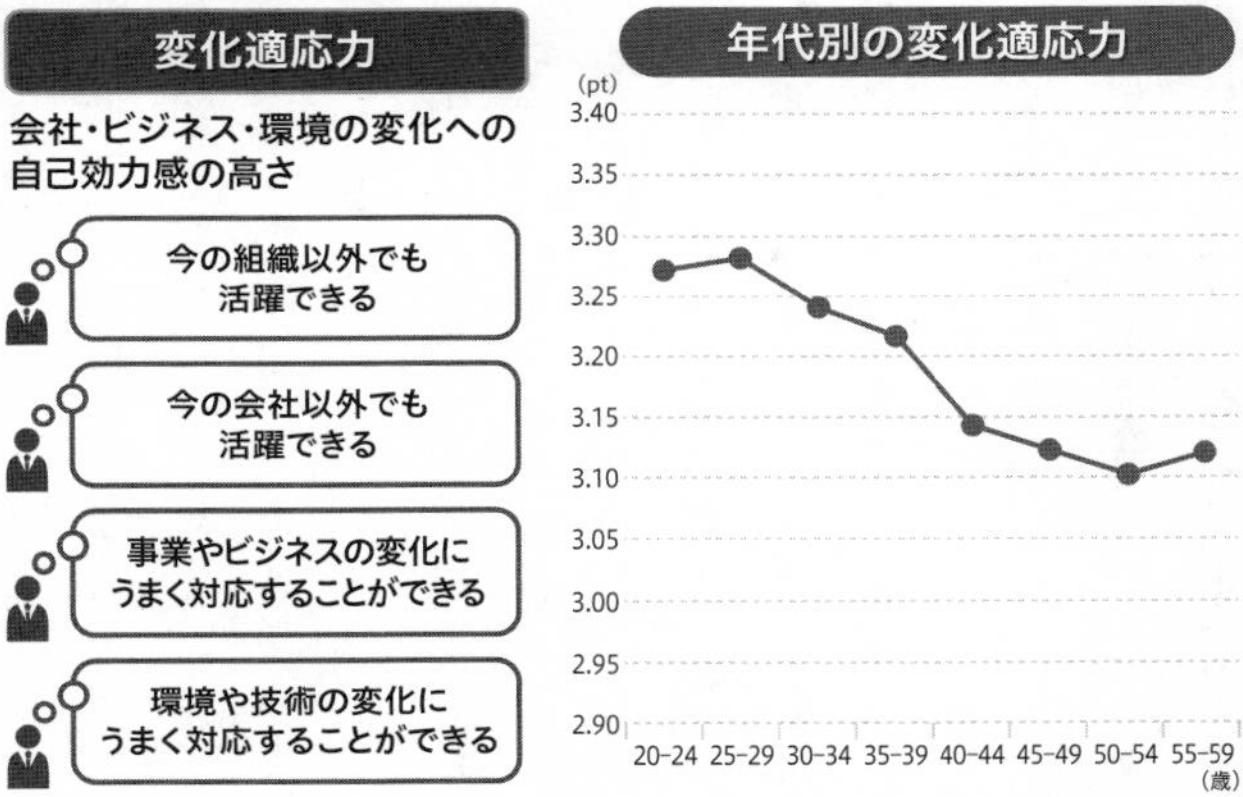

出所：パーソル総合研究所「シニア従業員とその同僚の就労意識に関する定量調査」

まり耳慣れない概念ですが、フレッド・ルーサンスらによる『こころの資本』（中央経済社）の影響もあり、徐々に広がりを見せています。

この心理的資本の一つとされるものが、「効力感 Efficacy」です。効力感とは、ある対象に対して「できる」「可能だ」と思えている心の持ちようのこと。この効力感についても様々な研究があり、そうした実証研究を１００以上まとめて分析したメタ分析などから、効力感の高さが個人の仕事における業績・パフォーマンスに強く影響することが明らかになっています。心のありようや状態に対して「資本」という言葉遣いをわざわざするのは、心理的資本は不変的なものではなく、蓄積や変化をさせられるものとして捉えるからです。
〈変化適応力〉も自己に対する効力感、つまり心の資本の一種として位置づけられます。
〈変化適応力〉の「変化」をより正確に言えば、まだ予想できない将来における変化です。なので、**〈変化適応力〉はそうした変化にも適応していけるだろうという「自己効力感」を意味しています**。

この力が維持されている人は、中高年になってもパフォーマンスや満足度などが高いことが明らかになっています。「未来」に対する効力感が、「今」の行動やパフォーマンスに影響を与えるということです。

これからもこれまでも、私たちのキャリアは変化にあふれています。上司や同僚は入れ替わりますし、テクノロジーはどんどん次のテクノロジーに追い抜かれていきます。会社や事業の統廃合もありえます。〈変化適応力〉がない状態では、予見しにくいそうした環境変化を乗り切るのは難しくなります。〈変化適応力〉はこれからの変化への〈構え〉ですし、逆にそれが低い状態というのは、「変化におびえ、気圧《けお》されてしまっている」ことになります。

しかも、この〈変化適応力〉とパフォーマンスとの関係性は、加齢に伴って強くなります。
年齢別にグループを分けて成果への影響度を見てみると、歳をとるにつれてどんどん〈変化適応力〉の影響力が強まっていたのです。キャリアが長くなればなるほど〈変化適応力〉は衰えていくのにもかかわらず、その影響力は強くなっていくのです。

〈変化適応力〉を促進する三つの心理

さらに、この〈変化適応力〉の背景には、それを促進するいくつかの心理状態が存在していることもわかっています。〈変化適応力〉とプラスの関係が見られた心理とは、**「目標達成志向」「新しいことへの挑戦や学びへの意欲」「興味の柔軟性」**の三つです（図表29）。

一つ目の促進心理である「目標達成志向」とは、自分なりの目指すべき目標を見つけて進んでいく志向性です。常に自ら目標を作っていく力と、その定めた目標に向かって集中して行動する力が含まれます。どんな仕事をするにしても、自分なりの目標をセットするかどうかによって取り組み方は大きく変わるものですし、そうした癖づけができている人は変化への自己効力感が高いということです。

仕事におけるこうした「目標」の重要性は、学術的にはアメリカの心理学者E・A・ロックやカナダのG・P・レイサムといった研究者によって提唱された**「目標設定理論　Goal Setting Theory」**と、そこから派生する研究が明らかにしてきました。目標設定理論に関す

図表29　変化適応力の背景にある心理

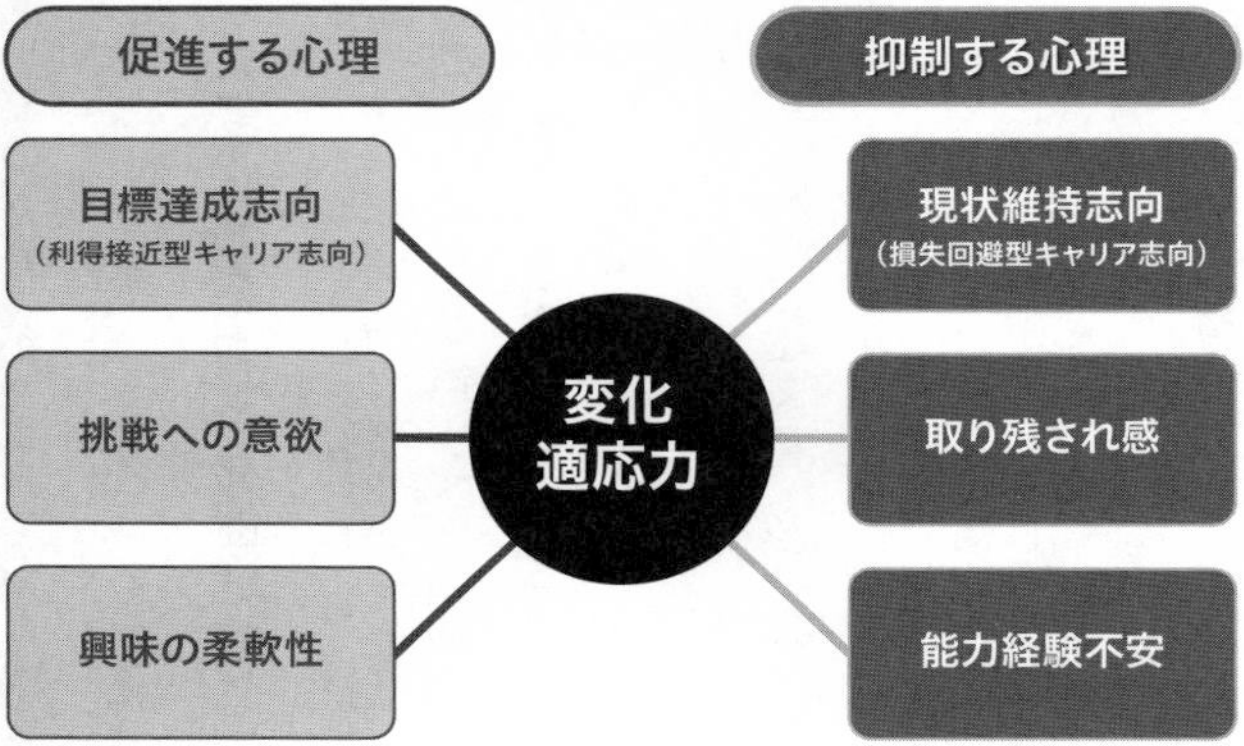

出所：パーソル総合研究所「シニア従業員とその同僚の就労意識に関する定量調査」

る研究では、曖昧な目標を立てるよりも、明確で具体的な目標を立てたほうが人の動機づけは強くなることなどが明らかになっています。多くの企業に目標管理制度など個別の目標設定の機会が用意されていることにも、こうした理論的背景が存在します。

逆に、〈変化適応力〉とマイナスの関係にあった心理が「**現状維持志向**」です。これは「目標達成志向」の裏返しとして見ることができるでしょう。自分が設定した売り上げ目標を達成できないのではないか、負っている組織的責任を果たせないのではないか、と「失敗」のほうに目がいってしまい、現状維持したまま「マイナスを避ける」ことがいつの間にか目標にすり替わっているような状況です。目標理論においては、こうした悪い評価を避けようとする目標の立て方を「遂行回避目標 Performance-avoidance Goal」と呼びます。[6]

第2章で日本のキャリアの昇進構造は「オプトアウト方式」の平等主義的・競争主義的だと言いました。一律的で平等な訓練の中で、誰もが巻き込まれるゆっくりとした自然選抜です。こうした選抜の仕方ではしばしば、「他の同期や同僚と比べて、できないことを避ける」のが目標になります。これでは、結果的には現状維持を選び、変化に適応できない個人が生み出されてしまいます。

二つ目の促進心理は**「新しいことへの挑戦や学びへの意欲」**です。職業人生において、ますます「学び」の大切さは増しています。そのこと自体に異議を唱える人はおそらく少ないでしょう。環境変化と技術発展の速度が速くなれば、新しい領域に挑み続けることの必要性は高まり続けていきます。まさに「リスキリング」もこの要素の一つです。

〈変化適応力〉の三つ目の促進心理は、自分自身の興味関心の範囲を決めつけない**「興味の柔軟性」**です。仕事の場でも、日常生活でも、持っている趣味においても、人がそれぞれ抱いている興味や関心の範囲は様々です。この「興味の柔軟性」が意味しているのは、これまでの経験や知識に固執して「ここまでだ」と決めつけてしまうことなく、自分の興味関心の範囲を広げていくことの大切さです。「興味関心の幅」を固定化してしまえば、当然ですがこれから起こる様々な変化についていくことは難しくなります。

次々と現れる新しい文化や技術、ＴｉｋＴｏｋやＹｏｕＴｕｂｅなどの新しいソーシャル・メディアを目にした時に「自分とは関係ない」「今どきの若者にはついていけない」と考える。こうした「新しい物事への全般的な興味のなさ」は、いつの間にか「変わらない自分」を創ってしまいます。組織がそのようなメンバーばかりである時、その組織に新しい情報や変化が訪れることはなくなるでしょう。

〈変化適応力〉に影響する人材マネジメント

さて、〈変化適応力〉の重要性と、その背景にある心理を足早に説明してきました。企業でリスキリングを進めたい私たちにとっての問題は、〈変化適応力〉が高い状態をいかに組織的に作れるか、です。

そこで筆者のチームでは、〈変化適応力〉が企業のどのような人事管理と関連しているのかについて分析を進めました。かなり細かく専門的な分析ですので、ここではその結果のみを抜粋し、表にまとめました。それぞれ概説していきましょう（図表30）。詳細はパーソル総

図表30　変化適応力に影響する要因まとめ

人事施策	変化適応力への影響	特徴
社内のジョブ・ポジションの見える化	○	目標達成志向を上げる
組織目標と個人目標のすりあわせ	○	目標達成志向を上げる
公募型異動	○	全般に＋
異動・転勤の多さ	×	取り残され感・能力経験不安を上げる
シニアへの教育研修	○	全般に＋
雇用の安定性	×	興味の柔軟性を下げる
専門性の尊重	×	現状維持志向を上げる
キャリアについての対話	○	全般に＋

出所：パーソル総合研究所「シニア従業員とその同僚の就労意識に関する定量調査」

合研究所「シニア従業員とその同僚の就労意識に関する定量調査」レポートをご参照ください。

まず、〈変化適応力〉にプラスに関連する要素の一つは、**ジョブの見える化**です。社内の具体的なジョブ・ポジションについての情報が従業員に明示されていることです。どの部署にどんなポストがあるのか従業員に認知されていることは、その人の目標達成志向を上げていました。昨今、ジョブ型の人材マネジメントが話題ですが、ジョブの明示・見える化は、その要素の一つでもあります。

組織目標と個人目標が紐づけられ、それぞれがバラバラな状態ではないこともまた、目標達成志向にプラスの影響を持っています。

組織が目指すところと個人が目指すところのすりあわせが行われていなければ、組織内で目標を持つことは難しいということでしょう。これは人事制度の中でも目標管理制度が主に関連する領域です。

シニアへの教育研修、**キャリアについての対話経験**も〈変化適応力〉を上げていました。この二つの領域への投資がともに低いのが日本企業の特徴です。逆に言えば、きちんと投資され、機会が与えられている場合には〈変化適応力〉にプラスの関連が見られるということです。「対話」と〈変化適応力〉との関係については、第7章でもじっくり論じます。

また、**終身雇用傾向が強く**、**安定した雇用の企業に勤めている人は**、**「興味の柔軟性」が低い**傾向にあることがわかりました。解雇されるという雇用への心配がない人ほど、「自分はこういうものには興味はない」と、好奇心の限界を設定してしまうことが示唆されます。これは、日本企業の特徴でもある長期安定雇用の副作用と言える現象かもしれません。

専門性についての結果も興味深いものです。１９９０年代以降、専門職やエキスパート職といった形でマネジメント以外の専門スキルを育てていこうという複線型の人事制度が増えています。しかし、**専門性を尊重することは従業員の「現状維持」志向を上げてしまっている傾向**が見られました。

専門性は「諸刃《もろは》の剣」です。将来的にも需要が減っていかない領域の専門性であれば、個人にとっても組織にとっても素晴らしい武器になりえますが、需要がなくなってしまった専門性は、むしろ「専門性に引きこもる」個人を創ってしまいがちです。専門的職種への等級をむやみに整備することは、その副作用として専門性を持った従業員の現状維持志向を高めてしまい、間接的に〈変化適応力〉にマイナスの影響を及ぼすリスクがあります。今、職群の専門別に等級制度を用意する、「複線型」の人事管理がトレンドですが、その整備の際にも、それぞれの職群が自社でどのくらい重要であり続ける専門性なのか、そして市場での価値がどの程度続きそうなのか、慎重に見極めることが必要そうです。〈変化適応力〉の側面から見れば、「市場価値の高い、ポータブルな専門性を身につけて、どこに行っても雇用されるようなキャリアの安定を導く」という考え方はどうやら危なそうです。このことに鑑みても、やはり「一回きりのリスキリング」の効果は低くなってしまいます。

さて、本章では筆者らの研究から、〈変化抑制〉という職場レベル、〈変化適応力〉の低下という個人レベル、２種類の「変わらなさ」について議論しました。

これで、学習行動の少なさ＝「学ばなさ」と、スキルを発揮することを妨げる創発的な変化のなさ＝「変わらなさ」という二つの根本問題を見たことになります。それぞれ、リスキリングの工場モデルの「個に焦点化された視座」と、「スキルの獲得と発揮の等値（スキルを学べば発揮してくれるという想定）」という限界を乗り越えるための議論でした。

次に必要なことは、リスキリングそのものの議論の精度を上げることです。「学び直し」も「リカレント教育」も「リスキリング」も、それぞれ具体的な行動を示さない、学びについてのざっくりとした目の粗い言葉です。だからこそ、雑誌などで学び直しについての特集が組まれれば、すぐに「何を学ぶのか」「どんな資格をとるのか」といった表層的な「学びのメニュー紹介」ばかりが並びます。それでは、どこまでいってもリスキリングには「お勉強」程度のイメージしかもたらさず、リスキリングのための処方箋まで大雑把なものになってしまいます。

1 Allport, F. H. (1924). Social psychology. Houghton Mifflin.
神信人（２００９）「集合的無知」日本社会心理学会編、『社会心理学事典』、丸善出版、pp. 300-301.

2　橋本博文〝相互協調性の自己維持メカニズム〟実験社会心理学研究 50.2 (2011): 182-193.
3　Noelle-Neumann, Elisabeth., 1993, The spiral of silence: Public opinion–Our social skin. University of Chicago Press.
4　岩谷舟真、村本由紀子〝多元的無知の先行因とその帰結：個人の認知・行動的側面の実験的検討〟社会心理学研究 31.2 (2015): 101-111.
5　Stajkovic, Alexander D., and Luthans, Fred. "Self-efficacy and work-related performance: A meta-analysis." *Psychological bulletin* 124.2 (1998): 240-261.
6　Elliot, A. J., and McGregor, H. A. "A2 × 2 achievement goal framework." *Journal of personality and social psychology* 80.3 (2001): 501-519.

第4章　リスキリングを支える「三つの学び」

捨てる学び――「アンラーニング」

有効な処方箋のためには、「リスキリング」という言葉そのものに対する解像度を上げる必要がある。そのために筆者は、学び直しを実施している対象者がより具体的な学び行動としてどんなことを行っているのかを定量的に分析しました。

その結果、リスキリングを支えている具体的な学び行動として見出されたのは、「**アンラーニング**」「**ソーシャル・ラーニング**」「**ラーニング・ブリッジング**」の三つです（図表31）。これらの行動は広義のリスキリングに対して、より下位レベルで実践されている学び行動として整理できるものです。「リスキリングをどう進めていけばいいのか」という疑問に高い精度で答えるためにも、本章ではこれらを順番に議論していきます。

まず一つ目は、「アンラーニング」です。「**アンラーニング**」とは、平たく言えば新しい仕事のやり方やスキルを獲得するために古いやり方を捨てる行動です。日本語では「**学習棄却**」とも呼ばれますし、より柔らかい言い方では、「学びほぐし」とも呼ばれています。

アンラーニングは、学術的にも研究蓄積のある概念です。学術的定義を確認しておけば、個人の**アンラーニングとは、自分の知識やスキルを意図的に棄却しながら**（**捨てながら**）、**新**

図表31　就業者のリスキリングを支える３つの学び

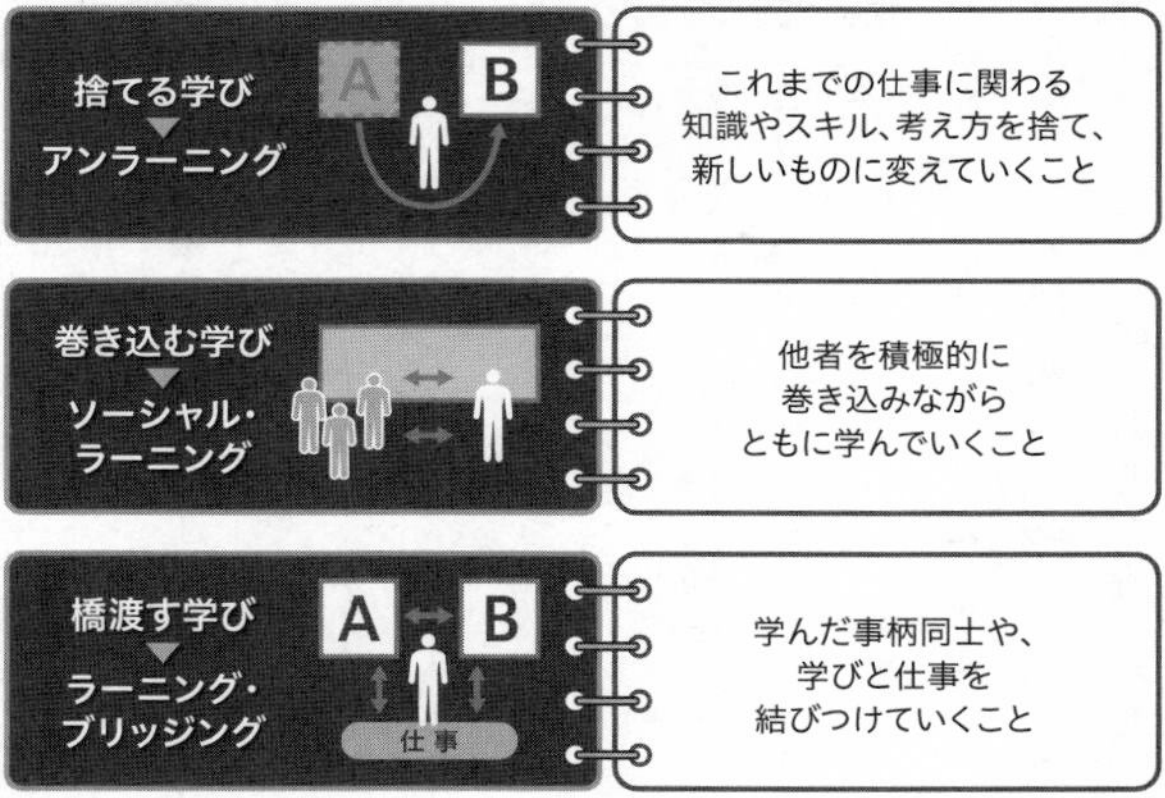

出所：パーソル総合研究所「リスキリングとアンラーニングについての定量調査」

しい**知識・スキルを取り入れていくプロセス**を指します。[1] 知識やスキルを蓄積していくだけではなく、凝り固まった古いものを「捨てていく」「ときほぐしていく」というダイナミックな過程を強調するのが「アンラーニング」のコンセプトです。

もともと組織論研究の文脈では、「組織単位」のアンラーニングが注目されてきました。[2] 産業構造が変化するにつれ既存の事業にとらわれることなく、新しいビジネスに取り組んでいく組織が求められてきたからです。経済成長が鈍化して久しい日本において、「過去のビジネスのやり方を捨てられない」という組織課題を抱えている企業はとても多く存在します。「今まで、この方法でやってきたから」という理由で、いつまでも同じ知識やスキルに固執する従業員ばかりでは、イノベーティブな価値発揮を模索することはやはり難しくなります。[3]

ビジネスと事業の変化が速くなると同時に個人の働く期間が長くなれば、キャリアの中で古くなってしまった知識を捨て、新しいものを取り入れていくことは個人にとっても重要性が増します。近年、「個人」を単位としたアンラーニングの研究が増え始めたことで、アンラーニングは一気に人事業界で市民権を得る言葉となってきました。今や個人向けの一般書も数冊書店に並んでいるような状況です。

「リスキリング」というざっくりとした言葉には、知識やスキルを新しく積み重ねる、「蓄積的」な学びのイメージが喚起されます。スキル注入を重視する「工場モデル」の考え方でもやはりスキルは「追加」させるものです。

「アンラーニング」というコンセプトを用いて、過去の学びやこれまで用いてきた仕事のノウハウを「棄却する」ことに光を当てることによって、スキルを用いて新しい変化を生み出す「スキルの発揮」のシーンへより接近することができます。

とはいっても、普段の慣れ親しんだやり方を捨てることは、言うは易《やす》く行うは難《かた》しです。いったい、どうして私たちは過去の経験や仕事のやり方から逃れられないのでしょうか。

「過去の成功体験にとらわれてしまっているから」「うまくいったビジネスの記憶に縛られてしまうから」でしょうか。このような「過去の呪縛」にアンラーニングの難しさを求めるのはよくある発想です。

しかし、これらは気軽に首肯できるものではありません。バブル崩壊からすでに30年の時が経ち、誇るような成功体験を持つ人は少数派です。経済停滞を経験している日本で20年以上働いてきた筆者にとっても、そうした考えにはほとんど現実味が感じられません。「過去体験」にアンラーニングの阻害要因を帰責させてしまうことで、「過去を捨て去るべきだ！」という表面的な「お説教」ばかりが生まれてきたのも事実です。

そこで筆者は、アンラーニングと働く個人の「今」との関連を定量的に分析しました。分析から見えてきたことを先んじて述べれば、**組織において個人のアンラーニングを妨げている**のは、しばしば**指摘されるような「過去の成功体験」**や**「過去へのしがみつき」よりもむしろ、「現在の中途半端な成功体験」**です。

誰が、どのようなアンラーニングを行っているのか

一口にアンラーニングと言っても、その内容は様々です。仕事の計画や手続きを変えるな

どの浅いレベルのものもあれば、仕事の意思決定のプロセスや顧客がどういうニーズを持っているかについての考え方を変えるといった、深いレベルのものもあります。イメージを膨らませるために、具体例を見てみましょう。

（昇進・昇格をきっかけにして）「遠慮をしながら業務を進めていたが、上の立場になったので、遠慮ばかりではなく、自身の経験も踏まえて、**年次が上の社員に対しても指導という立場で指示を出すように変えた**」（男性40代、金融業、保険業、経営・経営企画）

（同僚からの助言をきっかけにして）「顧客のニーズには必ずしも完全にこたえる必要はないということを学んだ。**顧客の手元で発生している問題についての解決策を示すことで顧客が自主的に行動することもあり、コミュニケーションで解決することもある**」（男性50代、製造業、顧客サービス・サポート）

（ライフイベントをきっかけにして）「完璧主義的な思想を持っていたが、**7、8割の完成度で納得するような考え方に変えた**。また、**楽観的思想を持つように変えた**」

（男性30代、情報通信業、ＩＴ系技術職）

パーソル総合研究所「リスキリングとアンラーニングについての定量調査」

このように、働く人々はキャリアや業務上で起こるイベントをきっかけとして、仕事のやり方や考え方を様々にチューニングしたり変更したりしています。ここでのポイントは、アンラーニングの具体的な中身に「正解」があるわけではないということです。重要なのは「どう変わるか」よりも、新しいやり方へと「変われること」「変化を生み出させること」そのものです。

そうしたアンラーニングのきっかけとなるイベントは、時節柄もあって「コロナ禍などビジネス環境の変化」が23・２％とやはり多いものの、その他のきっかけは、「自分のキャリアの振り返り」や「職場メンバーの変更」など多岐にわたります（図表32）。

また、アンラーニングの実態を性・年代別に見ると、いくつかの特徴がわかります（図表33）。

高齢層では「意思決定のプロセスや方法」「顧客のニーズについての考え方や信念」など、深層的なレベルのアンラーニングが減っていく傾向が見られました。やはり、歳を重ねるご

図表32　アンラーニングのきっかけ

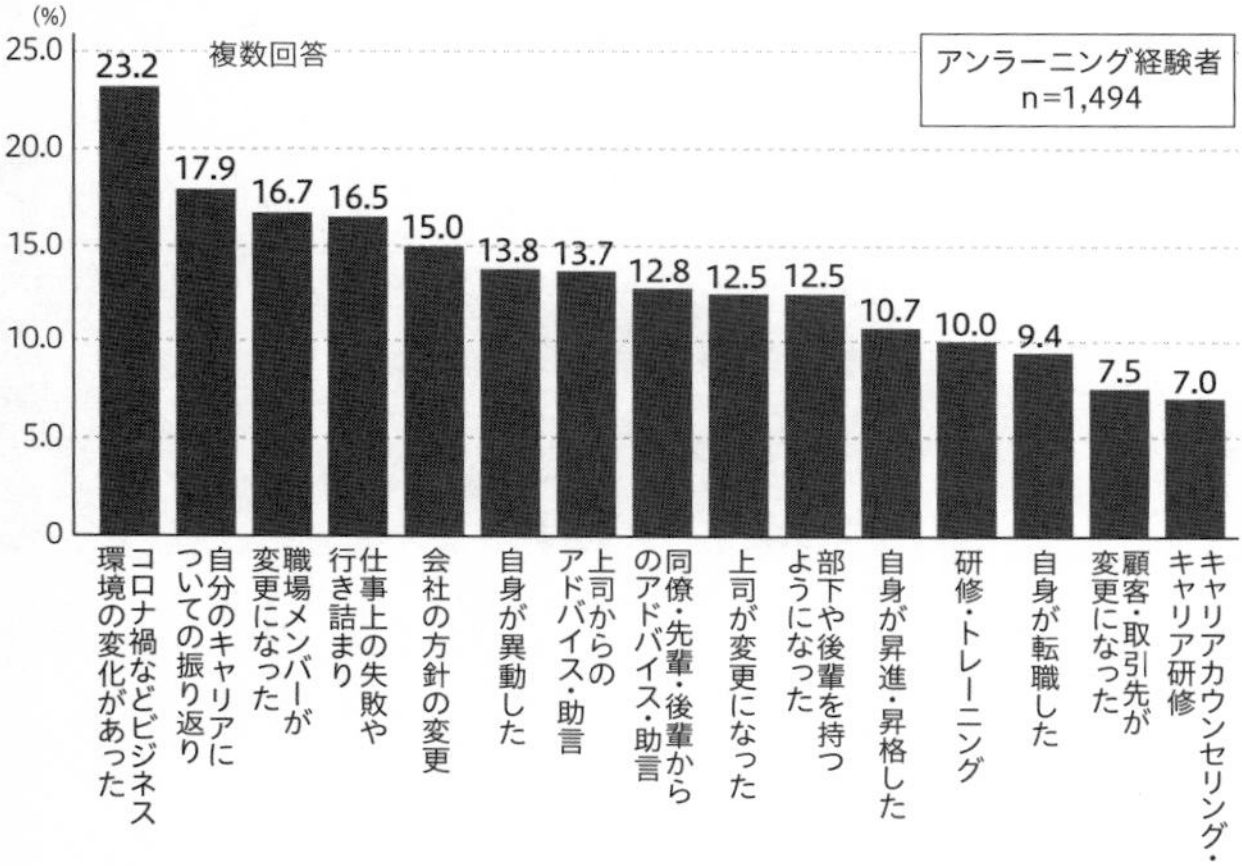

出所：パーソル総合研究所「リスキリングとアンラーニングについての定量調査」

図表33　年代別アンラーニング実態

大きく変えた＋少し変えた(%) 男性 n = 2,018 女性 n = 982	男性20代	男性30代	男性40代	男性50代	女性20代	女性30代	女性40代	女性50代
仕事の計画	33.8	31.2	28.0	26.6	29.4	31.2	26.2	18.5
仕事の手続きや方法	29.4	30.1	28.3	27.6	30.6	32.7	23.9	21.3
技術的な改善についての考え方や信念	30.6	31.4	25.5	25.6	29.8	23.8	18.0	15.1
情報の収集共有の方法	32.5	28.6	25.7	26.4	25.0	27.7	17.2	16.5
職務遂行のためのツール	31.5	26.1	24.7	25.9	26.2	23.5	21.7	14.6
組織をとりまく外部環境についての考え方や信念	27.2	27.8	26.4	24.3	26.2	24.6	18.3	18.0
意思決定のプロセスや方法	29.0	28.7	23.5	22.3	26.2	30.0	19.0	11.2
顧客（利用者・関係者）のニーズについての考え方や信念	27.2	27.6	23.7	23.9	28.2	25.0	15.7	12.2

表層的
↓
深層的

出所：パーソル総合研究所「リスキリングとアンラーニングについての定量調査」

とに仕事の根本的な信念や意思決定のあり方を変えるのは難しくなるようです。これは感覚的にもすぐ得心のいくことでしょう。

もう一つ気にかかるのが、「女性の中高年」が他の層よりもアンラーニングができなくなっていることです。女性の社会進出とともに、正規雇用として働き続ける女性も少しずつ増えてきました。しかし、問題はその中身です。中高年の女性は同年代の男性よりもアンラーニングの程度が低い傾向にありました。これについては重要な論点なので後述します。

「変わらない役職」と「中途半端に良い評価」がアンラーニングを阻害する

アンラーニングの実態からは、さらにいくつか、深掘りするべき興味深いデータが得られています。

まず、**「役職の滞留年数」**とアンラーニングの関係です。課長や部長といった役職についてからの期間とアンラーニングの関係を見ると、**役職について「3カ月から半年未満」でアンラーニングがピークに達し、その後下降している様子が見られました**（図表34）。これは一人のサンプルを追跡調査したものではないので正確性には欠けますが、実にきれいな傾向が出ています（ちなみに、就業年数の影響をコントロールして分析しても、役職滞留年数はアンラーニング

図表34　役職滞留年数別アンラーニング実態

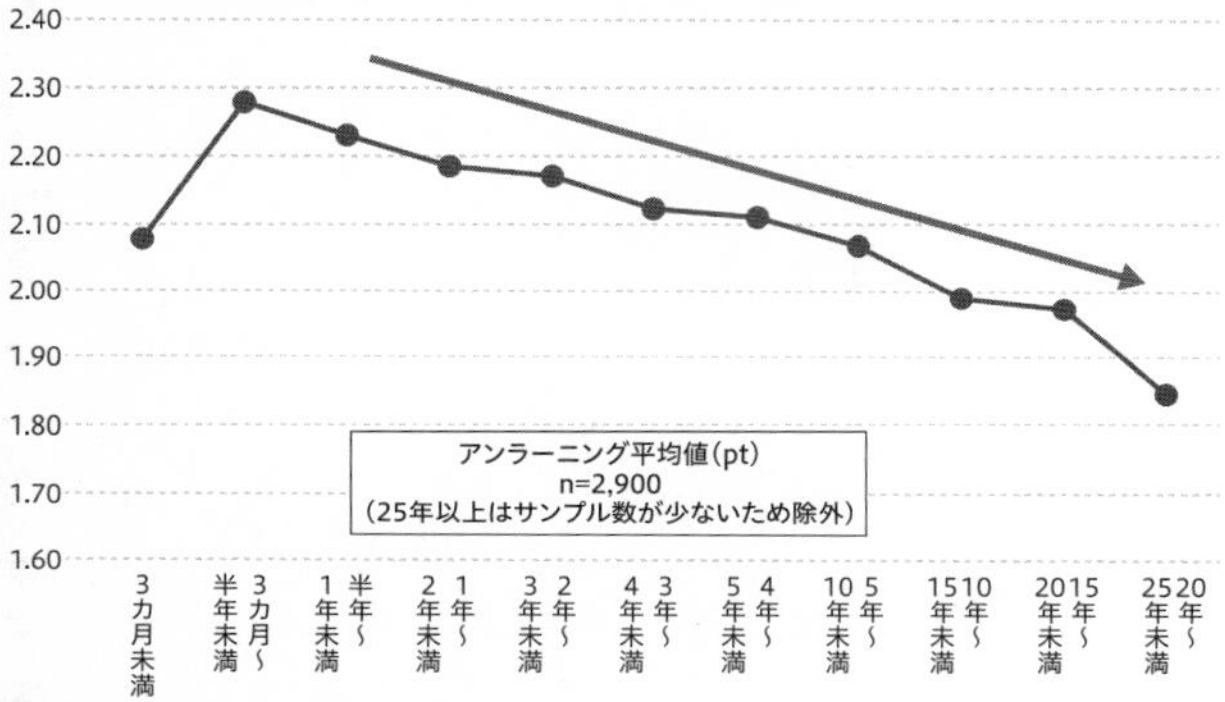

※役職滞留年数は、就業年数を統制した重回帰分析でもアンラーニングに対して有意にマイナスの影響が見られた

出所：パーソル総合研究所「リスキリングとアンラーニングについての定量調査」

に対して有意にマイナスの影響が確認できました）。

このデータに従うならば、管理職はその役職についてから半年から1年程度でこれまでの仕事のやり方を捨て、新たな仕事のやり方を模索するプロセスを盛んに行っているようです。逆に言えば、最初の3カ月程度はこれまでのやり方を温存し、「しばらく様子見」の時期を取っていると言ってもいいかもしれません。これは、どの企業でも行っている管理職研修の実施時期や、研修へのフォローアップの時期について考えさせる結果です。

多くの新任管理者研修は役職につくタイミングで行われますが、もしかすると最初の数カ月はとにかく役職につけてみて、その後に「管理職になって体験したことや感じた課題」

を持ち寄った状態で研修をスタートするほうが理にかなっているのかもしれません。少なくとも就任から数カ月後になんらかのサポートやフォローは必要そうです。

また、一つのポストに5年以上就き続けている管理職は、役職に就いた直後よりもアンラーニングがさらに減少していることも興味深い点です。昇格も降格も異動もしないまま長く安定的な地位にいることで、同じ仕事のやり方や自分のスキルを捨てられなくなってくるということでしょう。

これは役職の洗い替えや昇格・異動といったポジションの変更周期を検討するにあたって参考になります。滞留年数があまりにも長い場合には、組織的な新陳代謝だけでなく、個人としての知識やスキルの新陳代謝も起こりにくくなっているということです。安定した活躍を見せてくれる管理職でも、滞留年数４、５年をめどに、キャリアについて検討の機会を設けるべきでしょう。

次に、特徴が表れたのは**個人が受けている「人事評価」とアンラーニングの関係**です。個人が組織から受けている人事評価の結果とアンラーニングの関連を見ると、「アンラーニングしていればしているほど評価が高い」とか、「評価が低いほど、アンラーニングが進む」といった線的な関係ではありませんでした。

図表35　人事評価別アンラーニング実態

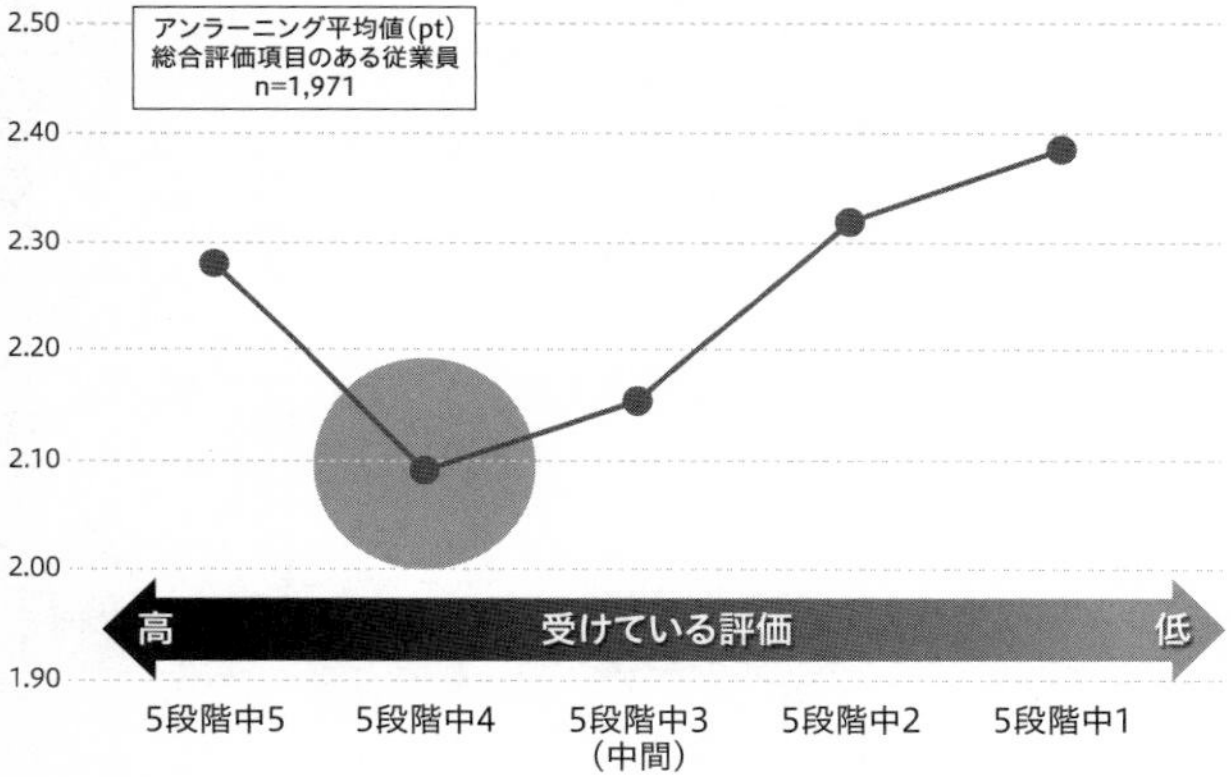

出所：パーソル総合研究所「リスキリングとアンラーニングについての定量調査」

実際には、5段階中「4」という「やや良い」くらいの評価をもらっている従業員が、最もアンラーニングの程度が低いという傾向が見られたのです（図表35）。人事評価のスケールは企業によって10段階、7段階など様々ありますが、調査では便宜上、5段階に直して回答してもらっています。ここでアンラーニングの程度が最も低かったのは、「5段階中の4」の評価の人。「とびぬけているわけではないが、やや良い評価」くらいに見ておくのが適当でしょう。

このグラフの左端、つまりとびぬけて最も良い評価を得るような人材は、常にアンラーニングを実践し、古い手法に固執しない仕事のやり方で評価を得ているのかもしれません。

逆に、右端の最低評価をつけられている従業員は、「さすがにこれはまずい」と感じてアンラーニングを進めている最中なのかもしれません。そして、そうではない、「そこそこの良い評価」を得ている従業員こそ、そのどちらも感じずに、「今のままの仕事」を続けている層だということです。

次に考えるべきは、「こうした評価を受ける人がどのくらいいるのか」という問題です。日本の目標管理プロセスでは、**評価の「中心化」**という傾向がしばしば指摘されてきました。

もともとはアメリカから大企業へと輸入された目標管理制度は、成果主義が日本を席巻《せっけん》した１９９０年代、中小企業まで一気に広がります。そうした広がり方をした目標管理は、日本においてはマネジメントツール、従業員への動機づけのツールというよりも、「報酬の分配」という側面を強めることになりました。つまり、目標管理制度によって個人が立てた目標の達成度を確認し、その達成度に応じてボーナス、昇進・昇格の材料にされるということです。そのように短期的な業績と従業員の処遇を結びつけるのが、もともとの成果主義の狙いです。日本の目標管理制度が、「ただのノルマ管理」として批判されることが多いのはこのためです。

目標の設定とその評価やフィードバックの機能だけでなく、このような処遇決定や利益配分にも目標管理を用いる場合、**「職場全体での相対評価と、上司が下す絶対評価」の間にギャップが生じることが問題になります。**

上司‐部下間の一次評価は絶対評価として扱えても、原資配分というバランスをとらなくてはならない都合上、人事を交えた評価会議が行われ、それらが相対分布へとならされます。この分布調整によって個々人の評価差は縮まりがちです。実際の企業で評価分布を見てみても、何段階の評価システムだろうと、両端のような尖《とが》った評価はほとんどつかない、もしくはそもそもつけないような設計になっていることがほとんどです。これが評価の「中心化」傾向です。

アンラーニングのデータを見ると、**そうした尖った評価をつけられない「半端」な評価慣行は、アンラーニングを遠ざける方向に作用していそうだとわかります。**高評価にも低評価にも振り切れない、半端な評価しかつけられない目標管理は、従業員に「アンラーニングしなくてもいい」という心理を与え続けているわけです。

目標管理プロセスについては、あまりにも多くの課題が山積しているにもかかわらず、ほとんどの企業で放置されています。「リスキリング」を積極的に検討している企業でも、この領域に手をつけるような発想を持っていることはまずありません。それこそが、スキルの

「注入」だけを考え、「発揮」を精査できていないことの表れです。目標管理と評価制度については、実証的調査を含めて詳しく検討していますので、また後ほど触れることにしましょう。

アンラーニングを促進する「限界認知」とは

さて、アンラーニングの実態について、管理職の滞留年数、そして受けている人事評価の観点から見てきました。こうしたアンラーニングの多い・少ないを左右するものはなんでしょうか。筆者の調査では、アンラーニングが進む上での大きな要素が明らかになっています。それは筆者が「限界認知」と呼んでいる経験です。

限界認知とは、「これまでの仕事のやり方を続けても、成果や影響力発揮につながらない」という自身の仕事の限界を感じることです。これまでの仕事のやり方を続けても「会社や組織全体に影響を与えられない」「メンバーがついてこない」「プライベートと両立できない」と感じる経験が、就業者のアンラーニングを促進していました（基本属性を統制した重回帰分析でも有意）。「このままではいけない」「変えなくてはならない」というある種の切迫感が、個人のアンラーニングを促進しているのです（図表36）。

図表36　限界認知とアンラーニング

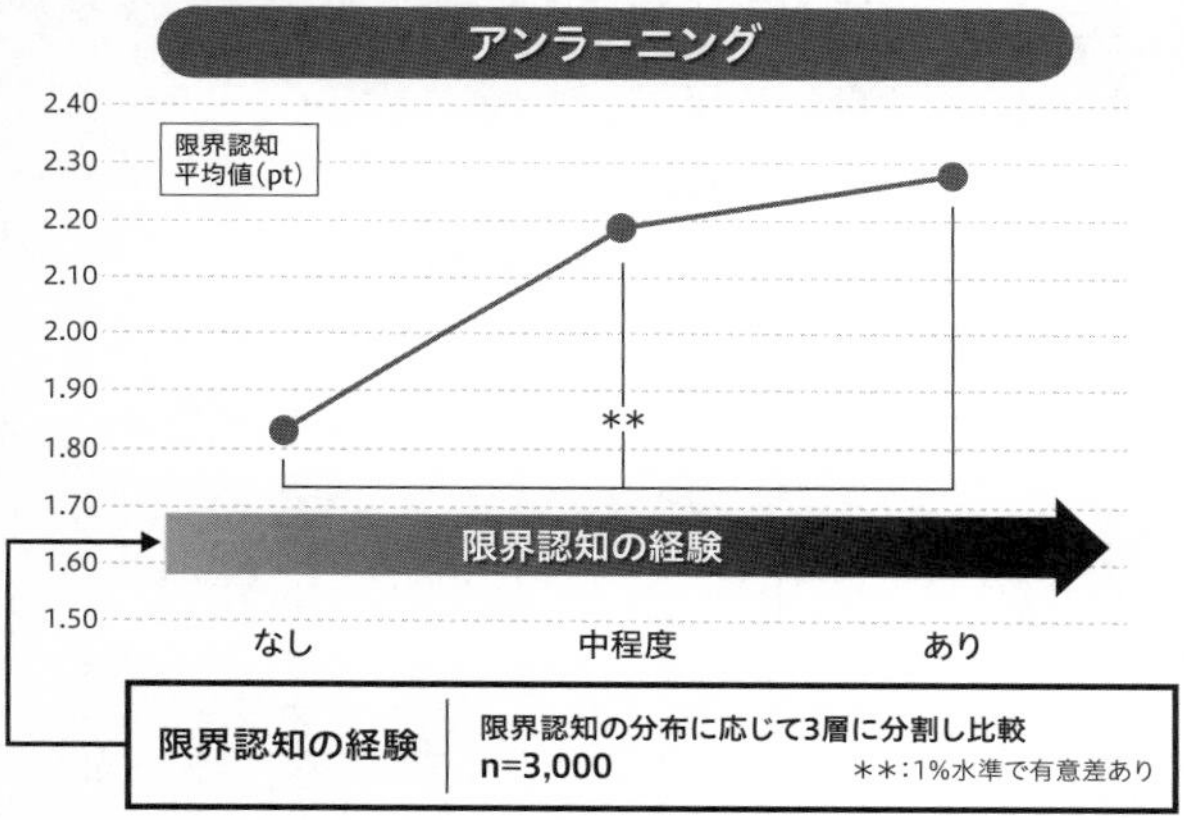

出所：パーソル総合研究所「リスキリングとアンラーニングについての定量調査」

　管理職の滞留年数や人事評価とアンラーニングとの関係も、この「限界認知」と関連づければより明確に理解できます。

　つまり、管理職になってしばらく経ったタイミングで現場での色々なトラブルや問題点が見えてきた時期や、人事評価で圧倒的に低い評価をもらった瞬間などに、私たちは「これまでのやり方の限界」を目の前に突きつけられるということです。実際に、滞留年数と人事評価という二つの要素と限界認知の関係からは、アンラーニングについての傾向と同様の動きが見られました。

どんな経験が「限界」を突きつけるのか

では、どんな具体的業務が、こうした「限界認知」の機会を与えているのでしょうか。それさえわかれば、アンラーニングを組織的に促進する実践的な示唆が得られるはずです。

具体的な業務経験との関係を分析してみると、限界認知とプラスの関係があったのは、大きく以下の三つの業務経験でした。これらの経験が、「このままのやり方ではまずいかもしれない」というある意味での危機感を与えていたということです。

一つ目に「修羅場」の経験です。顧客との大きなトラブルや、事業・プロジェクトの撤退、大きな損失計上など、長い就業人生においてはストレスフルでネガティブな出来事があるものです。そうした乗り越えなくてはならない修羅場の経験は、既存のやり方への限界を感じさせていました。やはり、大きな「壁」にぶつかった時、人は今の仕事を見直す契機を得るということでしょう。

修羅場のような一皮むける経験の重要性は、これまでのリーダーシップ研究の中でもしばしば指摘されてきましたが、役職者やリーダーに限らず、従業員のアンラーニングにも役立っているようです。先ほどの評価との関連と合わせて考えれば、「中途半端に良い出来」

で仕事ができている時こそが、人が学びから遠ざかっている瞬間にもなります。

二つ目に「**越境的業務**」です。他組織との共同プロジェクト、副業・兼業、海外での勤務など、自分のホームの環境ではないアウェイの環境で働いた経験は、限界認知を促していました。

近年、社会人の学びの領域では、「**越境学習**」が注目されています。越境学習とは、ホームとなる本業と、アウェイとなる他の組織での仕事を行き来することによる学びです。いつもの仲間と進める仕事は、阿吽《あうん》の呼吸のように言葉が通じやすく、進めやすい環境にあります。一方で、アウェイの環境で行う仕事では、いつもの話や感覚が通じずに、ある種の葛藤を経験することになります。そうしたいつもと違う環境に身を置くことは、やはり限界の認識につながります。

今、多くの人にとって身近になってきた越境経験の一つが「副業」でしょう。2018年、厚労省が「許可なくほかの会社等の業務に従事しないこと」としていたモデル就業規則を改定したこともあり、副業は新しい働き方の選択肢として一気に注目を集めました。改定をきっかけに、企業の間では自社の従業員に副業を解禁する流れが続いています。

また、プロボノなどのボランティア活動をしたい人とNPO・NGOをつなぐサービスも活性化してきました。副業もボランティアも、いつもの業務とは異なる場に身を置く越境的な経験です。こうした普段と異なる場が、アンラーニングともやはり紐づいています。

三つ目は、「新規企画・新規提案の業務」です。新規のプロジェクトの立ち上げや、新しいアイデアや事業を提案する作業においては、これまでのやり方の延長線上では通用しないことがほとんどです。既存ビジネスの閉そく感から、従業員に広くアイデアを公募したり、社内コンペなどを行う企業も多くなってきました。そうした、目の前にはない新しい種をまく仕事は、健全な「壁」となって限界認知につながっているようです。

実は筆者もかつて、市場調査会社で働いている際、リサーチ業務と同時に新規事業開発の業務を担当していました。売れるかどうかわからない新しいサービスの企画とデリバリーにおいては、しばしば既存のサービスを「否定」しながら顧客に提案する必要もありますし、その一方で、新しい業務フローを円滑に回すために社内で慎重に味方を増やしながら進めていくことが欠かせませんでした。「この新しいやり方では快く思ってくれないだろうな」と感じられる社内関係者へのコミュニケーションには実に気を使ったものですが、通常の仕事とは違う、大きな経験となったことは確かです。

これら三種の業務の経験率を、性・年代別に見ました（図表37）。

図表37　限界認知を促進する業務の経験率

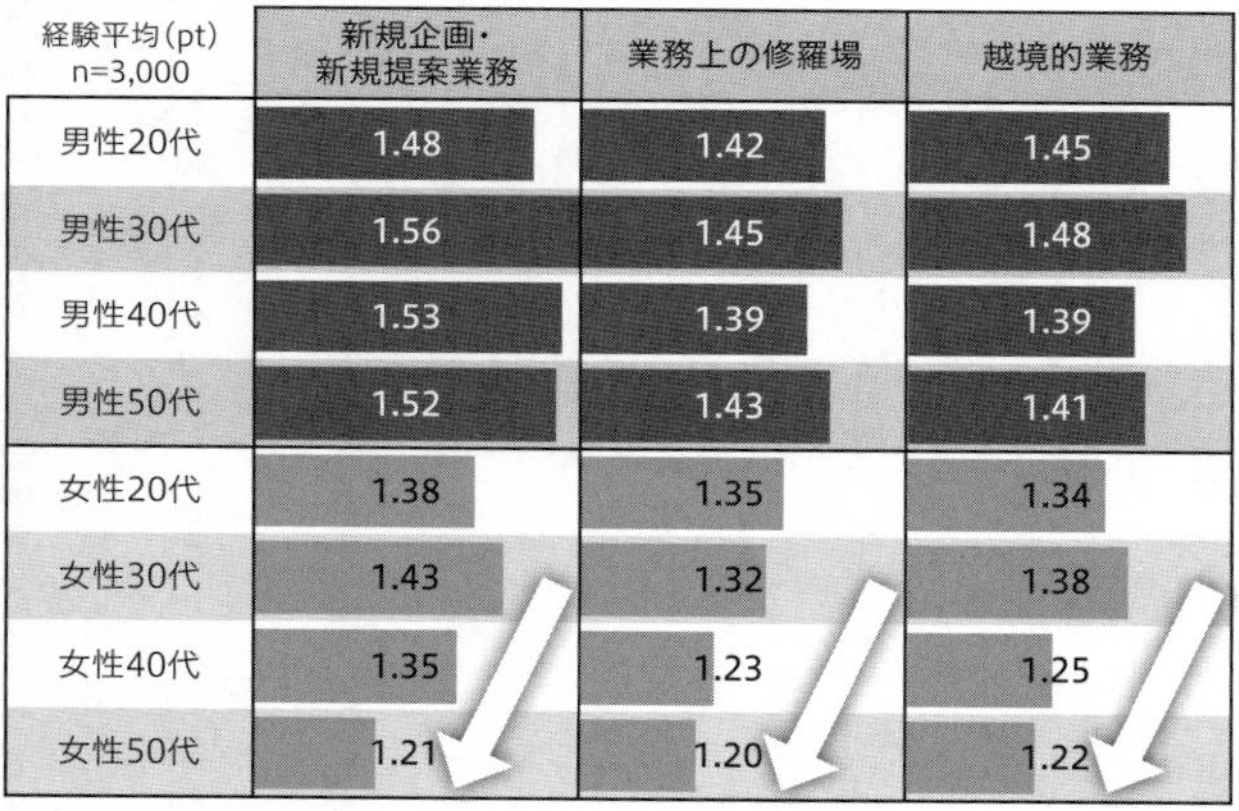

経験平均(pt) n=3,000	新規企画・ 新規提案業務	業務上の修羅場	越境的業務
男性20代	1.48	1.42	1.45
男性30代	1.56	1.45	1.48
男性40代	1.53	1.39	1.39
男性50代	1.52	1.43	1.41
女性20代	1.38	1.35	1.34
女性30代	1.43	1.32	1.38
女性40代	1.35	1.23	1.25
女性50代	1.21	1.20	1.22

出所：パーソル総合研究所「リスキリングとアンラーニングについての定量調査」

先ほど、中高年女性のアンラーニングが少ないというデータを見ましたが（図表33）、その背景には、「自身の仕事の限界」を感じるような経験や体験が中高年女性に顕著に不足している事情が見て取れます。

こうした業務経験における男女の非均衡は、リスキリングを組織で進める際にも、放置できる問題ではありません。筆者が実施した女性活躍推進に関する別の調査でも確認しましたが、日本企業の男女には大きな「経験格差」があり、その背景には上司が幹部候補としての期待感を「男性」に大きく偏らせている事実があります。この経験格差は、管理職などの役職につく女性が少ない要因の一つになっています。[4] **「アンラーニング」や「リス**

キリング」の議論でこうしたジェンダー格差が話題になることは少ないですが、厳然と存在する男女の「経験格差」は、とりわけ注意を要するポイントです。

「現在の中途半端な成功」がアンラーニングを妨げる

「過去の仕事のやり方や知識にしがみついてしまう」ことが問題になる時、その理由としてしばしば「過去の成功体験に縛られている」ことが指摘されてきました。ですが、いま紹介してきたデータ群が明らかにしているのは、アンラーニングを妨げているのは「過去の成功」ではなくむしろ、今もなお浸り続けている**現在の「中途半端な成功体験」**であることです。今の仕事のやり方に「限界」を感じることのない、安定的な仕事の中で、中途半端な評価を受け続けることが、「変わらなさ」「捨てられなさ」へとつながっています。

であるならば、形骸化した目標管理のあり方から、幅広い業務経験の不足まで、従業員の「今」の就業環境を再設計することが、アンラーニングの促進へとつながるはずです。「過去への郷愁《きょうしゅう》」を捨て去らせることよりも、人材マネジメントの「現在」に目を当てることが、学びの設計者の考えるべきことです。

「人を巻き込む」学び――「ソーシャル・ラーニング」

アンラーニングの次は、三つの学び行動の二つ目、「ソーシャル・ラーニング」について見ていきましょう。

「ソーシャル・ラーニング」とは一言で言うならば「人を巻き込む学び」です。自らの学びや学習において、「周りの人から意見をもらう」「専門家や詳しい人に話を聞きにいく」といった、周囲の人を自ら積極的に関与させていく学びの行動として定義しています。他者を巻き込みつつ学びを実践していることが、リスキリングできている人の特徴の一つでした。

この「ソーシャル・ラーニング」、そして次に論じる「ラーニング・ブリッジング」という二つの学び行動と密接に関連するのが、**「社会関係資本」**です。社会関係資本とは、現在ブームになっている「人的資本」とは異なる、人々の信頼のネットワークに注目する資本概念です。

社会関係資本の学術的な定義は様々にあります。例えば、社会関係資本の概念を大きく広げた立役者でもあるアメリカの政治学者ロバート・パットナムは、社会関係資本を社会的ネットワーク、およびそこから生じる互酬性《ごしゅうせい》の規範と信頼だと定義します。[5] ここでは、人々が持っている**「信頼をベースにした人間関係のネットワーク」**ぐらいの意味で捉えておけば問題ありません。

教育機関においても職業生活においても、人々の学びのプロセスにおける「他者」の重要性は学習研究の中で長らく注視されてきました。「他者」にどのくらいアクセスできるか、どのようにアクセスできるかという点で、**その人が持っている信頼のネットワークである「社会関係資本」が、スキルや能力の成長にも直結してくるのです。**

人材が備える能力やスキルといった「人的資本」が、その人が持っている「社会関係資本」によって大きな影響を受ける。この論点を提示した嚆矢《こうし》として知られるのは、アメリカ社会学会の会長まで務めた社会学者、ジェームズ・コールマンの代表的論文です。[6]コールマンは、生徒が持っている家族内外の社会関係資本と、高校の中途退学との関係を実証的に探究しました。そこで明らかにされたのが、まさに生徒の「人的資本」を蓄積するための高校教育が、その生徒が持つ社会関係資本と密接に関連しているということです。

コールマンの調査によれば、両親が二人とも揃っている家庭では、子供の高校中退率は13・1％ですが、一人親家庭の場合には19・1％と大きく上昇します。また、子供が母親から大学に行くことを期待されている場合の中退率は11・6％、期待されていない場合には

20・2%でした。このように、生徒本人ではなく、その周りの家族をも巻き込んだ社会関係資本が、子供の人的資本蓄積に大きく影響していることを示したのです。

コールマンの研究をはじめとして、その後多くの研究者によって社会関係資本と教育効果の関わりについて膨大な数の研究が進められてきました。「家庭内」の社会関係資本、「クラス内」の社会関係資本、さらには教師同士といった「家庭外」の社会関係資本など、様々な社会関係資本のあり方が子供の教育に影響を与えていることが、多くの実証研究によって示されています。具体的には、子供の学業成績、就学継続率、退学の抑制、大学進学などへの効果が確かめられています。

このように、社会関係資本と人的資本の関係性が直接検証されてきたのは、学校教育の領域が中心です。[7] しかし、職場や社会人の学びにおいても、社会関係資本というコンセプトを使わないまでも、「他者」と「学び」の関係が積極的に論じられてきたことは、すでに第1章で紹介した通りです。

欧米のマクロデータにおいても、成人教育への参加率と、社会における「他者への信頼」によって測定された社会関係資本の度合いには正の相関が見られることがいくつかのデータで観測できます[8][9]（図表38）。

図表38　他者への信頼と成人教育参加率

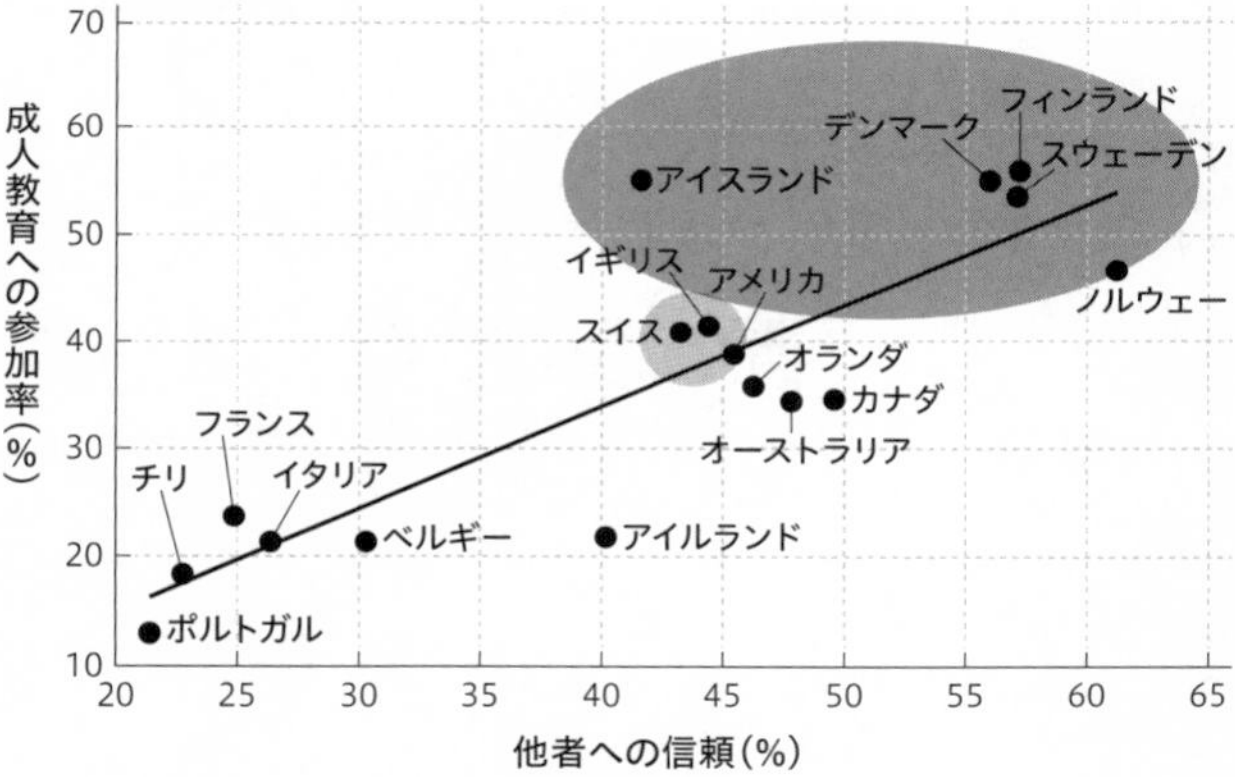

出所：Tuijnman, A. and Boudard, E. (2001)

「他者」との学びの四つの機能

人々の学びは他者との相互作用の中で「社会的」かつ「共創的」に営まれる。このことは社会諸科学の様々な分野で明らかにされてきましたし、リスキリングを考えるために極めて重要な知見が蓄積されています。

ただ、それらは様々な領域にまたがって研究されてきましたので、単に列挙するだけでは退屈です。ここで筆者なりに簡単に整理しておけば、「他者との関わり」がリスキリングにおいて果たす機能は、大きく分ければ、「**真似し合い**」「**教え合い**」「**創り合い**」「**高め合い**」の**四つ**です。乱暴なくくりではありますが、「リスキリング」の実践を考えるため

図表39　リスキリングと「他者」との関わり

に思い切ったカテゴリ分けをしてみました（図表39）。順に見ていきましょう。

①「真似し合い」

私たちは、親兄弟から教員、専門家に至るまで、自分よりも特定のことに秀でた熟達者のやり方を真似ることをして学んでいきます。「学ぶ」という言葉は、もともと「真似る」と同じ語源を持つとされる通り、リスキリングについてもこの「真似し合い」の機能を外すわけにはいきません。

「真似をすること」は、人の幼児期からの基本的な行動です。心理学者ジャン・ピアジェは、幼児の発達を4段階に分けて理論化したことで知られますが、彼は、その最初期である0〜2歳の感覚運動期（Sensorimotor Stage）と呼ばれる段階で見られる「ごっこ遊び」のような模倣行動（Imitative Behavior）に注目しました。人間は生後すぐに親や目の前の人の模倣を始めますが、それらの模倣行動が手の運動の模倣、発声の仕方の模倣、顔の模倣、時間をおいて行う模倣（これを延滞模倣といいます）へと発展していくことを整理しました。

これらの模倣には単なる「真似」以上のものがあることを精緻化し、「モデリング学習」として理論化したのが、第1章で触れたバンデューラです。他者の観察を通じた学びであるモデリング学習は、バンデューラによって、さらに「注意過程」「保持過程」「強化と動機づけ」といった過程を経るものとして整理されました。

企業における学びでも、「真似」は基本中の基本です。特に日本は未経験者をアサインし、現場での実践を通じた訓練＝ＯＪＴを重視した新人育成を行ってきました。名刺の渡し方、顧客との折衝の仕方、社内でのふるまい方などなど、社会人としての基礎学習も先輩や講師の「真似」や「模倣」がベースとなって進みます。

新人だけではありません。例えば製造現場のブルーカラーの領域でも、先輩やメンターの機械の扱い方などを工場の現地で観察させるジョブ・シャドーイングが広く行われますし、ホワイトカラーにおいても、パワーポイントの作り方、プレゼンテーションのやり方などをオフィスで直接見て覚えるものです。ベテラン社員や教育係、上司などによる「上からの指導」に限らず、同期や同僚、先輩後輩の間柄でも、それぞれのうまい仕事の仕方、ふるまい方を真似し合うことが、「他者」を通じた学びの第一の特徴です。

②「教え合い」

人は、より意図的に他者に対して何かを「教える」ことがあります。これも直感的にすぐご理解いただけるでしょう。企業における教育係やメンターの役割は、当然ながら教える相手に対する学びの援助やサポートをすることですし、資料や講演を通じて知識やスキルを教えることは、研修訓練の基本です。

「先生と生徒」「メンターとメンティー」のような明示的な役割ではなくても、私たちは同僚や上司から様々なアドバイスやフィードバックを受けながら成長します。それらが一切なければ、自分の客観的な上達具合や成長の度合いなどを測ることはできません。

また、「教える」ことは教える側にとっても強力な学びの機会になります。「人は教えることによって、最もよく学ぶ」と言ったのはストア派哲学者のセネカですが、アウトプットの力がつけばインプットの力もつくというのは、多くの人も経験していることでしょう。筆者自身、セミナーや研修講師などで教える立場に立つことが多々ありますが、その際にも様々に学んでいます。人に教えることをきっかけに知識を体系づけたり、伝わりやすい言葉やストーリーを考えたりすることによって理解が促進されます。

実は、動物行動学によると、こうした「教える」という行為は地球上の動物の中でもかなり珍しい行動であることが指摘されています。「真似し合い」で述べたような「模倣」を通じた学習は、親ネコのネズミ捕りを子ネコが真似したり、チンパンジーが木の実割りを真似し合うように、ヒトを含む霊長目や鳥などの動物でしばしば見られます。

しかし、特に血縁者でもない他の個体に対して「わざわざ教える」という意味での教育行動は、人間以外ではマングースの仲間であるミーアキャットやシロクロヤブチメドリというアフリカに生息する鳥、そしてアリの一種といったわずか数種類しか確認されていません。[10]「教え合い」は高度な社会的動物であるヒトの特徴がよくでた、とても「ヒトらしい」行動であると言えるでしょう。

③「創り合い」

仕事を一緒に行う他者は、「真似し合う」「教え合う」という学習そのものだけではなく、知識や技術をともに「創造し合う」仲間でもあります。片方からもう片方への知識や技術の移転だけではなく、新たなスキルやノウハウ、ナレッジをともに創り上げる過程においても他者との学びは発揮されます。モノづくりでも共同研究でも、多くのイノベーションは孤独な個人のアイデアではなく、組織的な営為の中から創造されます。

人々の自発的な共同実践を通じた創発性により注目したのが、ジーン・レイヴとエティエンヌ・ウェンガーが提唱した「**実践共同体** Community of Practice」という概念です。実践共同体は、同じ関心を共有している人々のコミュニティとしてともに知識を創り合い、学び合うものです。公式な組織とは別に、勉強会や読書会といった非公式な場であることもあります。知識や技能は、文脈や環境から自由に浮いているようなものではなく、具体的な社会活動という「状況」に埋め込まれていることを二人は強調し、「状況的学習 Situated Learning」という考え方を開きました。

また、知識をともに創っていくプロセスは、企業の施策としても定着しています。いわゆるナレッジ・マネジメントの分野です。知識創造のプロセスを組織化するために洗練されてきたのが、ナレッジ・マネジメントとしての計画的・明示的な「創り合い」ですし、野中郁《のなかいく》次郎《じろう》らのＳＥＣＩモデルはその代表的な理論化です。

④「高め合い」

ここでいう「高め合い」とは、学びそのものへの意識、動機を高め合うことです。他の機能と比べて直感的ではありませんので、もう少し詳しく説明する必要があります。

「やる気」は外からやってくる

学びに他者が関わってくるのは、他者のやり方を真似し合ったり、教え合ったりといった学びの「プロセス」だけの話ではありません。**他者を巻き込む・関わり合うことの意味は、学びへの「動機づけ」の側面にもあります。**バンデューラによるモデリング学習理論でも指摘されている論点ですが、**人は、自らが行為する時の「動機」や「目標」についても、「他者」から強く影響を受けているからです。**

ハーバード大学の医師であるニコラス・クリスタキスのよく知られた研究では、「肥満は伝染する」ことが示されています。[11] クリスタキスらは、アメリカの約1万2000人を30年以上にわたって追跡調査した記録を分析し、5000人を超える人々の、個人的につき合っている相手と、肥満度の関連性を調べました。すると、互いに友人だと思っている人が肥満になると、自分が肥満になるリスクが3倍近くになるということが発見されたのです。友人以外にも、様々な社会的つながりによって体重の増加が人から人へと広がることがわかりました。

この背景にあるものはなんでしょうか。人は、身の回りの人が太りそうな食事をガツガツ食べているような風景を見ることによって、自分自身も「食べたい！」と動機づけられることが多くなり、結果として太っていくことも考えられます。また、どれだけ太っているか、どれだけ運動しているかという認識も、他者に影響を受けて広がります。「どのくらいまでなら太ってよいのか」「どこからが太っていると言えるのか」「どこまで太ったら運動をせねばならないのか」といった判断基準についての期待値と規範が、他者を通じて広がっているということも指摘されています。

また、心理学者のヘンク・アーツらは、ある文章中に示された「他人の目標」を読ませるという心理実験を行っています。すると、その文章に書かれただけの他者の目標は、読み手によって自動的に推論されるだけでなく、それが無意識的に読み手のその後の行動に影響を与えていることが明らかになりました。アーツらはこれを「**目標伝染 Goal Contagion**」と呼びました。[12] 先ほどの「肥満」もそうですが、他人の目標や規範が、自分でも気がつかないようなプロセスを通じて行動に影響を与えていることは、とても興味深い現象です。

より主観的、直接的な動機づけとして、フランスの社会学者・文化人類学者であるマルセル・モースの「**威光模倣**」に注目する研究者もいます。モースは、人は他人の言動を模倣する前に、真似しようとする相手（多くの場合、師匠やベテランのような熟達者です）への「権威のある、証明された行為をなすものの威光」を感じると言います。確かに、「親」や「偉い人」「あこがれる人」への積極的な評価、主体的な憧憬《しょうけい》のような契機を通じて、私たちは自らを動機づけています。心理学的には、好ましいという評価を通じた「後光効果 Halo Effect」が働いているということです。読者の皆さんも経験したことがあると思います。

この「他者を通じた動機づけ」について、筆者の研究結果からも見てみましょう。

筆者と中原教授との共同調査においても、働く人の学び直し意識には、組織内の上司・同僚からの継続的な学習支援だけでなく、「組織の外の他者」との交流もプラスに寄与していました。さらには、自社について他人に紹介したり話したりすることが多い人は、学び直し意識が高いということもわかっています。ここでも、人との交流範囲の広さや自社について他社の人と話す機会の多さが、その人の学びへのモチベーションとプラスの相関にあることが示されています（図表40）。

図表40　学び直し意識と人的交流

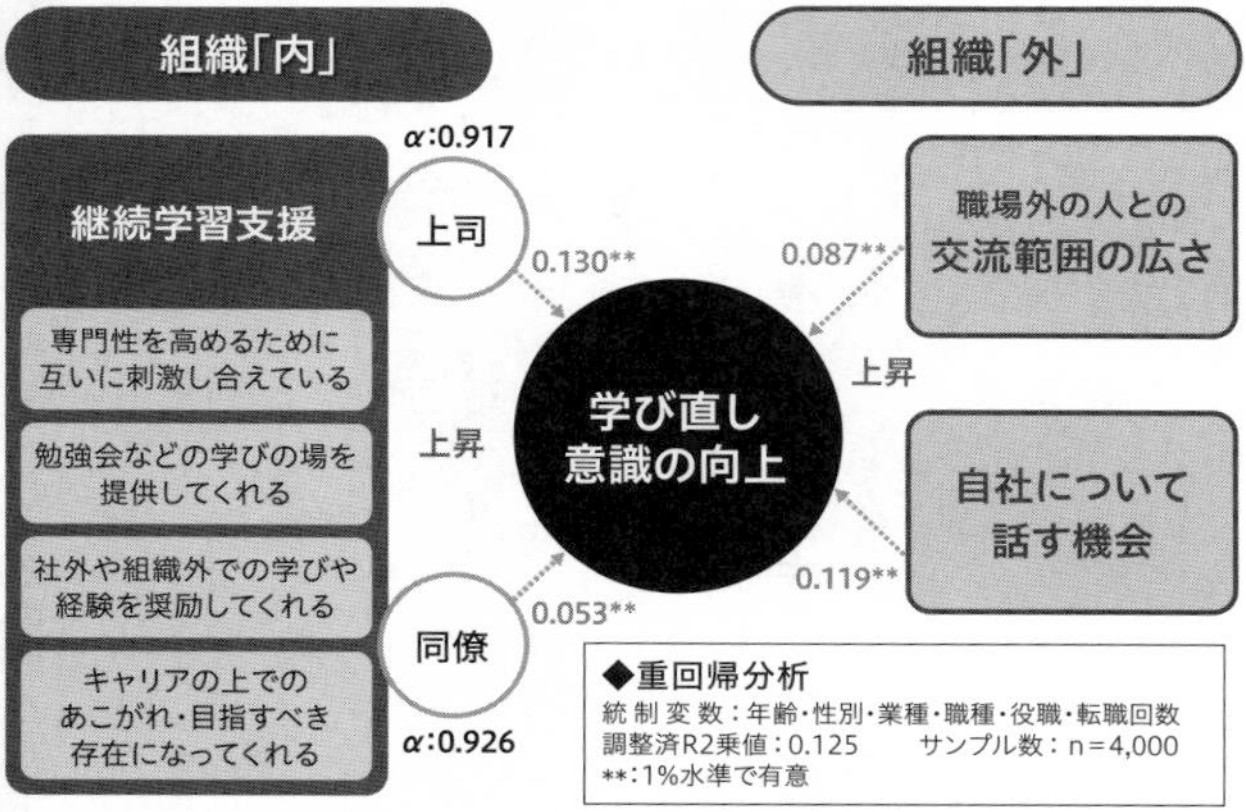

出所：パーソル総合研究所・中原淳「転職に関する定量調査」

「他者」を通じて人の学びが動機づけられる。このことの意味合いをより深く考えるために、人のモチベーション、動機づけというものについて、少し足を止めて考えてみましょう。

動機づけについての理論は数多くありますが、[13] 日本の実務家の間でもよく知られているものはいくつかに絞られます。この偏りによって、動機への人々の一般的なイメージは「内発的動機づけ」へ傾いていると筆者は感じています。

動機づけに関する一般的議論で最も引用されるのが、マズローの欲求5段階説でしょう。人間の欲求を「生理的欲求」「安全の欲求」「社会的欲求」「承認欲求」「自己実現の欲求」の五つの階層に分け、欲求が低次から高次のものへと徐々に上がっていくことを段階的に整理したものです。

ほかには、アメリカの臨床心理学者の**フレデリック・ハーズバーグが提唱した理論――動機づけ・衛生理論**があります。人事の教科書やコンサルティング会社が作る資料にも頻出するので、ここでたたき台として登場してもらいましょう。

ハーズバーグの論の独自性は、人の「満足」に関わる要因と、「不満足」に関わる要因の二つを区別して整理したことです。ハーズバーグがインタビューを通じて見出した動機づけ要因の中身は、「達成」「承認」「仕事自体」「責任」「成長」などの仕事内容そのものについての要因であり、内在的報酬とも言われています。一方の不満足に関わる衛生因子の中身は、「マネジメント」「給与」「対人関係」「作業条件」などの仕事をする環境についての要因であり、外在的報酬とも呼ばれます。

また、近年ベストセラーになった動機づけ論に、**ダニエル・ピンクによる『モチベーション3・0　持続する「やる気！」をいかに引き出すか』（講談社）**があります。ピンクは、人が持つ生きるための原始的で生理的な動機を「モチベーション１・０」と呼び、飴《あめ》と鞭《むち》のような報酬や賃金などの外発的な動機を「モチベーション２・０」と呼びました。これは、成果主義に基づく給料、上司から評価されたり承認されたりといった外から来る動機づけです。

その「1・0」と「2・0」に対して、ピンクが重視するのは、自身の内面から湧き出る動機〈モチベーション3・0〉です。自律性、成長、目標という三つの特徴を持つモチベーション3・0が、活気ある社会や組織を作るための新しい動機づけだとしました。

「ろうそく型」と「炭火型」の動機づけ

実務家によく知られるこうした本の影響でしょうか、**昨今の世間一般の「動機づけ」のイメージは「内発的動機づけ」に大きく傾いています。**[14] 金銭や昇格といった外から与えられるものではなく、「自分の中に熱いものを持つ」――こうした動機づけのイメージは極めて一般的なものですし、「リスキリング」について実務家と議論していても、このような前提を強く感じます。

筆者は、「個々の心の内面に火をつける」ことを重視する、こうした動機づけへの一般的な考え方を、**「ろうそく型」の動機づけ**と呼んでいます。アメリカのロックバンド、ドアーズに「ハートに火をつけて」という代表曲がありますが、動機づけの一般的なイメージもこうした「個々の心の内面に火をつける」タイプのものです。

例えば、実務家向けのビジネス本や自己啓発本で、次のような挿話を聞いたことがある方も多いでしょう。

同じレンガ積みの単純な仕事をやっている三人の職人がいる時、その作業をただのお金のためにやっている「単純な作業の繰り返し」と捉えるか、「歴史に残る大聖堂を建てる重要な仕事」だと捉えるかで大きな成果の違いが生まれる、というようなエピソードです。つまり、外面的には同じ作業でも、個人の意味づけによって仕事へのモチベーションや成果は大きく異なることを教唆しています。自己啓発セミナーなどでもよく聞くこうしたエピソードにおいても、強調されているのは個の「内面」です。「同じ現実でも、その人の心の内でどのように捉えるかで仕事ぶりは大きく異なる」ということです。

この「ろうそく型」の「内発的動機づけ」への傾きは、「個」や「自分らしさ」を重視している社会のあり方をきれいに反映しているとも言えますし、ある側面では現実的な「適応」とも言えます。すでに成長が鈍化した日本企業では、賃金や役職ポストといった報酬を十分に用意することができず、会社が与える外発的動機づけのためのリソースが潤沢にあるとは言えません。そうした場合、個人の内から湧き上がる「内発的」な動機づけこそが重要だ、という発想に傾くのかもしれません。

しかし、こうした「個」の「内面」に注目する動機づけ論は、その「動機づけの仕方・方

法」まで個人をベースに発想するという副作用を持っています。動機づけというものを内的な「意味づけのあり方」に限局してしまうと、モチベーションアップは究極的にはすべて個人の「気の持ちよう」です。そうした極論は、組織の中で人材マネジメントを考えるにあたってはほとんど役に立ちません。多くの実務家は、従業員の動機づけをいかに行うかという議論にまで、「バラバラな個人」のそれぞれの内面に火をつける方法という極めて難しい課題を自ら設定して苦悩しています。

そこでは、先ほど「高め合い」の機能で見てきた「他者」を通じた動機づけの発想が不足しています。**他者を通じた、他者を経由した動機づけは、先述の「ろうそく型」と対比させるならば、いわば「炭火型」の動機づけです。**少し難しい言葉で言えば、「関係論的」な動機づけのパースペクティブです。

他者の関わり合いやコミュニケーションという相互作用から〝もらい火〟的にモチベーションを上げ、他者との強い・緩いつながりから刺激を受ける炭火型の動機づけ。先ほど見た目標伝染も、威光模倣も、学び直し意識の向上もすべて、個別的な自己の内面＝「現実を個人がどう見るか」を出発点としない、「関係論的」動機づけです。日本人の「学ばなさ」への処方箋を探す本書が重要だと考えるのも、この「炭火型」の動機づけです。

私たち日本人は学生時代、教室という「ハコ」と、学友という社会的資本の中に否応《いやおう》なしに入れられます。その閉鎖的なコミュニティは、時にいじめのような悪質な行為も生む独自の秩序を持ちますが、同時にそうした他者との関係性を通じて、世界的にも「勤勉」とされるような学びの習慣を生み出します。国際的な学力水準も全体的には高いレベルを維持しています。

しかし、学生時代の学びの習慣は、学校という社会関係の強制力がなくなり、人的つながりが解けてしまうと同時に、雲散霧消《うんさんむしょう》してしまいます。「よく学ぶ学生」から「全く学ばない社会人」になってしまう日本人の極端な落差を生み出しているもの、そして今の社会人に不足しているものこそ、「自己ではなく、他者を通じた動機づけ」です。

つまり、企業がリスキリングを促進するために考えるべきは、ろうそくに一本ずつ火をつけることではなく、集団的なメカニズムの中で学びへの意欲に「もらい火」的な延焼を起こすことです。炭に火をつけるためには「空気の送り込み方」や「炭の組み方」が重要になるように、関係的・環境的なデザインを考えることが重要ですが、現在の「工場モデル」的なリスキリング議論にはそうした視点が決定的に欠けています。そこへ向き合うことは、リスキリングの最大の課題でもある「学びの偏在性」をどうするか、という難題へのヒントになるでしょう。

そして、こうした社会関係資本や「他者と学びの関わり」は、リスキリングに関連する三つ目の学び行動、「ラーニング・ブリッジング」においても重要になります。

社会ネットワークでつながる知――「ラーニング・ブリッジング」

リスキリングのための学び行動の三つ目である「ラーニング・ブリッジング」とは、いわば「橋渡す学び」のことです。「仕事の経験と学んだことを結びつける」「得た知識を業務に役立てようとする」といった行動であり、知識同士や知識と実践を橋渡しするような行為とも言えるでしょう。

「ラーニング・ブリッジング」は、もともとは「複数の場面における学習を架橋《かきょう》すること」として学校教育の分野で研究されてきた概念です。[15] 授業の外と中、授業と授業を関連づけて学ぼうとする学習態度を示しています。大学生の時に学んだことを社会人になって仕事で活用しているかどうかについて、このラーニング・ブリッジングが影響を与えていることを定量的に示した研究もあります。[16]「大学の勉強なんて役に立つのか」という疑問に対して、「学びと学びを結びつけているかどうかだ」となるわけです。

しかし、これは一見してかなり難しく感じる方も多いのではないでしょうか。別のところで学んだ知識と知識、そして知識と実践を結びつけることが重要なのはわかりますが、抽象度が高く、どのように行えばいいのかよくわかりません。ましてや、そうしたことを組織的に促進するためにはどうすればいいのでしょうか。

社会関係資本に関連する研究の中でも、こうした「知をつなぐ」ことを中心に扱ってきたのは、社会ネットワーク分析の領域です。先ほどまで見てきた社会関係資本という概念は、その「多さ」「少なさ」が問題になる、量的な側面が中心となる概念でした。そこから派生し、より具体的な人々の関係のありよう、つまり人と人のつながり方の強さや弱さ、そのタイプの特徴を解し、分析の俎上《そじょう》に載せてきたのが、社会ネットワーク分析の領域です。

社会ネットワーク分析では、企業と企業、人と人との「つながり方」とその「つながりの強さ」をはじめとする変数が、企業経営における好業績やイノベーションの創出、コーポレートガバナンスといったものに与える影響について、膨大な知見が蓄積されています。そうした知見は、「個人の努力」や「意識」といったミクロな変数を超えて、組織としてラーニング・ブリッジングを実現するためのヒントになるはずです。

社会関係資本をネットワークとして分析する基本的な概念に、**「結束型」のネットワーク**、

図表41　社会ネットワークの二つの類型

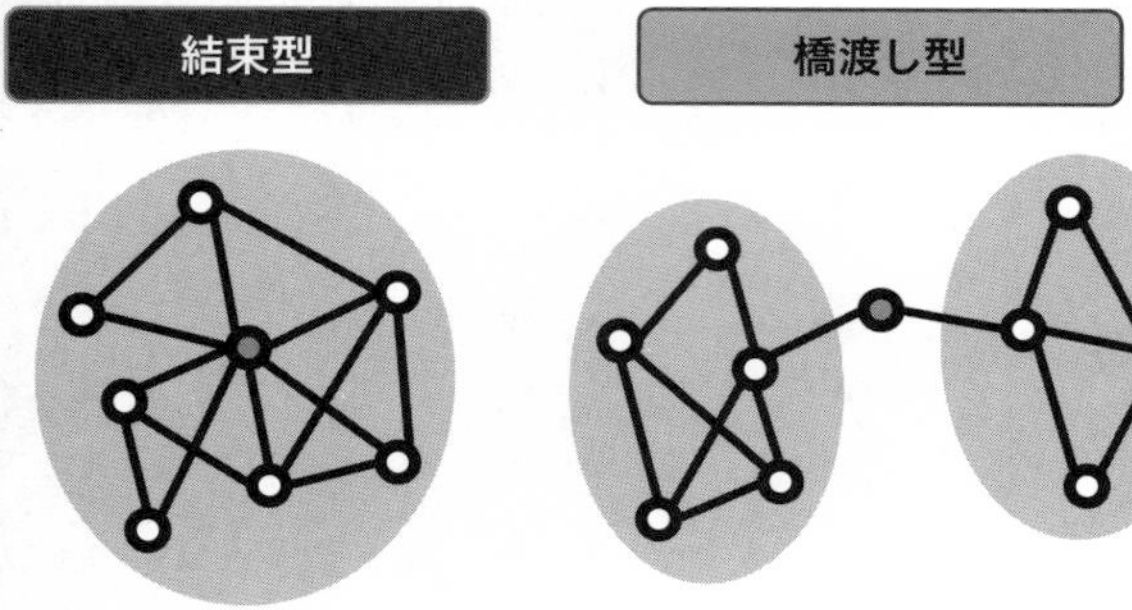

「橋渡し型」のネットワークという二つの類型があります（図表41）。

前者の**結束型**は、**ネットワークのメンバー同士が緊密に結びつく「濃い」ネットワークのあり方です。**伝統的で閉鎖的なムラ社会や、つき合いの長い商店街の店舗の集まりなど、狭い範囲で長く濃い人間関係を営む例を思い浮かべていただくといいでしょう。企業で言えば、新卒同期入社同士のコミュニティや、毎日同じメンツで残業ばかりしているチームなどでも、この結束型のネットワークは構築されやすいです。

後者の**「橋渡し型」**は、**複数のネットワークが緩く結びついているタイプです。**NPOやボランティアなど、多様な組織や年代の人たちが集うネットワークや、副業・兼業先で違う会社の人が緩くつながるようなネットワークは、橋渡し型の典型と言えるでしょう。そうした場では、それぞれの地域や企業における先ほどの結束型のネットワークを維持しつつ、それらを「連結」させる人がいることによって成立します。

社会ネットワークの分析では、様々な経済的活動について、この「結束型」と「橋渡し型」のどちらが優れているのか、どのような場合でそれぞれが利点をもたらすのか、多様な角度から検証されてきました。

例えば、「橋渡し型」ネットワークの利点を示した有名な研究が、アメリカの社会学者マーク・グラノヴェターによる「弱い絆の強さ」という議論です。グラノヴェターは弁護士や会計士、企業コンサルタントなどの専門職の転職において、普段つき合いのある人ではなく、あまり会わないような人とのつながり、つまり「弱い絆」が頻繁に利用され、満足度の高い転職をもたらしていることを見出しました。あるネットワークとあるネットワークをつなぐ機能を持つ、「ブリッジ」という概念を提起したのもグラノヴェターです。濃い絆＝結束型のネットワーク内の情報流通ではなく、こうしたネットワークとネットワークをつなぐ「弱い」絆こそが、結果的には「強さ」を生んでいることを示し、この分野の代表的な研究となっています。

また、**そうした異質なネットワークの間を「つなぐ」役割を果たす人や企業こそが最も利**

益を得るということを示したのが、アメリカの社会学者ロナルド・バートの「構造的空隙《くうげき》 Structural Holes」の理論です。[17] 二つのネットワークが互いに閉鎖的である時、それぞれで流通する情報は重複が少なく、別の質や量を持つことになります。それらのネットワークの間をつなぐことによって、両者の情報を得られるわけです。ここでは、ネットワーク間に構造的な「隙間」が存在することこそが、それぞれのネットワーク内で流通している情報をつなげることを可能にします。バートはこの構造的な「空隙」に注目したわけです。経済学者のヨーゼフ・シュンペーターがイノベーションを「新結合」と呼んだことを思い出せば、「つながっていないネットワーク同士をつなげる」ことが新しい価値創出のために役に立ちそうだとわかります。

日本においては、例えば法政大学の石山恒貴教授は複数の実践共同体に属する個人を「**ナレッジ・ブローカー**」と呼び、そうした人が複数の共同体で多様な意見を引き出し、自らの意見と統合して知識を仲介することを実証研究によって示しています。[18] これもまた「橋渡し」によって新たな価値が生まれている例です。

「結束型」「橋渡し型」それぞれの長所

学術的研究の紹介が続いたので、どこの会社でもある「営業」チームと「営業企画」チームの例で言い換えながら議論を広げましょう。

日々顧客訪問を繰り返している「営業」チームには、顧客の生の声から得られる動向、現場でのトラブルやニーズにこたえるためのトーク・スクリプトなどの現場の情報、営業の優秀なメンバー、顧客の中のキープレイヤーは誰かといった人的情報が集まります。これらはいわば「地上戦」の情報です。

一方で、その隣の「営業企画」チームが行っているのは「空中戦」です。セミナーや各種宣伝広告によるリード獲得、インサイド・セールス、ホームページの問い合わせ対応などを行っています。また、経年での営業成績の変化や市場のマクロな動向をチェックし、ホームページからの問い合わせ数やＤＭの反応数の推移、宣伝効果測定などから、市場全体がどのようなニーズを持ち、自社がどういったポジションにいるかに関する情報が集まります。

さて、このように、同じサービスの営業活動をしていても、それぞれのチームのネットワーク内には重複しない別の情報が流通しています。「地上戦」と「空中戦」の情報はどちらも会社にとって重要なものです。しかし、それぞれの活動目標を持って働いているチーム・メンバーは目の前の仕事に縛られて、それらを「つなぐ」ことを往々にして怠ってしまいます。企業はそこで、これらのネットワーク同士を意図的に「つなぐ」ことにより総合的かつ「全社的」な営業活動に直結させます。人を相互に異動させたり、事例共有会を開いたり、協働していくための目標設定を促したりといったことです。これらはまさに組織的なラーニング・ブリッジングのための施策そのものです。

こうした橋渡し型の効果が探求される一方で、**「結束型」ネットワークの重要性を強調する研究も数多くあります**。もともとネットワークの「閉鎖性」に注目していた社会関係資本のコンセプトは、ベースの発想は「結束型」に近いものです。固い絆で結ばれ、互恵性と信頼関係を厚く持っていれば持っているほど、そのネットワークからの効果が大きくなるのは想像しやすいでしょう。

例えばスマントラ・ゴシャールらは、社会関係資本がより密であるからこそ、企業は知的資本の創造と共有において市場よりも優位に立てることを強調します。なぜなら、ネットワークが密ではない大きな組織になるほど、社内の人脈が分断されてしまい、自らの知識や経験を提供することに消極的になるからです。[19]

関連するのが、アメリカの社会心理学者、ダニエル・ウェグナーが提示した**「トランザクティブ・メモリー Transactive Memory」**[20]です。トランザクティブ・メモリーとは、メンバー間の過去のやり取りに基づく、「誰がどのような知識を持っているか」についての記憶です。緊密なネットワークを持つ集団の内側では、このトランザクティブ・メモリーが発達します。組織の中で「誰がどういう情報を欲しているか」「誰にどのような情報について尋ねればいいか」が容易にわかるようになるのです。

要するに、**結束型ネットワークでは、メンバー同士の「信頼」や「助け合い」**といったポジティブ**なつながりだけではなく、「知識を共有するべきだ」という規範的なつながりも色濃くなる側面**があるのです。自分だけの手柄にして全く知識を共有しようとしない人はフリーライダーとして「村八分」のような制裁（サンクション）を受ける側面もあります。先ほどの営業チーム例においても、「自分は一人で優秀だから」と言ってチーム内でのナレッジを共有せず、「個人戦」をしたがる営業メンバーはしばしば出てきます。チームで情報を共有せずに自らはチームの情報を得ているという意味で、フリーライダーとして低い評価を受けることになりますし、結束型のネットワークの利点が活かされていません。

実証研究を覗いてみれば、例えばカリフォルニア大学バークレー校のモーテン・ハンセンは、大手電機メーカー41部門の120の新製品開発ユニットを調べ、「複雑な知識」の移転には弱いつながりよりも、強いつながりが有効であることを示しました。[21] また日本における実証研究では、知識の「共同化」のプロセスには結束型が有効で、それ以外のプロセスには結束型と橋渡し型の双方が重要であることなどが示されています。[22] 言語化しにくい暗黙知を伝えるためには、より密な情報共有が可能な結束型ネットワークが適しているということでしょう。

日本企業が苦手なのは「二次的橋渡し」

このように、ソーシャル・ネットワークを通じた「知」のつなぎ方に関わる膨大な研究が行われています。「どのようなつながり方がよいか」について結論が出ることはなさそうですが、ここでもまた、社会関係資本がリスキリングと密接に関わっていることがわかります。「ラーニング・ブリッジング」のような難しそうな学びを、組織的に促進するための示唆を得ることはできます。

おそらく、リスキリングの実践者として**私たちが得るべきは「結束型」と「橋渡し型」のどちらにも偏らないバランス感覚でしょう。**

結束型で濃密なネットワークだけの組織は新陳代謝が行われず、新しい風が入ってきません。それはまるで人間関係の「檻《おり》」として機能してしまいます。組織内での知識や規範の共有は進みそうですが、アンラーニングのような新しい知識の入れ替えは停滞するでしょう。これでは、組織の枠を超えたリスキリングは進みません。

一方、皆が外とばかりつながりたがり、「橋渡し型」ネットワークだけ発達した場合はどうでしょうか。色々な業界や場所に顔は出すけれども希薄な関係性しか築けないような人ばかりでは、新しい価値は創出できません。「越境学習」がいくら大事だと言っても、「越境しかしない人」はどの場所でも活躍できないでしょう。

また、社会ネットワークを構築することの意義は、一次のつながりを持つ他者からの影響が、つながっている当人だけでなく、その人が持つつながりを伝って、直接つながっていない人へと波及的に・連鎖的に広がることへの期待にもあります。先ほどのクリスタキスらは、態度、感情、行動などの幅広い現象について、「三次の影響のルール」を指摘しています。これは、ある影響元からの影響は、その友人（一次）、友人の友人（二次）、友人の友人の友人（三次）まで及ぶことが多いという法則です。

例えば、クリスタキスらは、「ウェルビーイング（心身が良好な状態）」として注目を集めている「幸福感」もそのルールに従うことを指摘します。直接つながっている他者（一次のつながり）が幸福な場合、本人も約15％幸福になることが示されています。二次のつながりの人（友人の友人）に対する幸福の効果は約10％、三次のつながりのある人（友人の友人の友人）に対する効果は約6％あるそうです。

これらの研究知見も、「炭火型」の動機づけや知識の構築、共有などに社会的ネットワークがいかに強力かを示すものです。「ろうそく型」のように1対1の関係でいくら「個の内面」に訴えかけて火をつけても、その影響は当人だけにとどまります。

しかし、例えばある社内にいる「スゴイ成果を出す人」や「スゴイ学びをする人」の影響は、その人と直接つながっている従業員へももちろん波及しますが、直接つながっていない人へまで及んでいきます。リスキリングにおける「真似し合い」「教え合い」「創り合い」「高め合い」という他者との相互作用の影響は、このネットワークが広ければ広いほど、組織全体に波及していくことが期待できるのです（図表42）。

私見では、日本企業が得意なのは「結束型」ネットワークの構築と、社内に閉じた「一次的橋渡し」の活動です。長時間労働で同じ時空間を長く共有し、折を見ては納会や懇親会や歓迎会など、仕事の同僚とプライベートな時間を含めた「仲間」のような結束を高める活動

図表42　ネットワークによる連鎖的影響

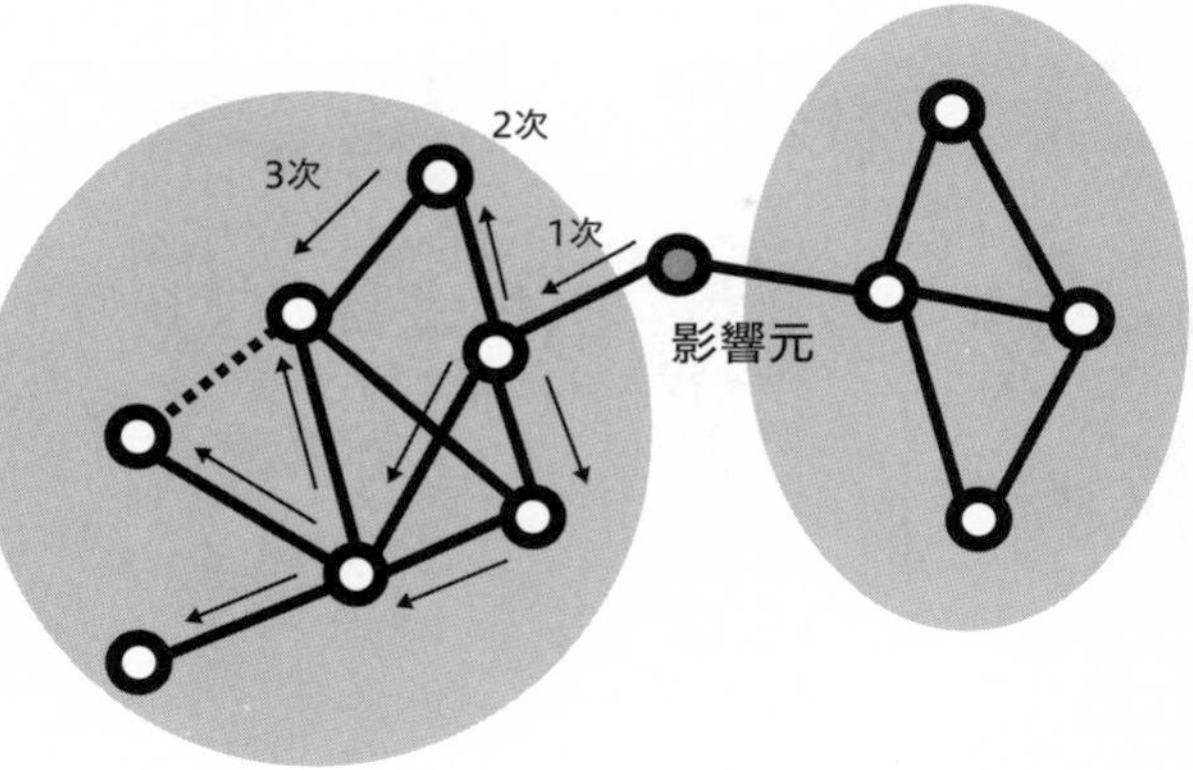

が、職場の自発的な施策としても多く行われます。それら部署ごとに出来上がる結束型のネットワークを、ジョブ・ローテーションや業務命令異動によって他の部署にもつなげることを組織的に行ってきたのが日本企業です。こうした同じ社内の部署・課の間の橋渡しである「一次的橋渡し」は、これまでも自然に行われてきました。

一方で苦手なのは、社外のネットワークにつながる「二次的橋渡し」です。内部ネットワークと関わりのない他社や他組織とつながることのスピード感や頻度に欠け、外部組織だけが持っている情報を獲得したり活かすことの苦手な企業が多く見られます。初めてのビジネスパートナーとの協働に二の足を踏ん

図表43　日本企業の社会ネットワーク

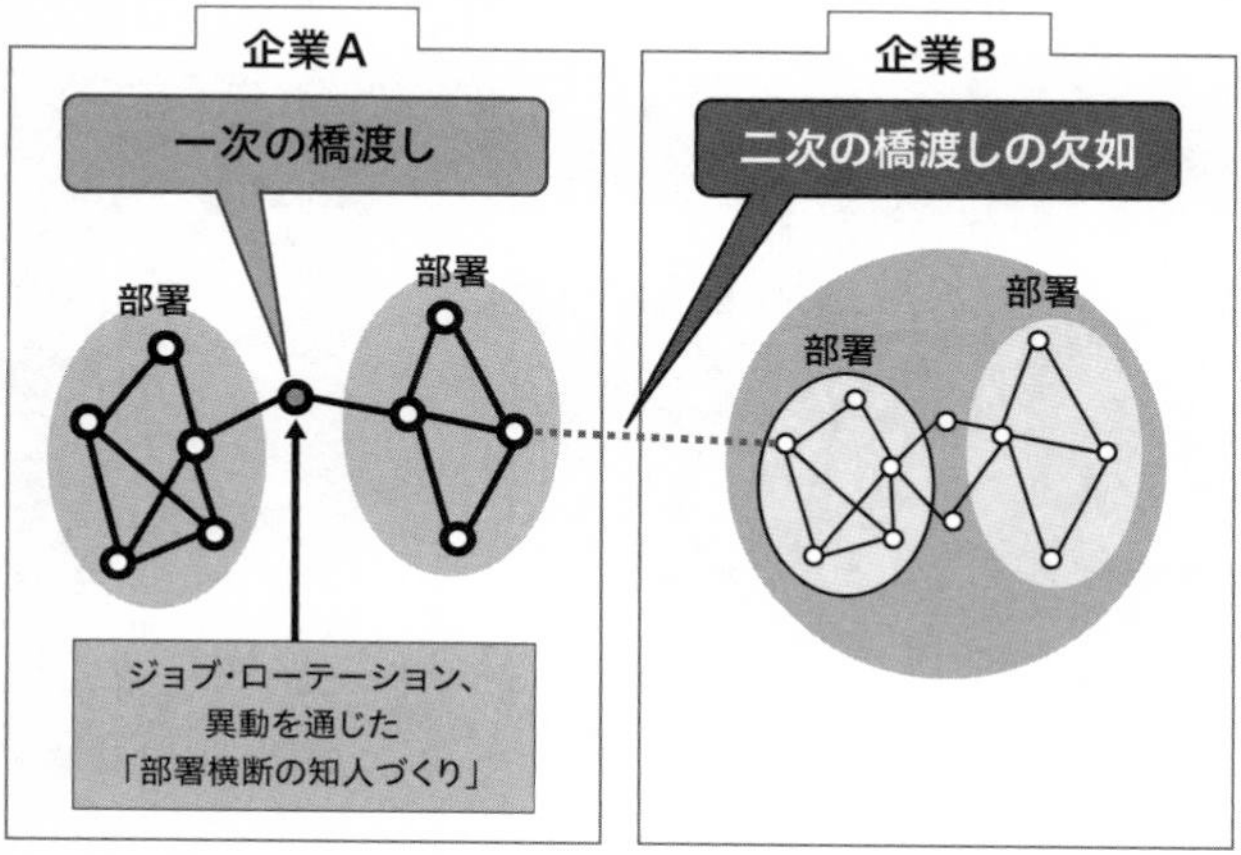

だり、転職の面接で自社だけに通じる専門用語を多用したり、内部の規範や秩序のあり方が社外にも通じるという錯誤が生まれがちです（図表43）。

今、日本の大手企業でも中途採用の割合を高めたり、外部の人とつながって新規事業開発を目指すオープン・イノベーションが盛んに狙われたりしていますが、それらはこうした二次的橋渡しへの苦手意識の反動と見ることができます。「勝手に外とつながっていく」ことが少なく、「内に籠《こも》る」意識が強いがために、組織的施策が必要になるわけです。こうした日本の組織の特徴は、次の節でも詳しく述べていきます。

もちろん、ネットワークのつながりと波及

的な強い影響力は諸刃の剣です。学ばないことは当たり前に、学ぶ人なんて意識の高い人だけという学びにとってネガティブな規範やムードもまた、ネットワークでは波及的に影響を与えます。むしろ、学びの最貧国である日本の組織は、既存のネットワークの中ですでにそうしたムードに浸り切っているとも言えます。だからこそ、リスキリングの取り組みを通じ、ネットワークの連鎖的影響力を利用して、オセロをひっくり返すように「学び」へのポジティブな影響を広げなければならないのです。

世界一他人を信頼しない国

ここまでの内容で、「知識と実践をつなぎ、実際に使っていく」プロセスにおいても種々の社会ネットワークが寄与していることが示されました。また、人的資本と社会関係資本の密な関わりについても多様な知見の蓄積を見てきました。なぜ遠回りしてまでこのようなことを確認してきたか。それは、「学ばない」「変わらない」というリスキリングの大きなハードルを乗り越えようとする時の、もう一つの大問題を考えるためです。

第2章において、私たちは日本の社会人が世界一学ばないことをデータで論じてきました。実は、国際的に見ると日本社会にはもう一つ大きな特徴があります。**それは「世界一他人を**

信頼しない」ということです。「大人の学びの貧困国」である日本は、同時に「つながりの貧困国」でもあることが種々のデータから示されています。それはつまり、先ほど見てきた社会関係資本や社会ネットワークを「リスキリング」へ活用する点においても、日本人は世界の中でかなり特殊かつ不利な状況にいるということです。

例えば、世界価値観調査のデータから「初めて会う人をどの程度信頼するか」という意識を見ると、日本の男性は81カ国中77位、女性は72位と**世界的に最も他人を信頼しないグループ**に属します。

一方でこの違いは、「信頼」という言葉の重みが国によって違うことに由来する可能性もあります。そこでさらに数字を操作して、「既知の知人」への信頼と「初めて会う他人」への信頼のギャップを見てみると、日本はそのギャップが81カ国中で3位という結果になりました（ちなみに1位はアルバニア、2位は中国です）。日本は、「知人」と「他人」に極めて大きな信頼ギャップが存在する国、つまり**知っている人は信頼するが、知らない他者を全く信頼しない国なのです。**

「信頼」は、社会関係資本にとって極めて重要な要素です。人が相互に信頼し合っていることこそが社会関係資本の核心にありますし、つながりのない他者に対しても信頼を蓄積することは、個人が社会関係資本を拡大する時の原動力になります。だからこそ社会関係資本の研究では、「他人への信頼」が重要な変数として測定されてきました。

さらに興味深いのは、日本は他者への信頼が欠如しているにもかかわらず、世界的に最も治安が良い国の一つでもあることです。下手に他人に関わると自分の命や安全が脅《おびや》かされるような状況であれば、人を信頼しないことにも合理性がありますが、日本はそうではありません。犯罪の発生率や検挙率は国や地域によって定義や慣習が異なるため、比較しやすい「殺人率」を治安の代理指標とし、先ほどの他者への信頼度とともに散布図としてマッピングしてみました（図表44）。

この散布図で、日本が位置するのは最も左下。「**世界で最も治安が良く、最も他者を信頼しない**」という日本の特徴がくっきりと見えます。

国際的に異例な他者と知人に対する信頼ギャップは、このことだけでも一冊の本を書けるくらいに重要なトピックですが、それにしてもなぜこうした稀有《けう》な事態が日本で起こっているのでしょうか。もう少し多角的に理解するために、ミクロとマクロの面からこの現象に接近しましょう。

図表44　「初対面信頼度」×「殺人件数」MAP

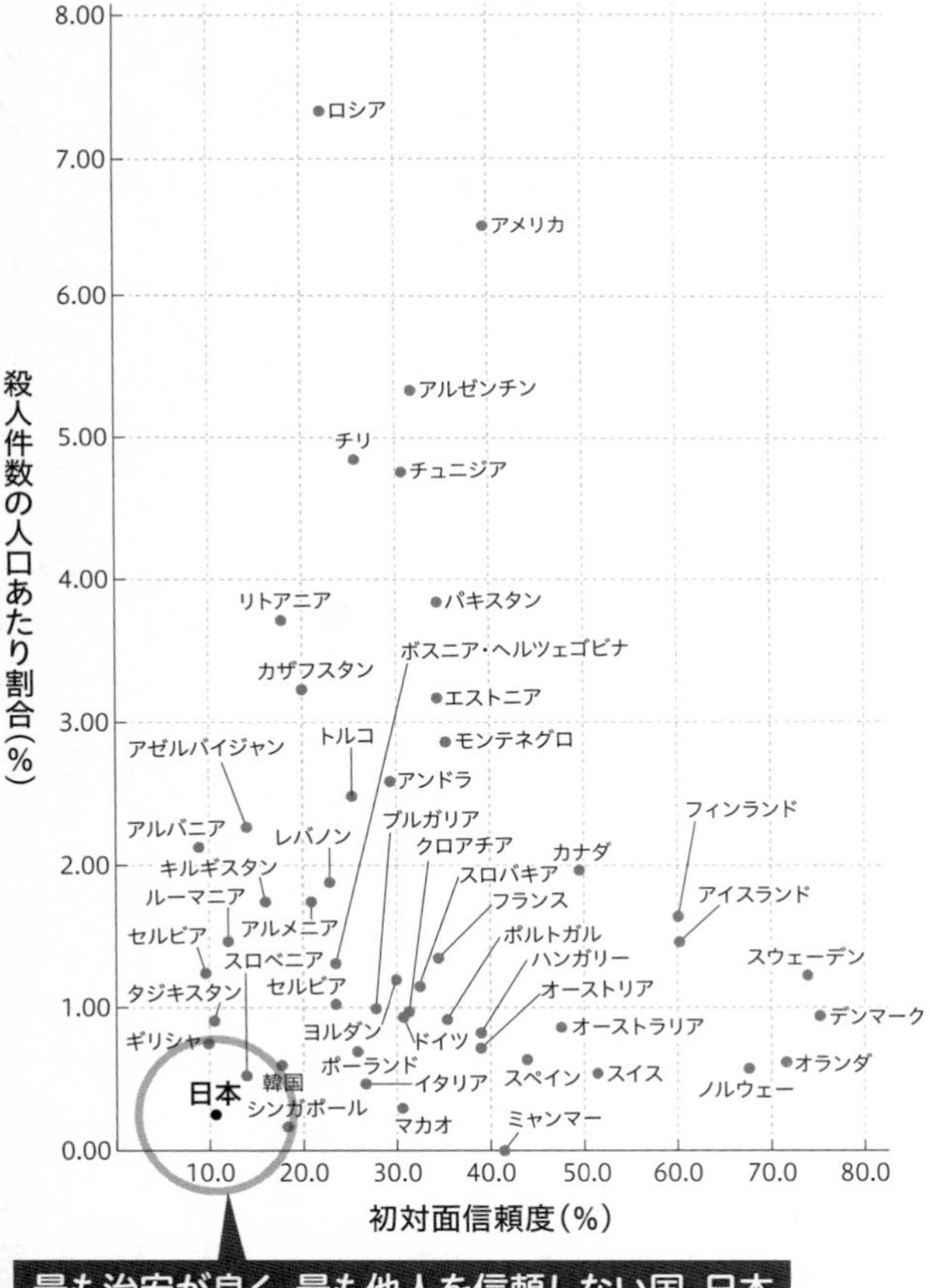

出所：World Values Survey Wave 7 と2017-2020 国連薬物犯罪事務所のInternational homicideデータより筆者作成

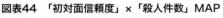

「関係性の地図」ありきの社会

人への信頼のあり方をミクロな心理的現象として考える際に参考になるのが、社会心理学者の山岸俊男《やまぎしとしお》が説いた**「安心社会」と「信頼社会」の対比**です。[23]

山岸は心理実験を通じて得られた知見から、日本人のコミュニケーションの特質を「関係性検知を核とした社会的知性の高さ」だとしました。日本人は、周りの人たちの関係性の性質についての知識、つまり誰が誰とどのような関係にあるかを検知し、「社会的地図」を作り出す能力が高い、というのが山岸の説です。日本人は、そうした既知の関係性の地図の中で「安心」してコミュニケーションを行いがちだということです。

この地図型知性と対比されたのが、アメリカ的な「**ヘッドライト型知性**」です。社会関係という、いわば「関係性の地図」がない時にでも、その時の状況や目の前にいる人の態度や言動といった要素から相手の「人間性」を検知する社会的知性です（図表45）。

関係のある人と人が織りなす雰囲気やムードを読み、それによって行動を左右することの多い日本の特徴は、「空気本位制」と呼ばれるほどです。[24] アメリカ人と比較してこうした地図型の知性を持つ日本人は、逆に社会関係の地図がない中でのコミュニケーションを苦手と

図表45　地図型知性とヘッドライト型知性

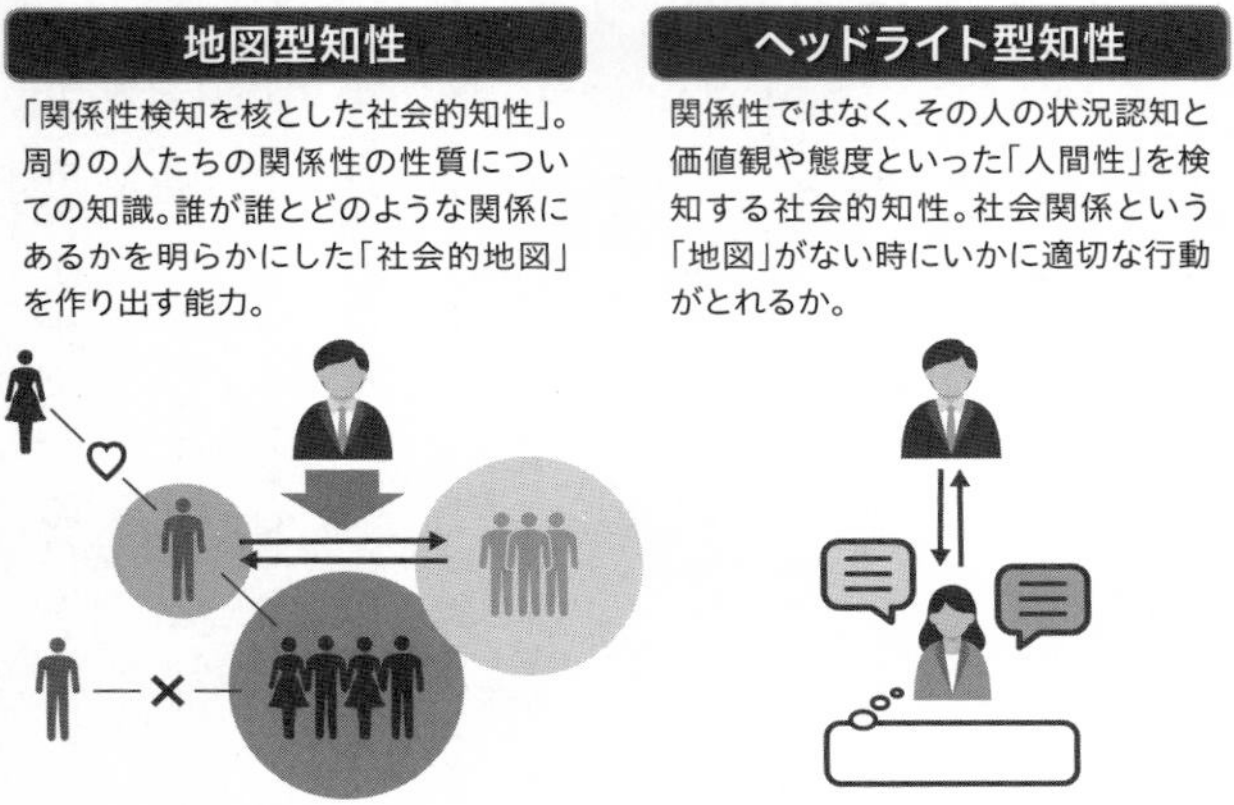
地図型知性
「関係性検知を核とした社会的知性」。周りの人たちの関係性の性質についての知識。誰が誰とどのような関係にあるかを明らかにした「社会的地図」を作り出す能力。
ヘッドライト型知性
関係性ではなく、その人の状況認知と価値観や態度といった「人間性」を検知する社会的知性。社会関係という「地図」がない時にいかに適切な行動がとれるか。

出所：山岸（1999）を参考に筆者作成

します。そうしたことを信頼のあり方の違いとして論じたのが山岸です。

こうした国家間の個人特性の単純な比較は、ステレオタイプ的な理解のリスクもあるので慎重な議論が必要ではありますが、先ほどのような一般的他者への信頼感のなさ、他者と知人の信頼ギャップのデータとは符合しています。

ここで、私たちが第3章で議論してきた、組織における〈変化抑制〉のメカニズムを思い出してみましょう。「変化がコストである」という意識の根源にあるのは、いつもの同僚たちとの関わり方の安定性を揺るがすことを避けたい気持ちでした。変化を起こすことが、自分が属する集団の和を乱すことにつながってしまう。仕事において相互依存性が強いほど「関係性の地図」の中でつながるプレイヤーの数は増えていきますが、そうした時、〈変化抑制〉意識が強まっていたのでした。

なぜ日本人はこのようなコミュニケーション特質を持っているのでしょうか。次に、よりマクロな社会史的な側面から補足しておきましょう。

戦後から１９７０年代半ばまで、日本では地方から都市圏へと大量の人口が流入して都市が拡大していく、いわゆる「郊外化」の現象が起こります。郊外型のニュータウンが次々と建設され、この時、地域共同体にかつて存在していた「地縁」と「血縁」が絶たれていきました。

また、大量に必要とされた住宅に対する政府の供給政策が、「団地」という統一的な住宅フォーマットを全国に広げます。村落的な共同体であればどこにでも存在する「地縁」と「血縁」は、郊外の団地という生活空間では断絶されたままです。しかも、郊外の閉鎖的な空間で生活しつつ、両親が住み続けている「郷里の家族」こそがホームだという感覚は残り続けました。今でも大学や職場での自己紹介で「ご実家はどこですか？」と当たり前に人に聞けてしまうのは、こうした分離した空間感覚のなせる業です。一方で、ホームではない上京先では隣の人と目も合わせない、「見知らぬ隣人」という感覚が当たり前のものになりました。

加えて、宗教的なつながりも国際的に見れば希薄です。初詣《はつもうで》やお墓参り、クリスマスパーティなどの雑多な宗教的行事は行いながらも、多くの国民が自身を無宗教だと自覚しながら生活しています。[25] 毎週のように日曜日に教会で同じ宗教の人たちと会い、ご近所話に花を咲かせるといったことはあまり行われません。

この地縁、血縁、宗教縁の欠如は、社会関係資本にも大きな影響を与えます。断絶されたネットワークの中で「前からの知り合い」や「たまたま知り合った人」の凝集性を高めると同時に、「知り合っていない人」への信頼感を醸成させない方向に作用したことは十分に考えられます。閉鎖的な集団における仲間内で安心してコミュニケーションを図ろうとする傾向は、同時に、集団の「外」のよそ者への不信感と表裏一体にある。定量的な検証は難しいですが、筆者は日本人の他者への信頼に関するデータの背景をそのように理解しています。

「孤独」が学びを遠ざける

世界でもトップクラスの「他者への信頼のなさ」は、言い換えれば、日本人が「社会開拓力」を持っていないことを意味します。山岸は、他者への一般的信頼は見知った人間関係からの「離陸」に必要な推力を提供する「ブースター」の役割を果たすと言いました。つまり、他者を信頼しない日本人は社会関係資本を自ら作りにいく、他者の中に飛び込んでいく、たまたま出会った見知らぬ他人と仲良く継続的な関係性を築いていくといった行動が（相対的な意味で）できないということです。

しかもさらなる問題は、こうした他者への信頼の欠如が、日本人にはとっくに「当たり前」になっていることです。私たちは、電車や町中で人に話しかけたりしないことを当然のものとして生活し続けています（社会学の用語で儀礼的無関心といいます）が、海外に行けば多くの人が話しかけてきます。治安の良さと信頼のなさの組み合わせという世界的には異常な事態についても、ほとんどの人にとって主観的には問題だと感じられないでしょう。

私たちの普段の生活を振り返れば、もはや他人に話しかけて「社会開拓」し、リアルな人間関係を築かずとも、ＳＮＳやオンラインゲーム、音楽や映画のサブスクリプションなど、インターネットを通じた各種のエンターテインメント、ａｍａｚｏｎや楽天といったＥＣや通信販売などのサービスによって、ある程度楽しく暮らせてしまいます。

恋愛の領域においても、お見合いという家同士の集団的活動だった結婚が、社内結婚や合コンといった弱いつながりを通じた紹介になり、さらにはマッチングアプリという個人レベルのマッチングになりました。私たちは、「飲み会なんてコスパが悪い」と言ってさっさと家に帰り社会開拓力を落としていき、それでも「そこそこ楽しく」生きる術《すべ》を知っています。

「孤立」という客観的状態と、「孤独」という主観的状態は異なります。世間やメディアでは、引きこもりや孤独死など、社会的資本が極端に低い「孤立」の状態には注目が集まります。しかし本人が主観的には「孤独」を感じていない時、そこに対する介入は「お節介（パターナリズム）」として批判されがちです。

さて、私たちがリスキリングの議論において見てきたのは、「ソーシャル・ラーニング」や「ラーニング・ブリッジング」と社会関係資本との関係でした。**「学び」や「リスキリング」を考える上では、こうした「社会関係資本の薄さ」と「社会開拓力のなさ」をともに前提とする必要があります。**

日本人の、①**「地縁、血縁、宗教縁のなさから来る社会関係資本のリソースの弱さ」**、②**「関係性の地図を重視するコミュニケーションの特質」**、そしてそれらから導かれる、③**「他者への信頼のなさから来る〈社会開拓力〉の欠如」**。これらの特徴は、リスキリングを支える「基礎工事」の部分がボロボロであり、かつそれを自ら開拓できるような社会開拓力もなく、さらにそのことを問題と思わず生きているという、重層化された課題があることを意味します。「リソースがない、開拓力がない、課題認識がない」という「三重苦」は、そのまま**「リスキリングのための三重苦」**に直結するのです。

テレワーカーにおける「社内の他人化」

近年、この三重苦の社会関係資本に追い打ちをかけるような、新たな困難が私たちを襲いました。コロナ禍によるテレワークの爆発的普及です。これが、企業の中における社会関係資本・社会ネットワークのあり方に大きな影響を与えました。先ほど見たように地縁、血縁、宗教縁が希薄な日本人は、企業における人とのつながり、つまり「社縁」をリソースとした社会関係資本に大きく依存してきたからです。ここでは便宜的に、社内の人間関係の互恵的なネットワークの分厚さを、社会関係資本をもじって**「社内」関係資本**と呼んでおきます。

個人が自ら「社会開拓力」を発揮しなくても利用できるのが、会社という公的な組織が与えてくれる「ハコ」の中の人間関係です。日本では、社縁による人とのつながりが会社というハコを越え、プライベートにおける互恵的な人間関係として染み出ています。家族主義的な経営、サービス残業の習慣、社内結婚の多さなどがその典型的な表れです。

そして２０２０年春、コロナ禍によるテレワークの普及はこの「社内関係資本」に大きな

図表46　全国における新型コロナウイルス感染者数とテレワーク実施率の推移

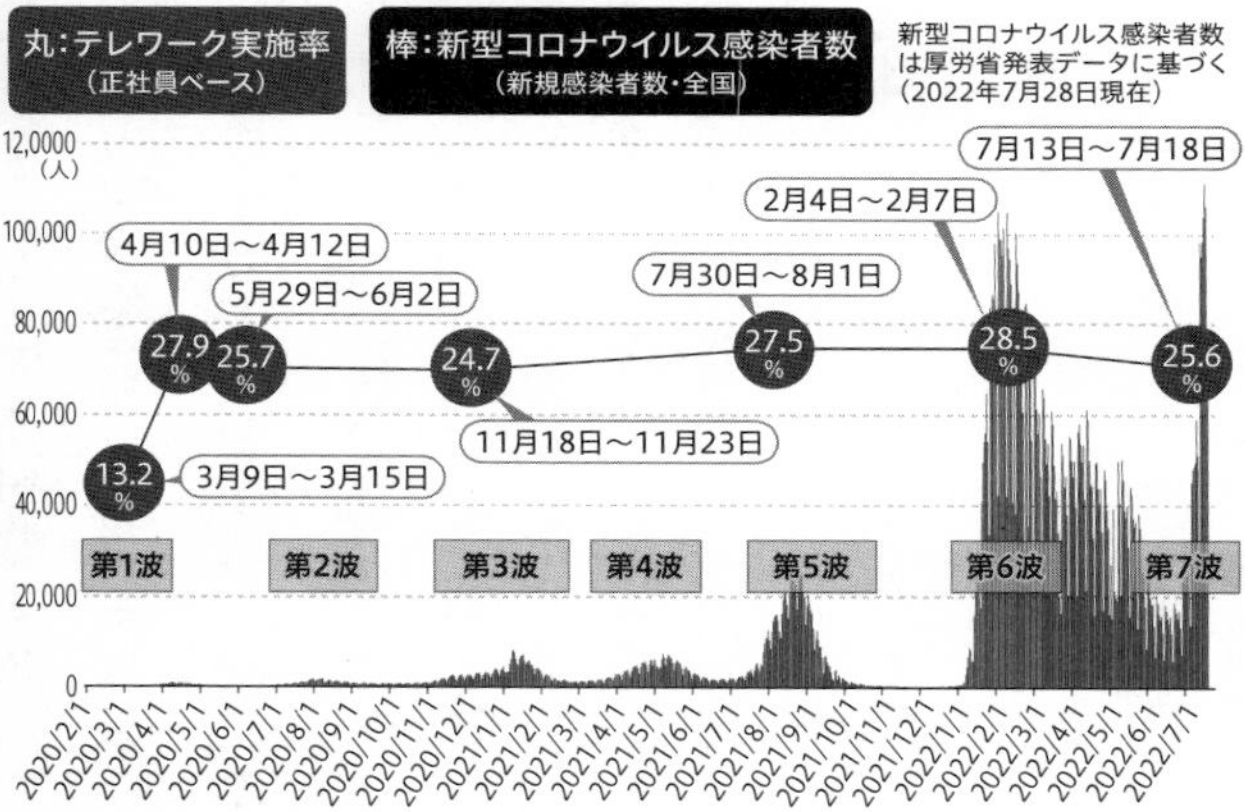

変化をもたらしました。筆者はそのころから2万人規模のテレワークの定量調査を繰り返して、日本のテレワーク状況をウォッチしてきました（図表46）。

新型コロナウイルスが感染拡大した2020年4月、正規雇用労働者のテレワーク実施率は、前月の3月の13・2％から27・9％へと大幅に上昇しました。日本の労働史上、この短期間での働き方変化は未曽有《みぞう》の事態です。そのおよそ2年後、第7波の傾向が見られていた2022年7月時点でのテレワーク実施率は25・6％と横ばいが続いています。

急速なテレワーク普及に伴って、組織では様々な問題が噴出しました。労務管理やICTの整備などの組織管理的な要素ももちろんですが、中心になったのは「コミュニケーション」の課題です。急に出社がなくなることによって、「会社に一体感がない」「仲間と会えなくて寂しい」といった意見が世にあふれました。

先ほど、関係性検知による「見知った人間関係の地図」の中でこそ安心してコミュニケーションする日本人の特徴を見ました。そうした日本人は、オフィスでの雑談や仕事とは関係のない情報を見聞きすることによって、人と人との関係性を検知し、他者の関係性を読み、職場内の「関係性の地図」として折り合わせていきます。

出社がなくなり、業務以外の情報や雑談が薄れ、多様な人の情報が入ってきにくくなることは、そうした社会関係の地図が更新されないことを意味します。それはいわば、マップが更新されない古いカーナビを見て運転し続けているようなもの。関係性重視の日本人にとって、テレワークによって起こるのは**「社内の他人化」そのもの**です。

テレワークで起こってきた様々な課題は、先ほどのような三つの特徴を持つ日本人にとって、「社内関係資本」とのつながりが絶たれることが大きなダメージであることを如実に示すものでした。調査では、「テレワークでは仕事の生産性が下がる」と回答する主観的な労働生産性の意識も、やはりアメリカと比較して強い傾向が示されました。

また、新人や中途入社者は関係性の地図が「白紙」のままで、地図を作る機会を得られていません。社会開拓力のない日本人は、社内の知らない人に対して、自主的に横断的なコミュニケーションを行うことも稀です。その結果、テレワークをすると20代に至ってはウェルビーイングの指標まで下がる現象も見られました。テレワークによる「社内の他人化」は、「リソースがない、開拓力がない、課題認識がない」という「社会関係資本の三重苦」を背負う日本のリスキリングにとっても大問題です。

テレワークによる苦難をさらに悲劇的なものにしているのは、**企業側がテレワークをめぐる不毛な二元論に支配され続け、コミュニケーションの工夫を怠り続けていることです。**筆者はテレワークに伴う難題について、調査結果をもとに、経済団体を含めて繰り返し提言してきましたが、どこにおいても目にしたのは「うちの会社にはテレワークは合わない」「この職種でテレワークは無理だ」「テレワークでは生産性が下がるのではないか」など、テレワークか出社勤務のどちらかしか選択肢がないような単純な議論ばかりでした。

テレワークは働き方の「形式」の一つです。働きやすさも効率性も、「どのようにテレワークを行うか」というプロセスと内容に依存します。「テレワークか、出勤か」という判断軸はあまりにも単純であり、そこに「仕事の進め方」という軸と「コミュニケーションのやり方」という軸を組み合わせて検討されるべきでした。

しかし、多くの会社が感染者数の波に右往左往し続け、「ＩＴツール導入」という基本的インフラを整えるにとどまっています。２０２２年７月の段階でもテレワーク普及にあたって行われた施策は１位が「遠隔会議システムの導入・利用促進」で42・6％、２位が「ビジネスチャットツールの導入・利用促進」で31・７％です。「働き方についてのアイデアや工夫の共有」といった質的な工夫はわずか12・０％、「働き方についての研修やイベントの実施」といった議論できる場の設定は８・３％のみで、働き方そのものやコミュニケーションへの工夫は少ないままにとどまり続けています。日本の多くの企業にとって、テレワークは「感染拡大防止に仕方なく実施するもの」という意味以上のものを持たなかったのです。

企業というプレイヤーにこそできること

さて、先ほどのような「三重苦」に、こうしたテレワークによる社内の他人化が加わりました。インターネットによる生活支配と、国際的にも広がる孤立・孤独の傾向を見れば、「ともに学ぶ仲間を自ら見つけることのできる個人」は、これからも減っていくでしょう。

残念ですが、こうした状況を「個の力」が解決していくことに関して、筆者はかなり悲観的です。なぜなら、「学ばない」ことについてと同様に、他人を信頼しないことについても、多くの人はそもそも「問題」だと感じていないからです。この社会関係資本の領域において、個に対する啓発や啓蒙は効果的だとは思えません。

だからこそ、筆者は企業というプレイヤーに期待しています。社会開拓力を低めてきた日本人が唯一強く持っていた「社縁」を与えられる企業からの仕掛けこそが、「変わらなさ」と「学ばなさ」を乗り越えるためにいま求められていると考えています。そして、その施策を進めるためのフック、きっかけとしてこそ、現在の「リスキリング」の波が活かされるべきなのです。

『リスキリングは経営課題』という本書タイトルの裏にある意味がおわかりいただけたでしょうか。いよいよ次の章から、リスキリングのための具体的な「仕組み」を議論したいと思います。

1　松尾睦、2021、『仕事のアンラーニング　働き方を学びほぐす』、同文舘出版

2　Hedberg, B., 1981, How organizations learn and unlearn. In Nystrom, P. C., and Starbuck, W. H.(Eds),

Handbook of organizational design, Vol. 1. Oxford University Press, pp. 3-27.

3　組織学習の研究者であるクリス・アージリスとドナルド・ショーンは、「シングル・ループ学習」と「ダブル・ループ学習」という区別を学習理論に持ち込みました。既存の方針を維持・継続したり、目的を達成したりするプロセスを「シングル・ループ学習」と呼び、基本方針や目的ごと改めて問い直していくプロセスを「ダブル・ループ学習」として区別しました。過去の延長線上の学習であるシングル・ループ学習だけを行っている組織は、市場や競合といったビジネス環境変化に対応できません。昨今では、ダブル・ループ学習のように過去の仕事の価値観を刷新することが強く求められています。「アンラーニング」が注目されているのも、こうした変化適応のプロセスを重視したい企業の願望の表れです。

4　パーソル総合研究所「女性活躍推進に関する定量調査」

5　Putnam, Robert D., 2000, Bowling alone: The collapse and revival of American community, Simon & Schuster.

6　Coleman, James S. "Social capital in the creation of human capital." *American journal of sociology*, 94(1988): S95-S120.

7　成人教育・生涯学習と社会関係資本の関係を中心的に論じた数少ない著作には、例えば以下があります。文部科学省生涯学習政策局編、2012、『生涯学習政策研究―生涯学習をとらえなおす　ソーシャル・キャピタルの視点から』、悠光堂

J・フィールド、2011、矢野裕俊監訳、立田慶裕他訳、『ソーシャルキャピタルと生涯学習』、東信堂

8　Tuijnman, A., and Boudard, E., 2001, International adult literacy survey: Adult education participation in North America: International perspectives, Statistics Canada.

9　J・フィールド、2011、矢野裕俊監訳、立田慶裕他訳、『ソーシャルキャピタルと生涯学習』、東信堂

10　安藤寿康、2018、『なぜヒトは学ぶのか　教育を生物学的に考える』講談社現代新書

11　ニコラス・A・クリスタキス、ジェイムズ・H・ファウラー、2010、鬼澤忍訳、『つながり　社会的ネットワークの驚くべき力』、講談社

12 Aarts, H., Gollwitzer, P. M., and Hassin, R. R. "Goal contagion: Perceiving is for pursuing." *Journal of personality and social psychology* 87.1 (2004): 23-37.

13 紙幅の関係上、動機づけの研究の全体像をレビューする余裕はありませんので、上淵寿、大芦治編著、２０１９、『新・動機づけ研究の最前線』（北大路書房）などをご参照ください。

14 速水（２０１９）は、世間一般だけではなく、教育心理学研究にも蔓延する「内発的動機づけ」への偏重への疑問を出発点として、「他律的内発的動機づけ」というコンセプトを提唱しています。
速水敏彦、２０１９、『内発的動機づけと自律的動機づけ　教育心理学の神話を問い直す』、金子書房

15 河井亨〝学生の学習と成長に対する授業外実践コミュニティへの参加とラーニング・ブリッジングの役割〟日本教育工学会論文誌 35.4 (2012): 297-308.

16 本田由紀、２０１８、『文系大学教育は仕事の役に立つのか　職業的レリバンスの検討』、ナカニシヤ出版

17 ロナルド・Ｓ・バート、２００６、安田雪訳、『競争の社会的構造　構造的空隙の理論』、新曜社

18 石山恒貴、２０１８、『越境的学習のメカニズム　実践共同体を往還しキャリア構築するナレッジ・ブローカーの実像』、福村出版

19 Nahapiet, J., and Ghoshal, S. "Social capital, intellectual capital, and the organizational advantage." *Academy of management review* 23.2 (1998): 242-266.

20 Wegner, Daniel M., 1987, "Transactive memory: A contemporary analysis of the group mind." Theories of group behavior. Springer-Verlag, New York, pp. 185-208.

21 Hansen, M. T. "The search-transfer problem: The role of weak ties in sharing knowledge across organization subunits." *Administrative science quarterly* 44.1 (1999): 82-111.

22 向日恒喜、２０１５、『組織における知識の共有と創造　ソーシャル・キャピタル、私生活の人間関係、動機、自尊感情の視点から』、同文舘出版

23 山岸俊男、１９９９、『安心社会から信頼社会へ　日本型システムの行方』、中公新書

24 大守隆編著、2018、『ソーシャル・キャピタルと経済　効率性と「きずな」の接点を探る』、ミネルヴァ書房

25 2018年のISSP（International Social Survey Programme）国際比較調査によれば、日本人の「信仰している宗教はない」が62％です。最も多いのは「仏教」で31％です。信仰心の有無については、若年層ほど「なし」と回答する割合が高くなります。

第5章　「工場」から「創発」へ

——日本はリスキリングをどう進めるべきか

注射ではなく「変化創出」の促進へ

本書はここまで、「学ばなさ」の背景にある「中動態」的なキャリアのあり方、「スキルの発揮」を妨げる職場でのミクロな相互作用である〈変化抑制〉のメカニズム、そして個人のキャリアにおいて「変わらなさ」を導いてしまう〈変化適応力＝変化への自己効力感〉の低下について議論してきました。

また、リスキリングの議論をより実践的にするために、リスキリングに大きく関連する「アンラーニング」「ソーシャル・ラーニング」「ラーニング・ブリッジング」という三つの学び行動を紹介し、それに関連する理論を接続することでリスキリングの解像度を上げてきました。

このようにときほぐすことによって、漠然とした「お勉強」や詰め込み教育的な注射のように見える「リスキリング」の本質とは、**他者を含んだ環境の相互作用の中で起こる、「創発」的な営みであることが見えてきます。**同時に鮮明になってきたのは、ワクチンを注射するようにスキルを注入して市場に送り出す、リスキリングの「工場モデル」のナイーブさです。

リスキリングを支えている三つの学び行動とは、古いやり方を捨て、人を巻き込みながら、知識と経験をつなげて新たな実践を生み出していくことでした。また、職場外の業務経験や社会関係資本といった「環境」が、そうした学習行動を促進しています。リスキリングで得た知識やスキルの「発揮」という最も重要なシーンにおいて、「工場モデル」の発想はあまりにも無力です。

詰め込み教育がしばしば批判されるように、教育による「インプット」にばかり注力しても、職場でのスキル発揮という具体的な「アウトプット」は導かれません。アンラーニングもソーシャル・ラーニングもラーニング・ブリッジングも欠如した、詰め込み教育のようなリスキリングをいくら施しても、それは教育提供側の自己満足で終わってしまいます。ただでさえ成果がすぐには見えにくい中長期的な営みであるリスキリングは、経営者や教育担当者の「やった気になる」リスクと常に隣り合わせです。「DX人材育成」や「リスキリング」のために投下された予算が、壮大な無駄になってしまいます。

つまり、リスキリングを促進したい企業がなすべきは、トレーニングを詰め込んで従業員にスキルを注射することではありません。「学びへの意識改革や啓発」でもありませんし、「自律的なキャリア」に過度に期待するお手軽な学習サポートでもありません。**「スキル獲**

図表47　リスキリングのための変化創出モデル

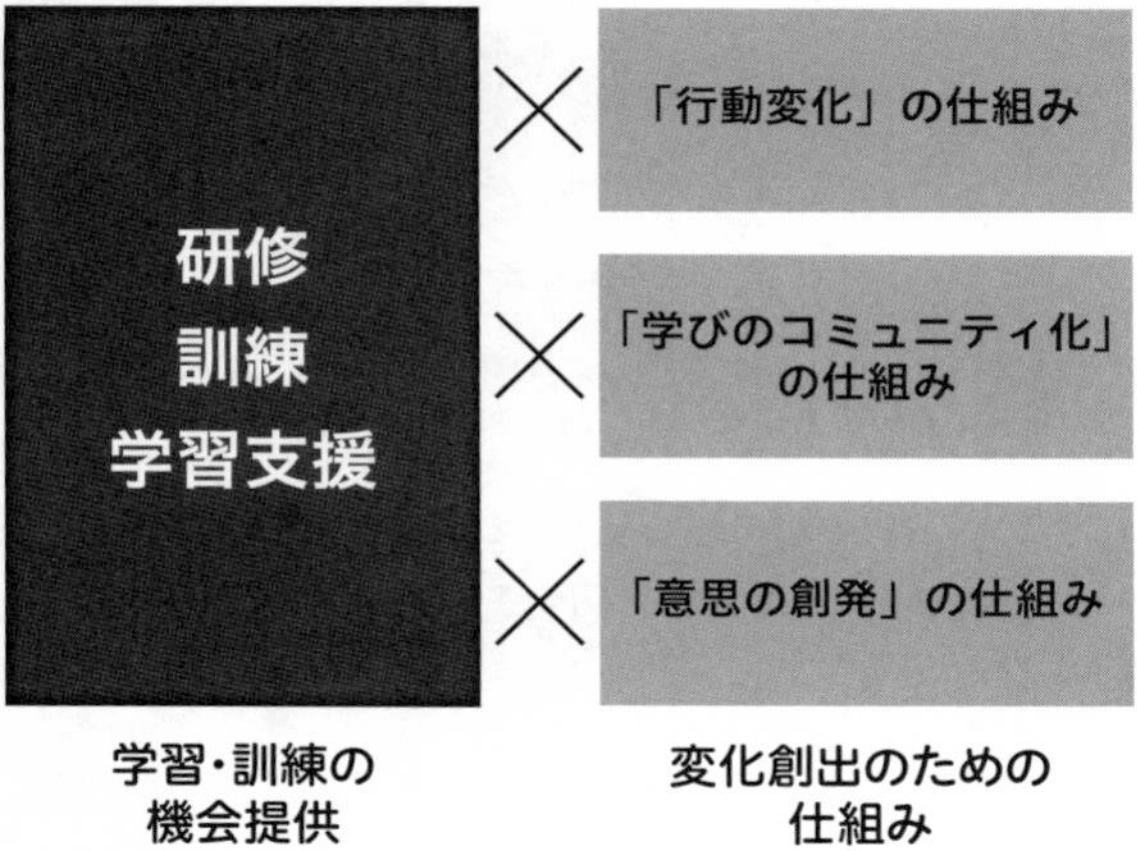

得」を通じて「**変化の創出**」を**最大化するための仕組み**づくりです。ここでは、筆者が提案するその仕組みの総体を、「**工場モデル**」**と対比**して、「**変化創出モデル**」と呼んでおきます（図表47）。

変化創出モデルにおいては、学習・訓練の機会提供は「前提条件」です。ここにすら投資しないのであれば、リスキリング推進など夢のまた夢です。「個々人が会社に関係なく、勝手に学んでくれ」というただの啓蒙活動は、いくら発せられても日本人の学び行動を増やしてきませんでした。企業はそうした教育機会提供や支援とともに、大きく三つの領域での「仕組み」を検討していくことが求められる。筆者はそう考えています。

逆に言えば、リスキリングの予算を増やし、「教育訓練の手厚さ」だけを追い求めたり、「何を学ばせるか」を延々と議論したり、「人材要件の明確化」という困難なことにリソースを割き続けるような「工場モデル」の発想では、日本のリスキリングはうまくいかないでしょう。こうした三つの領域がどれも手つかずのままであれば、リスキリングは何も変化を生まず、教育予算だけが増えた一時的なブームとして終わりかねません。

また、こうした仕組みを考えるにあたっても、重要なことは就業者の「人的資本」、つまり能力やスキルそのものではなく、「心理的資本」「社会関係資本」に目を向けることです。ポジティブで前向きな心理特性である「心理的資本」と、互恵的な対人ネットワークである「社会関係資本」は、リスキリングを支えるための大きな要素としてもっと着目されるべきコンセプトです。

以降、「変化創出モデル」の三つの領域での仕組みを検討します。

〈変化抑制〉に対する処方箋――①「変化報酬」型施策

さて、まずは職場における行動変化を促す仕組み、つまり「変わらない」問題への処方箋から考えていきましょう。第3章で見てきたのは、職場におけるミクロな「変わらなさ」のメカニズムでした。「変化」と「学び」が並行的事態であることを前提にしつつ、職場におけるメンバーの「変化抑制」意識が、業務行動の変化とスキルの発揮への障壁となり、アンラーニングやリスキリングそのものを妨げていました。そこでは、多元的無知によって変化を押しとどめてしまうような意識が組織的に発生していました。「助け合い」のような協調的で相互依存的な働き方（伝統的には日本の働き方の強みとされてきたもの）が、〈変化抑制〉意識を高めてしまっている可能性も見てきました。

では、こうした抑制メカニズムに対抗して、積極的に変化を生み出したい組織はどうすればいいのでしょうか。データからの示唆をそのままひっくり返し、「もうこれ以上、メンバー同士は助け合わないようにすること」というルールでも定めるのでしょうか。

もちろん、そうではありません。それまで相互援助の文化を持っていた組織が、それを「やめる」ことが戦略的だとは思えません。援助活動のように与えられた職務範囲を超える活動をすることを、学術的には「組織市民活動 Organizational Citizenship Behavior」と言いますが、その意義はすでに欧米企業でも重要視され、多くの研究が行われています。今まで助け合っていた同僚がいきなり助け合わなくなるようなことは、「この会社は人に冷たくなった」といった反感や抵抗を生み出すでしょう。私たちは、個人が持っているスキルを

図表48　変化抑制への処方箋

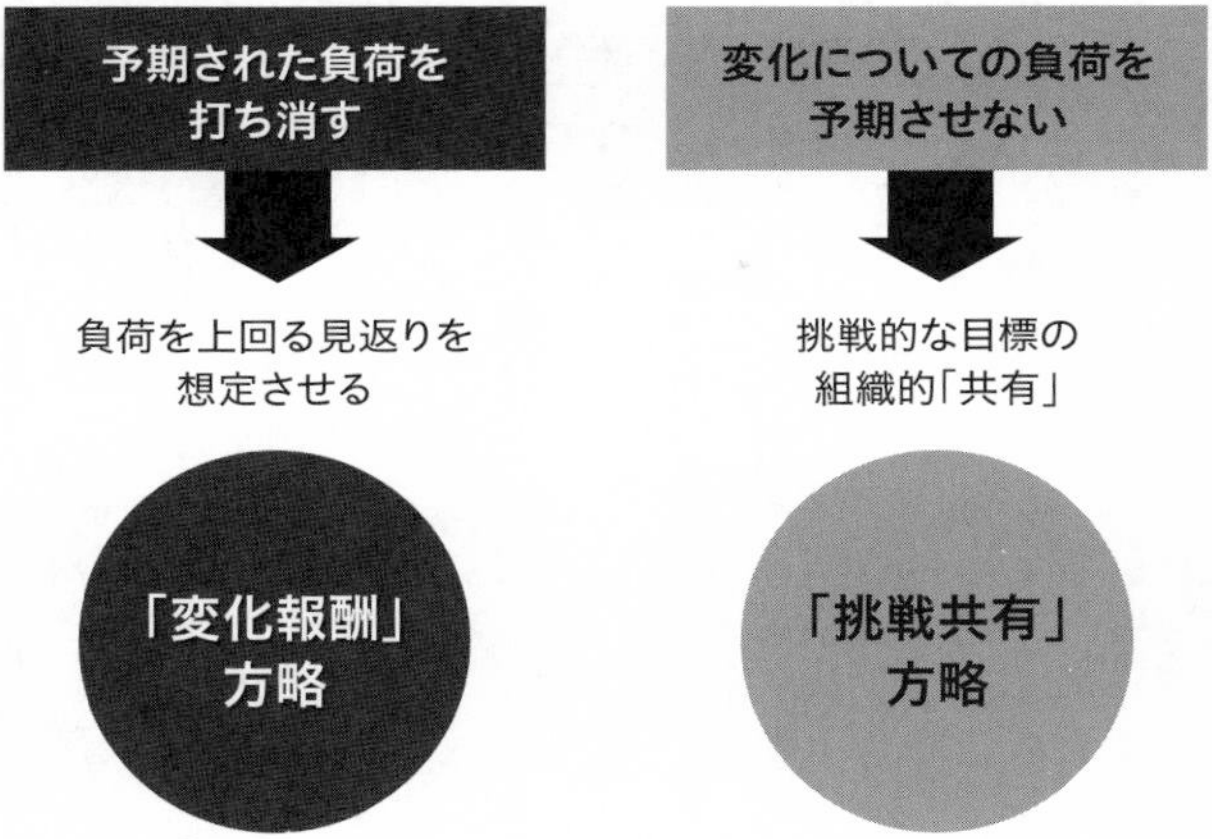

十全に発揮し変化を起こすことが促されるような、前向きな仕組みを考えなくてはいけません。

この変化抑制のメカニズムに対抗する手段については、アンラーニング促進に関する統計解析の結果から、すでにヒントが得られています。そこでの発見事項を整理して、**「変化報酬」と「挑戦共有」**という二つの方向性から具体的な施策群を議論しましょう（図表48）。

「行動変化」の仕組みの一つ目の方向性は、**「変化報酬」型の施策**です。これは、変化抑制についての予期されてしまった負荷を「打ち消す」タイプのやり方です。周囲の仕事への影響力を考えると、職場内で何かしらの変化を起こすことは確かに大変かもしれません。しかし、その予期された「大変さ＝コスト」を凌駕するような、より多くの「見返り＝報酬」を用意すれば、人は変化を起こすことを厭《いと》わなくなるかもしれません。変化報酬型の施策の発想は、なんらかのベネフィットを与えることによって、予期されてしまったコストの「打ち消し」を狙う発想です。

第3章で、変化抑制を説明する補足的な理論として、メディア研究における「沈黙の螺旋」理論を紹介しました。少数派が少数派であることを自覚し、和を乱さないように沈黙することによって、多数派の意見だけが再生産されることを示す理論です。

沈黙の螺旋の研究においては、少数派になっても臆することなく意見を表明する**「ハードコア層」**がいることが指摘されています。[1]ハードコア層とはつまり、集団の中で「孤立を恐れない」タイプのマイノリティのことです。本書の文脈に置き換えれば、たとえ職場の中で一人になったとしても、もしくは同僚に多少の迷惑をかけたとしても、それでもなお「変化」を起こそうとする人です。「変化報酬」型の施策は、こうした組織におけるハードコア層を人工的に作ろうとする仕組みと言えるでしょう。

筆者の統計分析からは、今の組織でこれから「給与」や「役職」「経験」が得られそうだという見込みを持っていることが、人々のアンラーニングを促進していました。ここから類推すれば、コストを上回るような具体的な「報酬」があれば、孤立を恐れず「変化」を起こしてくれる＝ハードコア層を職場内に作れる可能性がありそうです。

報酬としての「ポスト」「金銭」「経験」

では、ここでの具体的な報酬として何が考えられるでしょうか。**一つは、「キャリア」にとっての報酬、つまり具体的な「ポスト」や「役職」です。**

近年、各企業でＤＸ推進部が雨後の筍《たけのこ》のように続々と新設されていく中で、課長・部長・ディレクターといったポストも当然新設されていきます。「ＤＸ」が世論を含めた一大潮流となっている今、そうしたポストにつけることは個人のキャリアにとっては「報酬」の一つになるでしょう。

また、そうした特殊な部署でなくとも、すでに多くの企業では役職が上がるほどに業務の戦略性や新規性が求められるようなグレード（社員の等級）要件になっています。なんらかの「変化」を起こすことを明示的なミッションとして掲げるという意味では、それらも広い意味での「変化報酬」施策です。ただ、第４章でも触れた目標管理制度の課題を見ると、なかなかそれがうまくいっていない企業が多そうなのが現実です。

役職による報酬とも紐づきますが、もう一つの変化への報酬は、**金銭的報酬**です。DX推進やデジタル推進の新設部署を設定する企業では、賃金制度においても「出島」方式で、特別に他の部署より高い報酬レンジを準備する企業も増えてきました。賃金が具体的なポストに紐づかず、「人の能力」に紐づいている日本では、デジタル関連職だから、DX推進のポストだからと言って大きく賃金の差をつける賃金制度になっていません。賃金の差をつけなければ採用も定着もままならない企業でも、他の部署や職種との整合性を気にして、なかなか思い切った処遇を提示できないことが多くあります。

内部からの異動で人を充填《じゅうてん》する場合にも、成果がでるかわからない新設部署に高い賃金レンジを設定することは、再度異動した際に処遇を下げることの難しさを考えるとなかなか踏み切れません。経済学的な用語で言えば、賃金の下方硬直性（下がりにくさ）が上方硬直性（上げにくさ）を招いているのです。

しかし、そうした平面的な処遇のあり方では人材マネジメントの戦略的な実践に十分ではないという意識が、多くの企業に共有されるようになってきました。段差のある処遇のつけ方や、賞与のメリハリや特別なインセンティブを設計して「変化」や「挑戦」に報《むく》いる、見返りを期待させることによって〈変化抑制〉意識を抑え込むことは検討に値するでしょう。

役職や金銭とは別に、**「経験」という報酬**もあります。転職希望者が長期的スパンで増えるにつれて、多くの人が転職というチケットを傍《かたわ》らに置きながら働くことになりました。その中で、新規事業開発や、新しい顧客の開拓、組織に変化を起こした経験などは転職においても有利になります。

安定的な大手企業でも、自社に何か新しい風を起こしてくれる人を採用したいというニーズは極めて高いものですし、人員の中途採用比率も引き続き上がっていくでしょう。業務になんらかの「変化」を起こし、新しいサービス、事業、プロセスを創出してきた経験は、今の日本の転職マーケットで高い価値として認められます。それがＤＸ領域やデジタル領域における経験であればなおさらです。

こうした意味において、「経験が活かせる」という報酬は、その人にとって変化を起こすインセンティブに十分なりえます。また、そうしたキャリアへの魅力を伝えるのも、「変化」へのインセンティブのあり方としては有効でしょう。

ただ、こうした役職や経験などの「変化報酬」は、ある意味ではリスクと隣り合わせでもあります。例えば、経営陣の思いつきで発足されたＤＸ関連のポジションが、巨大で曖昧なミッションを背負わされる「厄介なポジション」になってしまっている企業もあります。

「社長の鶴の一声で大きな期待だけは感じるが、何をやっていいかは誰も全くわからない」「数年後、この部署があるかどうかもわからない」「周りの部署からは怪しげな部署だと思われている」……DXブームが多くの企業で引き起こすこうした状況では、そこでの役職や経験が「変化を起こすことの報酬」として機能するかは怪しいものです。また、いくら経験を積ませても、すぐに転職してしまうことも企業にとってはリスクです。

日本社会は、「個の繰り上げ当選」状態だという話を第2章でしました。そうした中で、変化を厭わない個人による「孤独な一点突破」を期待する「変化報酬」メソッドは、そのような強い個をあてにする点で、ややラディカルな施策と言えるでしょう。

また、この変化報酬型の施策は「継続性」という点で不安が残ります。分析からは、先ほどのアンラーニング促進のための「報酬」の中で、「給与」「経験」「役職」が得られそうだという見込みは、リスキリングを「継続的に」習慣づけることに対しては、あまり結びついていない傾向が見られました。また、企業実務の観点からも、上位役職やインセンティブなどを無限につけるわけにはいきません。たとえ短期的にはその報酬が用意できたとしても、変化を次々に起こしていくには報酬も次々と用意する必要があります。

企業全体が右肩上がりに成長を続けている場合はそれも可能でしょう。実際、急成長中の

ITベンチャーなどでは、従業員への昇給や処遇上昇に躊躇しない企業も見られます。しかし、成長が止まっているからこそ変化を起こしてほしい企業には選びにくい施策でもあります。こうしたことを鑑みると、「変化報酬」タイプのメソッドは、十分検討に値するとは言え、いくつかの「制約条件つき」の施策群と言えるでしょう。

〈変化抑制〉に対する処方箋——②「挑戦共有」型施策

二つ目の「挑戦共有」型の施策は、〈変化抑制意識〉を「生じさせない」ための施策です。〈変化抑制意識〉の中身は、変化を起こすことがコストになってしまうだろうという「予期」でした。その予期をそもそも従業員に発生させないことを狙うものです。

挑戦共有型施策の肝は、単純に言えば、どんどん挑戦やチャレンジをする、変化を起こすという組織全体の目標や信念を「共有」することです。「こんな変化を起こしても、周囲に面倒くさがられるかもしれない」という「予期」が変化を抑制する方向に作用するのですから、**それを「いや、面倒くさがられるはずがない」と無化することができれば、〈変化抑制〉につながるような意識そのものが発生しません**。発生したとしてもそれを打ち消すのが「変化報酬」の考え方でしたが、こちらはより「予防的」発想の施策です。

例えば、職場における重要なプレイヤーである「上司」の行動と、その部下のリスキリングとの関係を見てみると、**一般的なリスキリングとデジタル・リスキリングの両方に影響していたのは、上司の「探索行動」を部下が認知していること**でした。

ここでいう探索行動とは、新しい市場やサービス領域について学んだり、柔軟に仕事のやり方や範囲を変更したりという、変化への準備や実践行動のことです。上司自身が新しい変化を歓迎し、そのために学んでいる態度を見せることによって、部下の新たな学びは引き出されているのです。

先行研究においても、上司の変革行動が部下のアンラーニングを促進していることは確認されており[2]、安定的な傾向と見てよいでしょう。逆に言えば、上司自身が変化を好まない態度を見せてしまうと、部下もリスキリングを進めようとはしていません。

さて、挑戦的な風土や信念を「共有」すると言っても、私たちは職場の中でメンバーの心の中を覗き合うわけにはいきません。他人の心の中を完全に読み取ることなどできませんし、そもそもそのようなメンバー間の情報の非対称性、つまり「相互に無知」であることこそ、〈変化抑制〉意識が組織内で波及していく可能性を生み出していました（多元的無知の可能性）。

このことについてより深く考えるヒントは、社会心理学の知見における**「共通性」**と**「共**

有性」の区別が与えてくれます。説明しましょう。

どんな会社や、ムラ社会、団体においても、その集団内で生きている人々の全員が、特定の価値や意識を持って生きているかというと、そうではありません。同じ宗教団体に加盟していたとしても、その中にはどこまでも信心深い人もいれば、人づき合いのため形式的に入っているだけの人もいます。しかし、それぞれの集団を人の集合体として観察すれば、そこには集団ごとに特徴的な意識や規範、行動が見られます。例えば、「30歳までに会社を辞めることが当たり前」の会社もあれば、「離職率1%でほとんどの人が定年まで突き進む」といった会社も存在します。

こうした違いはなぜ生まれるのでしょうか。社会心理学においては、「全員の心に染み渡っている信念」ではなく、皆がそうした価値を「共通して持っているだろうという理解」があることのほうが、人々の集団的な思考や行動をうまく説明できることが指摘され始めています。

社会心理学者の橋本博文《はしもとひろふみ》に倣《なら》った用語系では、前者の**「同じ信念を皆が持っている」という集合的な状態**が**「共有性」**です。後者の「同じ信念を皆が持っていると認識している」状態、つまり**「共有していることについての信念」**のことを**「共通性」**と呼びます[3]。共有性は

「ベタ」な意味での共有状態、共通性は「メタ」な意味での共有状態を指すとも言えるでしょう。さて、この区別を携えて職場を眺めると、何がどう異なってくるのでしょうか。

多元的無知の議論を思い出しましょう。政党Aが強い地域に住んでいる人にとって政党Bへの投票が憚られてしまう原因は、周囲の人が政党Aのことを支持しているという「実態」ではなく、周囲の人が政党Aのことを支持している「だろう」、政党Bに投票すると変に思われる「だろう」という「信念（予期）」のほうでした。

この「真なる実態の確かめられなさ」を前提に、多元的に無知が重なり合うことで、政党Aへの投票という秩序が安定的に再生産されることを説いたのが、先ほどの多元的無知の例でした。この地域の集団的な行動を左右しているものこそ、（実際の意識の「共有」ではなく）共有しているだろうという認識、「共通性」です。

上司の探索行動が部下に学習行動を促進するのも、積極的に変化を模索している様子が部下にとってのロールモデルとなるからでしょう。それはつまり、複数の部下を持っている上司のそうした探索行動が、「他のメンバーも見ているだろう」という「共通性」の認知を発生させていると理解することができます。

必要なのは「予測改革」

共有しているという「実態」と、共通性という「信念」を区別したところで、結局やるべきことは変わらないだろうと思われる方もいらっしゃるかもしれません。しかし両者の概念を区別することで、実践の発想も大きく異なってきます。

例えば、昨今でもしばしば議論を呼ぶ「男性育休取得」について考えてみましょう。

男性育休取得があまり推進されない要因の一つに、「男性は育休を取りたがっているのに、取れない」という問題があります。これについて、例えば「育休を取ったら上司が嫌がる」「迷惑がかかる」といった「職場の雰囲気」のような要因がこれまで指摘されてきました。しかし、企業の実務において雰囲気のようなフワフワしたものを扱うのは難しいものです。

一方で、心理学者の宮島《みやじま》健《たける》と山口《やまぐち》裕幸《ひろゆき》の研究によると、男性従業員は、他の男性の育児休暇に対する否定的な態度を「過大評価」していることがわかっています。[4] 育児休暇を取ることに対して自身はポジティブな意見を持っているけれども、他人はネガティブに評価しているだろうと考えている人は、自身も他人もポジティブだろうと信じている人よりも、育児休暇を取りたがらないことがわかっています。多元的無知が日本人男性の育児休暇取得の文脈で発生し、育児休暇の利用率の伸び悩みにつながることが示唆されています。

このような知見を踏まえれば、例えば「自社でどれだけ多くの人が男子育休にポジティブな意見を持っているか」を可視化し、伝えることで育休取得を促進できる可能性が見えてきます。サーベイや意識調査、ヒアリングなどの結果を集計し、見える化し、男性社員に伝える。すなわち「共有性」を発生させることで、「なんだ、もっと気軽に取っていいんだ」という気持ちにできそうです。これは、男性育休に対してネガティブに考えている人を、ポジティブな評価を持つように個別に説得して回るよりも簡単に見えます。

同様に、大学生の飲酒行動に関する多元的無知の研究では、飲酒に対する本人の考え方を変えることよりも、他者の飲酒への好みに対する自身の推測の誤りに気づかせることのほうが、飲酒量を減らす上で有効だという知見も存在します。[5]

さらに参考になるのが、現在の各国の中央銀行の施策です。中央銀行は、人々のインフレ予想をコントロールするために、自身が計画する金融政策の方針、具体的には金利変更の条件や判断基準などについて前もって明示するようになりました。このことを金融用語では「フォワード・ガイダンス」と呼びます。記者会見や声明などを通じて将来の施策についてあらかじめ公表することで、市場を誘導し、政策効果を高めることが目的とされます。

日本では１９９９年、ゼロ金利政策が導入されました。当時の速水優《はやみまさる》日銀総裁は、会見で「ゼロ金利政策を、デフレ懸念の払拭が展望できるような情勢になるまで継続する」ことを表明しました。これがまさに政策金利に関するフォワード・ガイダンスです。複雑化する金融市場に関する施策を、「裏で決めて実行する」よりも、未来の施策までも「手の内を明かす」ことによって、市場をコントロールしようとする——こうした発想と行動は現代の中央銀行の施策に広く見られます。ＦＲＢ（連邦準備理事会）議長であったベン・バーナンキは、退任後の講演会にて、中央銀行のやることは「2%がアクション、98%はトークだ」とすら言いました。

金融市場と同様に、企業の中にも多様な価値観を持った従業員が増えるほどに、個々の従業員の「意識変革」は難しくなります。直接膝と膝を突き合わせ、二、三人の仲間を説得するならまだしも、多くの他人の心の中を入れ替えることは困難を極めます。

しかし、「みんなの意識」や「みんなの規範」を直接変えることはできなくても、「みんなの意識が変わっていくだろう」という信念はコミュニケーションによって、より直接的に与えることができます。

実務的な示唆をまとめると、変化を起こしたい組織にとって必要なのは、変化や挑戦のた

めの「**風土改革**」や「**意識改革**」ではなく、「**予測改革**」だということです。挑戦的な変化とは毎日起こるような事象ではありません。だからこそすぐ行動に移されずに、個人の胸の内にそっとしまわれてしまいます。そうした「埋もれてしまう」ような変化行動について、「共有されている未来に対する信念」を広げることで、〈変化抑制意識〉を生じなくさせるという発想が使えるかもしれないのです。

具体的な施策、仕掛けとしては例えば、通常の業務目標とは異なる「挑戦目標」や「チャレンジ目標」といった項目を作り、組織全体で公開することができるでしょう。また、組織的サーベイで人々の実際の意識を可視化することもできるでしょうし、経営層からの強いトップメッセージを発することによって認知を変えていくこともできるはずです。

実例を挙げると、サッポロビールは２０２０年からの評価制度改革において「ストレッチゴール」の記載欄を新設し、結果を評価せず、どれだけアクションをとったかを評価する制度に整備しました。また、目標管理における目標の「公開」は、大手企業でいくつか見られる取り組みですが、先に述べた「予測改革」のためには有望な施策です。また、ＭＢＯ(Management by Objectives) の代替として一部に導入されているＯＫＲ (Objectives and Key Results) といった目標管理手法も、挑戦的な目標を全社で「共通」のものにしようとする発想は同根です。

加えて、昨今では、人事改革に際して、組織が「変わっていく」ことを「外部メディア」へと積極的に広報する企業もしばしば見られます。これは、アウターコミュニケーション（外部広報）をインナーコミュニケーション（内部広報）の機能として使うという高度な組織開発の手法です。読者の皆さんがメディアでしばしば目にするような企業は、そうした外部メディアへの露出を積極的に行うことによって、「企業内部」にメッセージを発していることが多くあります。ここでもポイントは、変化や挑戦を歓迎するとともに、そのことを「皆が知っているだろう」という「共有性」も広げることです。

管見の限り、多くの日本企業では、こうしたフォワード・ガイダンス型のアプローチが苦手か、そもそもの発想として欠如しています。ほとんどの人事施策は、「会社が検討し、そこで決まったことを従業員に伝える」という一方通行の情報伝達ばかりで、「どう伝えるか」を戦略的に考えられている人事は極めて少数です。

形骸化する目標管理

さて、こうした**フォワード・ガイダンスの効果を最大化するために大きなハードルとなる**

のは、**先にも少し触れた「目標管理制度」の形骸化**です。

目標管理制度は、1970年代ごろからアメリカから輸入され、1990年代後半の成果主義導入によって中小企業を含めた大半の企業に取り入れられています。9割以上の企業にあるという調査も存在します。目標管理制度は、基幹の人事制度と日々の従業員の仕事との極めて重要なタッチポイントです。職能等級だろうが職務等級だろうが、基幹の人事制度がいくら精緻に整えられていたとしても、目標管理制度とそれに基づく評価制度が形骸化していてはなんの意味もありません。

パーソル総合研究所の調査によると、目標管理制度を実施している半数以上の企業は、自社の目標管理制度に対して「モチベーションを引き出せていない」「成長・能力開発につながっていない」「成果に報いる処遇が実現できていない」「プロセス全体が形骸化している」という課題感を持っています（図表49）。

筆者の研究でわかっているのは、**目標管理制度がうまくいくかどうかは、その「制度上の精緻さ」や「目標設定の厳密さ」ではなく、従業員側にある制度そのものへの見方、「暗黙の評価観」が多大に影響しているということです。**

「暗黙の評価観」とは筆者の造語ですが、評価される側のメンバーが自社の人事評価制度や

図表49　目標管理制度における課題

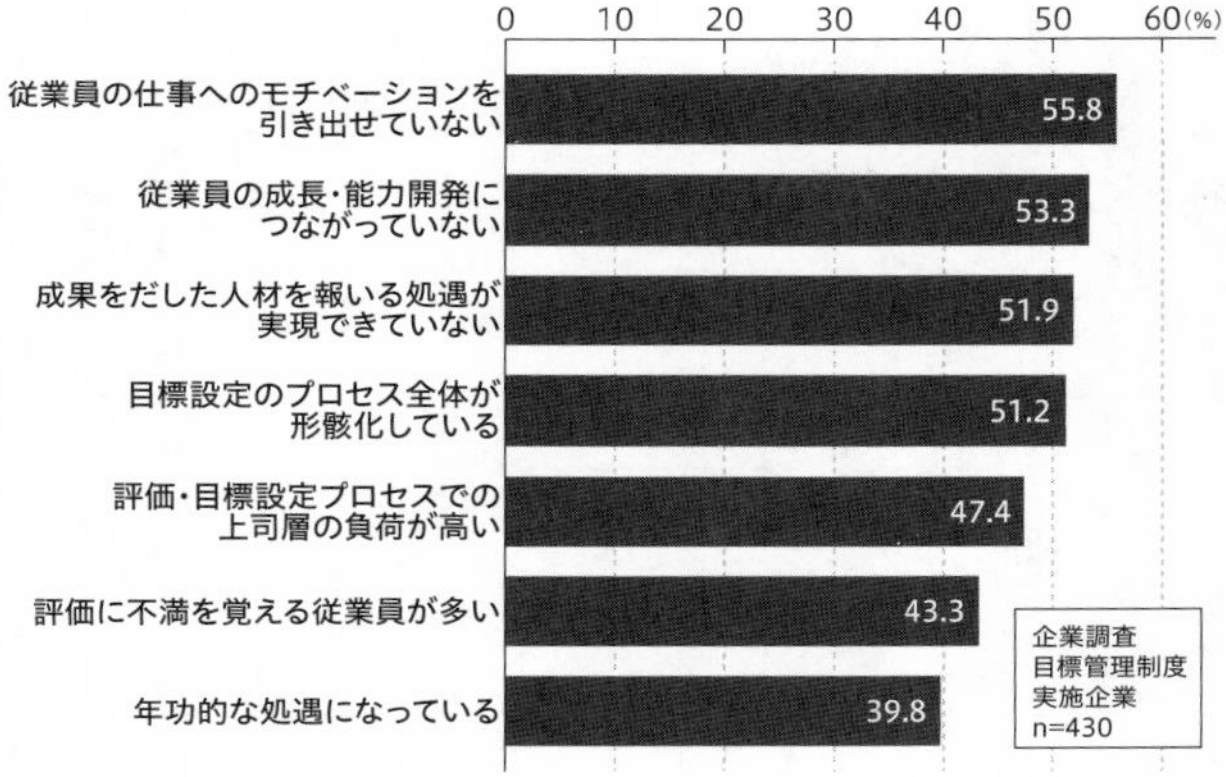

出所：パーソル総合研究所「人事評価と目標管理に関する定量調査」

評価結果について抱いている個々人の認識を指します。換言すれば、「従業員側から自社の制度がどう見えているか」ということ。それは制度の内容的な特徴を超えて、従業員の認知・認識として「うっすら」と職場に存在するものです。表立って口にだされることはほとんどないために、「暗黙」と名づけています。「うちの会社の人事評価は、やらされ感満載ですね」と人事に直接告げる社員はほとんどいません。

　こうした評価に対する従業員の見方・認識には、ポジティブで前向きなものと、ネガティブで後ろ向きなものがあります。ポジティブな評価観としては、評価制度が「自分の成長具合や、自身の今の課題」を確認するために存在するという〈**改善重視**〉の見方、「人事評価は正確に行われなければいけない」といった〈**明確さ重視**〉の見方、また、評価制度が「仕事の計画を立てるのに役立つ」「仕事の意欲を高めるため」といった〈**役立ち感**〉です。逆に、人事評価に対して、「無理にでも仕事をさせるためにある」「仕事を強制してやらせる側面が強い」といった「やらされ感」を抱くのは、ネガティブな評価観です。

データで確かめてみると、ポジティブな評価観を持つ従業員は、目標を自身の課題認識に役立てたり、周囲に助言やフィードバックを求めたりといった、目標に関する前向きな行動を積極的にとっていました。ネガティブな評価観を持つ従業員は、その逆です。簡単な目標を立てたがり、目標にないことはやろうとしない傾向が見られました。どちらの行動をとったほうがより仕事のパフォーマンスや個人の成長につながるかは明白でしょう。

評価者研修などでしばしば言及されるものに、目標管理の「SMART」という標語があります。目標設定の具体性（Specific）、定量化の度合い（Measurable）、達成可能性（Achievable）、組織目標との関連性（Related）、期限の明確さ（Time-bound）の頭文字をとった「SMART」は、目標を立てる時の合言葉、考え方として広く用いられています。筆者の分析によれば、これらSMARTの基準の一部が損なわれると、ネガティブな評価観が広がってしまう負の影響が確認できました。

ただし一方で、いくらＳＭＡＲＴの基準を満たすように目標が設定できていようとも、「ポジティブな評価観」への影響は確認できませんでした。たとえ「厳密な目標設定」「明確な目標設定」ができたとしても、そもそもの従業員の評価観を前向きなものにはできそうにないことが示唆されます。つまり、**従業員の「評価観」を変えるためには、まずはストレートに、「なんのために目標管理を行っているのか」「人事評価の狙いは何か」をメンバーへ伝える機会を持つことが必要になります。**きちんと言葉として伝えられていないものをマネジメントしようとすることは本末転倒です。

しかし、調査によれば、72・７％のメンバーが目標設定に関する研修を受けたことがありません。評価も含むより広い範囲の「被評価者研修」という形でのトレーニングは、77・1％が未受講です（図表50）。これでは、頭を捻《ひね》ってどんなに精緻な制度を作ったとしても、メンバーの評価観を制御することはできません。

多くの企業は、難易度の高い目標や挑戦的な目標を持ってもらいたいと言いながら、それを伝える役目を現場任せにしてしまいます。ほとんどの目標管理制度では、一次目標設定の作業は部下側で行われます。「最初に部下が目標を書いて、それを上司がチェックし修正す

図表50　部下（被評価者）の研修経験実態

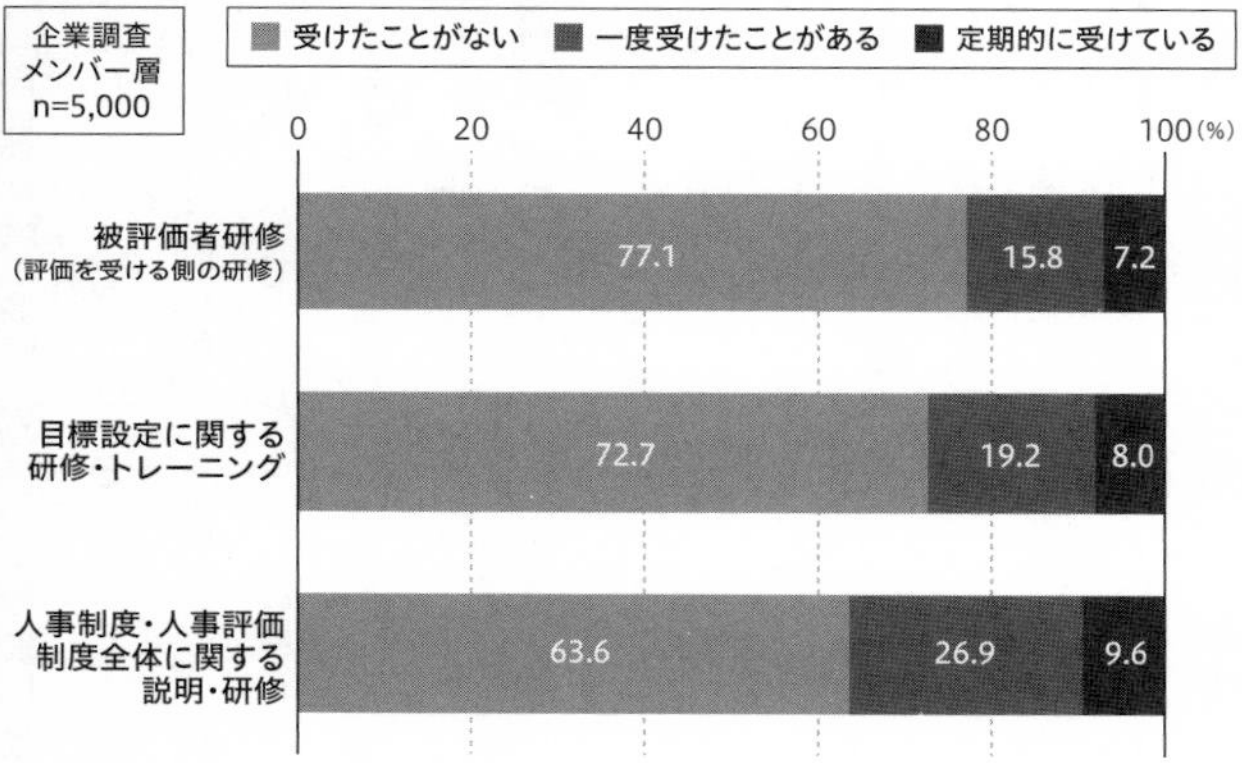

出所：パーソル総合研究所「人事評価と目標管理に関する定量調査」

る」という順番で進みます。この時、部下が書いてきた目標を修正するのは、上司にとっては実に骨が折れる作業です。骨が折れるからこそ、「なぁなぁ」で終わらせてしまいます。上司も部下も「前年とほぼ同じこと」を互いに黙認し合う姿こそが、今の多くの企業の目標管理のあり方です。

だからこそ、なんのために目標と評価の制度があり、どういった狙いを持っており、会社のビジョンや人材ポリシーとどのようにつながっているのかを、まず「部下側」に伝えることは重要です。しかし、目標管理制度を「評価と人件費配分」のシステムだと考えている日本企業は、このプロセスをスキップし、「評価者研修」という上司側への研修のみで終わらせてしまいます。

日本企業は、目標管理を組織的な人件費の配分機能として用いているからこそ、評価と処遇決定において「公平性」が傷つくことを回避する、リスク回避型の思考が染みついています。「あの人は自分と同じグレードなのになぜこんな低い目標なのだ」「組織の中で一番難易度がバラついている」といった不満がメンバーの間に蔓延することを、人事やマネジメント層は恐れるものです。だからこそ、目標を公開する企業は少ないですし、評価の分布を調整する評価会議は「暗室」で行われます。「正確無比な制度」や「SMART」といった厳格さや公平性ばかり強調しても、従業員から「引かれて」しまっている目標管理は、前向きな行動を引き起こしませんし、変化にもつながりません。

先ほどのフォワード・ガイダンス的な効果、つまり「予測改革」を行うために、この目標管理制度を立て直すことは極めて重要です。目標管理制度こそが、共有するべき「挑戦的な目標」や「変化への報酬」について、日々コミュニケーションをとるためのツールそのものだからです。いくら「ジョブ型」の人事制度を導入しようが、職務記述書を整備しようが、その期に具体的に何を仕事として行うかは、期初に定める目標管理で決まります。これはホワイトカラー領域では欧米でも当たり前のことです。目標管理制度を放置したまま、いくら派手な「人事改革」を行って精緻な「制度」を整えても、それは目標管理とともに現場で無効化されていきます。

私見では、「リスキリング」に関する教育投資のリソースが最も節約されているのがこの目標管理制度の訓練の領域です。基幹の人事制度と現場とのタッチポイントの制度として極めて重要であるにもかかわらず、有識者の議論においても、企業の「人事制度改革」の議論においても、あまりにも放置されています。逆に、この目標管理の領域こそ、伸び代が大きい施策だとも言えます。

「掛け声」ではなく「仕掛け」や「仕組み」を

ここまで、「変わらなさ」を乗り越えるための変化創出の仕組みを検討してきました。図にまとめておきましょう（図表51）。挑戦共有型施策と変化報酬型施策を、変化抑制させないための二つの「仕掛け」だとすると、適正化された目標管理制度とその運用は、仕掛けの基礎でありベースです。ここを放置した「リスキリング」や「手厚い研修訓練」は、スキルの発揮と変化創出について何も行わないという意味において、片翼がもがれた状態でしょう。「学びやリスキリングを」という声とともに、「チャレンジしよう」「組織に挑戦する風土を

図表51 行動変化の仕組み

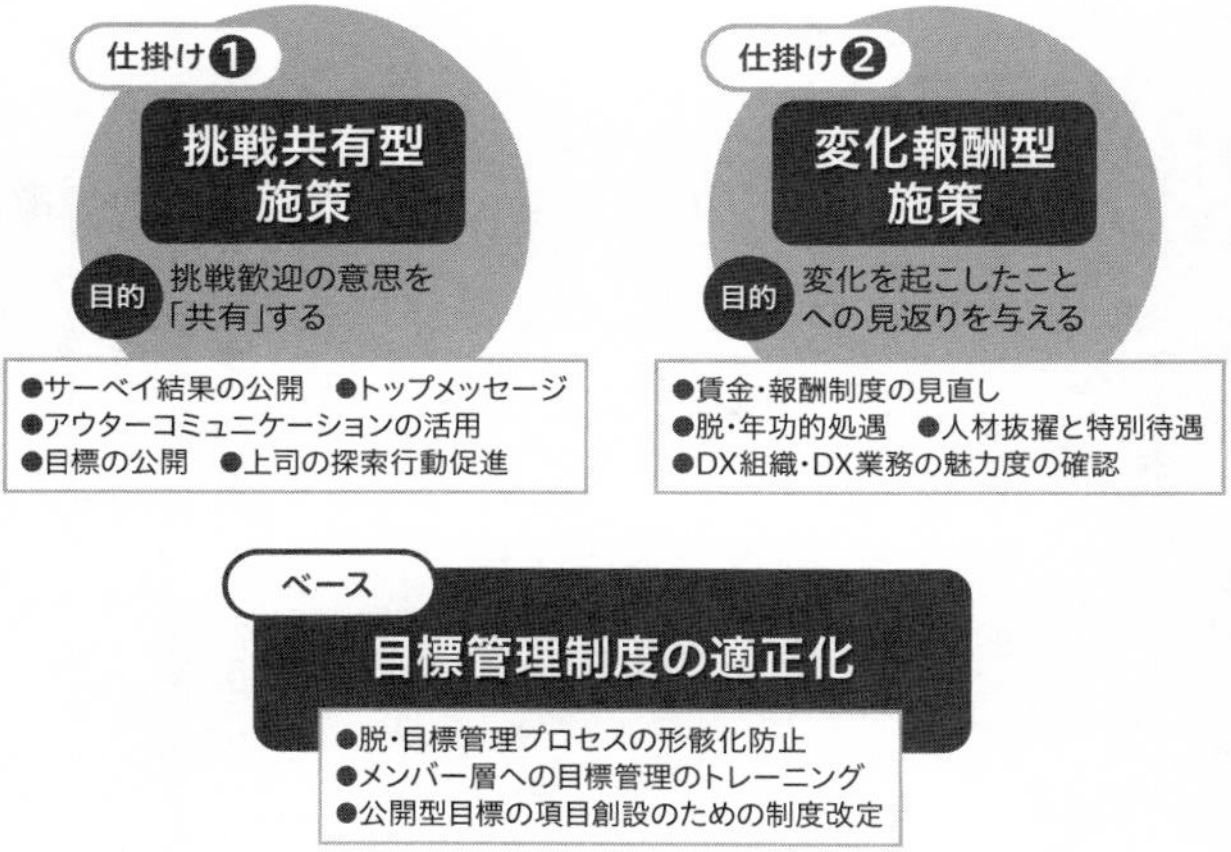

もたらそう」といった号令はいたるところで聞かれます。しかし、働く価値観と就業者の属性が多様化している今の時代において、常に新しい可能性を模索し続ける「意識」を一人ひとりに内面化させるのはかなり難しい作業です。掛け声ではなく、こうした「予測改革」のための仕組みこそを検討するべきだと筆者は考えます。

1 安野智子〝沈黙の螺旋理論の展開〈特集〉パワフル・メディア論再考〟マス・コミュニケーション研究 60 (2002): 44-61.
2 松尾睦、2021、『仕事のアンラーニング 働き方を学びほぐす』、同文舘出版
3 橋本博文〝相互協調性の自己維持メカニズム〟実験

社会心理学研究 50.2 (2011): 182-193.
4 Miyajima, Takeru, and Yamaguchi, Hiroyuki. "I want to but I won't: Pluralistic ignorance inhibits intentions to take paternity leave in Japan." *Frontiers in psychology* 8 (2017): 1508.
5 Schroeder, Christine M., and Prentice, Deborah A. "Exposing pluralistic ignorance to reduce alcohol use among college students." *Journal of applied social psychology* 28.23 (1998): 2150-2180.

第6章 「学びの共同体」の仕組み——企業を「キャリアの学校」にする

コーポレート・ユニバーシティの潮流と企業内訓練校

さて、前章までは「変化をいかに起こすか」という仕組みと仕掛けについて議論してきました。**次に考えるべきは、主に「学びの偏在化」問題の背景にある、日本の「社会関係資本の希薄さ」と、他者を信頼するという「社会開拓力のなさ」をいかに乗り越えられるか**です。そのための「学びのコミュニティ化」を仕組みとして議論しようと思います。

第4章で、日本社会の特徴として「世界一他人を信頼しない」というデータを見ました(**図表44**)。日本人は自ら人間関係を積極的に開拓していくためのベースとなるような他者への信頼があまりにも弱いです。この状態では、学ぶ仲間を自発的に作るような個人、つまり「ソーシャル・ラーニング」を外部まで広げていくような個人が増えることは、ほとんど期待できません。組織としてリスキリングを進めたいならば、「学びの共助」とも言うべきコミュニティ化に向けて組織的な後押しが必要です。スローガンは、「学びをフックに、他者とつながり続けるためのハコづくり」です。

こうした学びのコミュニティ化に関連して、筆者が特に注目し期待を寄せているのが、「企業内大学」「コーポレート・ユニバーシティ」の流れです。いま多くの企業がコーポレート・ユニバーシティとして研修システムを刷新・進化させています。一言でコーポレート・ユニバーシティといってもその具体的な内容は様々ですが、社内で講師を集め、仕事のノウハウからマインドセットまで多彩な講座を用意し、研修・訓練体系をコーポレート・ユニバーシティとしてパッケージングする企業が一部に見られます。

コーポレート・ユニバーシティ自体は、それほど新しい実践ではありません。コーポレート・ユニバーシティに関する学術的研究の先駆であるジャンヌ・マイスターによれば、コーポレート・ユニバーシティとは「ビジネス上のニーズを満たす教育手段すべてを統合・企画・開発・実施する戦略的な中核機関」です。[1]言い換えれば、研修訓練の提供という単純な機能ではなく、教育やトレーニングをまとめた、総合的なパッケージのことだと思えばいいでしょう。

最初期のコーポレート・ユニバーシティとしては、ゼネラル・エレクトリック（ＧＥ）が１９５５年にフロリダ州に設立したものがあり、他にはマクドナルドのハンバーガー大学、モトローラのモトローラ大学などの事例がよく知られています。[2]アメリカのコーポレート・ユニバーシティは近年も増加を続けており、１９９５年に約４００機関、２０００年には約２０００機関、そして２０１０年には３７００機関以上あるとも言われています。[3]また、大学やコミュニティカレッジと提携して教育プログラムを実施することが多いのもアメリカのコーポレート・ユニバーシティの特徴です。

このような例から、コーポレート・ユニバーシティはいかにもアメリカ的かつ先進的な経営施策に見えます。**しかし、企業が「学校」という独自の教育機関を通じて人を内部育成する施策は、もともと日本の製造業の十八番とも言えます。**

日本では明治後期以降、特に日露戦争を契機として生産技術が大幅に向上するに従い、そうした技術を継続的に学んでくれる技術者が大量に必要になりました。しかし、それまでの生産現場は、極めて流動性の高い親方請負制でした。親方が工場主（資本家）から仕事を請け負って、部下である職工や徒弟らに作業を行わせる、間接雇用のような形です。職場がコロコロ変わることが当たり前である流動性の高い人材に頼っていては、彼らを熟練技術者として工場が囲うことは難しいですし、知識や技術が企業の中に溜まりません。このように日本の人事管理が親方を通じた間接管理から、人を長期的に雇う方向へとシフトする中で生まれたのが、技能者養成施設であり、企業内訓練校です。

そうした企業による訓練施設は、現在も認定職業訓練校などの形態で、大手製造業企業において数多く運営されています。トヨタ自動車のトヨタ工業学園やデンソーのデンソー工業学園、日立製作所の日立工業専修学校などが伝統的なものとしてよく知られています。

企業内訓練校は、中卒・高卒者を中心として、学校卒業後に数年間、手当をもらいながら総合的な教育訓練を受ける場です。多くの場合で寮生活が営まれ、実務教育以外にも「心身教育」という名の企業人としての心構えも施されながら、技術者として基礎から育て上げられます。修了後に正社員として現場に配属していく機関です。そうした企業内訓練校の卒業生たちは、高度成長期には日本の現場を引っ張るリーダーとして欠かせない人材になりましたし、そのように若年の「白紙」の状態から育て上げられた従業員が、戦後の協調的な労使関係を支えた側面もあります。[4]

このようなブルーカラー領域の「企業内訓練校」とは別に、日本の先進企業が本格的に「コーポレート・ユニバーシティ」に取り組み始めたのは２０００年前後からです。産業構造全体の重心が徐々にサービス産業へと移ると同時に就業者の高学歴化が進み、訓練校の主な対象としてきた中卒・高卒者が減っていきました。そうした中で、先ほどのようなアメリカ企業で勃興してきたコーポレート・ユニバーシティの実践を横目に見つつ、日本企業もコーポレート・ユニバーシティを、ホワイトカラーも含んだ社員教育機関として立ち上げてきました。２０００年代半ばまでに、富士通、東芝、ソニー、沖電気工業、ニチレイ、旭硝子、損害保険ジャパン、東京海上日動、イオン、トレンドマイクロなど、製造業に限らない多くの業種で企業内大学が続々と設立されています。その中身は、次世代リーダー育成に特化したものから職群別の技術訓練まで、多様なものがすでに含まれていました。

一方で、そのころすでにバブル崩壊を迎えていた日本企業においては、全体の人材投資額の抑制が始まっていました。00年代半ばのブームの後にはリーマン・ショックがあり、昨今に至るまで企業の人材育成費は拡大せず、いつの間にか消えていったコーポレート・ユニバーシティも少なくありません。また学術的にもコーポレート・ユニバーシティに注目する研究や調査はここ十数年、途切れがちであったのが実情です。

そして今、「DX人材育成」「リスキリング」ブームの中で、大企業、中小企業ともにこのコーポレート・ユニバーシティ方式を取り入れる企業が増えてきました。リスキリング・ブームと相まって、第三次ブームを起こしそうな趨勢《すうせい》です。ダイキン工業の「ダイキン情報技術大学」、ヤマト運輸の「Yamato Digital Academy」、ヤフーを運営するZホールディングスの「Zアカデミア」など、近年続々と再編が進みます（図表52）。

図表52　日本企業の企業内大学の一例

企業内大学名	設立年	企業名	業種	概要
日立アカデミー	1961	日立製作所	電気機器	日立製作所の創業50周年事業の一環として、世界初の企業内大学「クロトンビル」を手本に「日立経営研修所」として設立された。「明日の経営者を育成することが何よりも肝要である」との認識の下に生まれた、日本初のコーポレートユニバーシティ（企業内経営者学校）とされる。管理職のみを対象とした研修施設としても先駆的な試みで、設立当時は「日本初の重役学校」と大きく報道された。
トヨタインスティテュート	2002	トヨタ自動車	メーカー	トヨタ自動車が、グローバルトヨタの人材育成の牽引役を担う機関（社内組織）として設立。トヨタおよびその海外事業体を含めたグローバルトヨタの経営者、ミドルマネジメントを育成する人材育成機関と位置づけられる。具体的プログラムとして、グローバルトヨタの経営人材育成を目的とする「グローバルリーダー育成スクール」と、従業員が共有すべき価値観や手法を示した「トヨタウェイ」実践のための実務教育を目的とする「ミドルマネジメント育成スクール」が設置されている。
ローソン大学	2003	ローソン	小売	2003年に幹部養成機関として創設されたが、2018年から運営を抜本的に見直し、商品や流通など「業務」に関わる教育は現場のラインで行い、ローソン大学は、現場だけでは体得が難しい知識、教養を身につけて、リーダーとして成長できる場とされた。毎年、年齢に関係なく40人程度が選抜され、ローソン大学の研修プログラムに参加する。社内のリーダー研修の他、有名大学の社会人講座で勉強するなど、多彩なプログラムが用意される。
HAKUHODO UNIV.	2005	博報堂	広告	「粒ぞろいよりも粒違い」をキーワードに、多様な個性が集まり、チームを組むことが新たな価値を生み出すという考え方から、社員が講師を務める講座が非常に多く、座学ではなく、チームでともに考えたり議論したりするワークショップ形式が中心である点などが大きな特徴となっている。年間200以上の多種多様な講座を開講。単なる教育機関ではなく、社員が自らの気付きによって成長する「発育のための場」として期待されている。
ダイキン情報技術大学	2017	ダイキン工業	製造	AI分野の人材を育成する社内講座で、毎年約100人の新入社員が学ぶ。受講する社員は2年間、業務を行わずAIの勉強に集中でき、その間は給与も支払われる。大阪大学をはじめとする教育機関や先端研究機関から講師を招き、高度で幅広い教育を実施。「働く一人ひとりの成長の総和がグループ発展の基盤」という企業理念の下、2023年度末までに1,500人のAI人材の育成を目指す計画を立てている。

出所：パーソル総合研究所機関誌「HITO vol.18（2022年9月発刊）」

リスキリングの中心機関としてのコーポレート・ユニバーシティの進化

さて、そうした事例と本書で見てきたデータから、筆者が夢想しているのが**コーポレート・ユニバーシティのさらなる進化**です。企業内訓練校からコーポレート・ユニバーシティへと発展しつつあるその先に、これからの日本企業のリスキリングの目指すべき姿があると感じています。それは、**企業が「仕事の場」であると同時に、継続的に学び合う「キャリアの学校」のような仕組みへと進化・深化していく構想です。**社会関係資本と社会ネットワークを構築する基礎としても期待できます。

具体的なイメージを、以下に素描してみましょう。

① 入学

新卒・中途に限らず、入社と同時に、従業員はこのコーポレート・ユニバーシティに入学します。企業内訓練校とは違い、配属前一括の訓練ではなく、現場で働きながら学んだほうが学びと実践がつながりやすいでしょうし、企業の財務的な負担も軽くなります。非正規雇用・正規雇用などの雇用区分や年齢によって入学条件を絞る必要はありません。開かれた門戸こそがこれからのコーポレート・ユニバーシティの教育機関としての理念であるべきです。

②　基本の技術研修プログラム

まずは基本的な機能として、具体的職務に必要な技術研修プログラムを提供します。社内外の講師による、実際の業務に役立つトレーニングです。もちろん昨今のテクノロジーの深化やプログラム提供方法の多様化に対応し、反転学習やe‐Learningなどを適宜組み合わせながら行う必要があります。

その際の講師やトレーナーは、これまでのコーポレート・ユニバーシティと同様に、社内で育成することがメインになるでしょう。「人に教える」という経験を通じた本人への教育効果は、引き続き狙っていくべきものです。

社内にノウハウや技能蓄積がない分野についてはもちろん外部講師や大学との連携が必要になります。通常のOff‐JTと同じように、職場以外の外部との接点の場、越境学習の場としても機能させることができます。

この研修訓練を受けたこと、もしくは講師・指導員として教える立場になれることとは、バッジとして各人の評価や昇格に組み込みます。社内昇進・昇格と「訓練」を結びつけ、

「教え合い」に人材選抜的な機能も持たせるということです。これまでの「自然に目立ってくる」従業員を引き上げるような育成のあり方ではなく、きちんとトレーニングを受けていることを昇進・昇格の要件と関連づけるわけです。実際、昇格と訓練要件を紐づけたある証券会社では、研修を受ける従業員の数が大きく伸びたことが報告されています。

③　階層別マネジメント研修・次世代リーダー育成

これまでの多くの研修は、階層型、一律型で提供されてきました。リーダー・主任、係長、課長、部長といった役職を上がるに従って、その年の新人課長や新人部長が集められて実施される研修です。

階層別研修もこの体系に組み込みます。しかし、「マネジャーになったもの」が受けるタイプではなく、「昇進前」にも受けられる研修を用意したほうがよいでしょう。ある企業では、管理職ＯＪＴという取り組みもされています。「管理職になる前に、管理職としての仕事を体験する」トレーニングです。会議に出たり、上の役職と議論したり、「リハーサル」的な機能を持たせます。

企業が次世代リーダー育成に苦労する背景には、「平等主義的」な選抜習慣があります。

日本では平均的に30代中盤を過ぎたころから課長や管理職に上がっていきますが、今のビジネス速度や若手のキャリア意識に対して、それらはあまりにも遅すぎます。経営戦略とのより強い紐づけを狙って次世代リーダー育成の機能を持たせるために特別な選抜クラスを設定することは、今のコーポレート・ユニバーシティでもしばしば見られます。

筆者の考えでは、今の日本企業に欠けているのは、優秀層を早期に選抜するという「決断」です。幹部候補は、入社後数年である程度の優秀層を見極め、20代の内にロングリストを設定するべきでしょう。そうした思い切った「選抜」ができないからこそ、「できる人」を見極めるのに時間がかかります。その長い期間の自然選抜において、マネジャーや経営の「期待」が男性に歪んでおり、それによって女性の活躍が妨げられることにもなっています。そうした決断なき自然選抜とは異なる、「選抜クラス」による「健全なえこひいき」もコーポレート・ユニバーシティに持たせるべき機能の一つです。

④　学びと成績の記録システム

また、学校というコンセプトに必要なのが学びを「記録」する機能です。今であれば、LMS（学習管理システム：Learning Management System）のようなオンライン学習プラットフォームが比較的安価に利用できるようになりました。マイページで過去に受けた研修やテキストなどのコンテンツを確認できますし、課題や試験の成績やアセスメントなどを組み合わせることで自分の進捗を確認・管理するシステムはすでに多く開発・提供されています。

どんな研修訓練も、記憶として定着し、業務の変化につながらなければ意味がありません。特に、ホワイトカラーの技能は身体的な反復練習による獲得が難しく、記憶として覚えていられる知識には限界があります。いくら研修や独学で知識を得ても、現場に戻ったとたんにリセットされてしまう。こうした忘却のプロセスはリスキリングの「大敵」です。

筆者の調査においても、紙のノートやブログなどで個人的な学びを記録しておくこと、いわば「学びログ」の実践には、「ラーニング・ブリッジング」とプラスの関連が見られました。「覚えておく」という単純な仕組みは、やはりコーポレート・ユニバーシティに必要な機能です。短期的記憶として忘却されてしまう知識やスキルに対しては、組織的な記録・蓄積することを通じてリスキリングを促進できます。学習管理システムの履歴機能や研修後適宜のフォローアップ、期間をおいたトレーニングのデザインなど、橋渡しを促すための「記憶の外部化＝学びのレコーディング」のサポートは、様々なツールを用いながら多くの工夫ができる領域ですし、コーポレート・ユニバーシティの規模が大きくなれば、マネジメント工数の節約のためにも、テクノロジーを活用することは必須になるでしょう。

また、こうした記録システムには、学びのためのセルフ・アセスメントの機能も組み込むことが可能です。学びの目標設定プロセスを組み込んで、個別の目標についての進捗を測ったり、組織として重要なスキルや技能検定があれば、その達成具合を記録したりできます。個別研修の効果測定も、バラバラに管理されるよりも一元管理が望ましいです。個人がリスキリングによる自らの「伸び」を実感できることは学びのモチベーション維持にとっても重要だからです。

また、アセスメントや目標設定とタイミングの良い「個別レコメンド」を組み合わせることもできるとよいでしょう。LMSを用いてシステマティックなレコメンド機能を利用してもいいでしょうし、単純に学びの進捗を人事部や上司がチェックしながら、気になったタイミングでメールやお知らせをすることでも効果はあります。研修や学びの機会は、しばしば忘れられがちですし、優先順位が下がりがちです。そうした時には、組織の側から学びへと従業員を「迎えに行く」踏み出し方が重要です。

することです。

⑤ キャリア・コミュニティ機能

「キャリア」や「個人の職業人生」などに関する理論や事例を学べるプログラムに加えて、おすすめしたいのが、**「ピア・コンサルティング」を行うキャリア・イベントの機会**を用意することです。

後ほど詳しく論じますが、多くの企業では、すべての従業員に1対1のキャリア・コンサルティングを行うリソースが不足しています。伴走的なキャリア・コンサルティングは多くの人に必要ですが、かといってそんな時間もお金もとれない、というのが企業の現実です。

しかし、キャリアへの思考は、専門家による「1対1の対話」に限定しなくても、もっと集合的な対話の場を用意することでも機能します。グループワークやワールドカフェのような方式で、半年や1年に一度、「他者との対話」を通じてキャリアを見つめ、言語化できるようにします。これは、社内の職群をまたいで同じような世代で集まるピア・カウンセリングとしての機能を持った、「クラス会」に似たものです。

コロナ禍によるテレワークで最も失われたのが、「入社同期」のコミュニティの強度です。日本企業は伝統的に、この同期同士のピアサポートによって違う職群とのつながりを得たり、相談し合える関係性を築いてきましたが、その機能は2020年、コロナ禍以降の新卒入社者ではかなり弱まりました。その一方で、中途採用者による「中途同期」という習慣はありません。この「クラス会＝キャリア・コミュニティ」の場は、そうした同年代のつながりを復活させる意味合いを持ちます。

これまでのコーポレート・ユニバーシティの一部も、「自律的なキャリア支援」の要素は含まれていました。しかし、ほとんどの場合それは副次的で、50代以上のキャリア研修が体系の中に組み込まれているに過ぎません。今の多くのキャリア研修のように、50代になってからいきなり自身のキャリアについて考えさせる＝ＷＩＬＬを求めるようなやり方はあまりにも不合理です。キャリア自律意識は、20代から徐々に逓減《ていげん》していくことが定量的にもわかっており、「下がってきたものを無理やり上げようとしている」ことになってしまいます。そうではなく、職業人生について話し、考える機会としてキャリア支援策は「最初から」導入するのが望ましいでしょう。

そうした集合研修や集合型のイベントには、**懇親会や集会、レクリエーション、打ち上げなどのインフォーマルな集まりに対してもサポート・声掛けが必要**です。社会開拓力がない日本人は自発的に声をかけることが少ないので、場という「関係性のハコ」を誰かが用意する必要があります。学びをフックとした社内関係資本の蓄積のためには、それは企業の役割です。

⑥　地域-企業間の連携・連帯

コーポレート・ユニバーシティは、企業を横断して機能させることも可能な機関です。とりわけ教育へのリソースが不足している中小企業はコンソーシアムのような形で共同機関として実施することもできるでしょう。社会の大きな流れを見れば、中小企業に勤める数多くの従業員こそ、学び直しは必要になってきます。学びへのリソースがない場合には、やはり外部と協力して確保するしかありません。

その場合は、複数企業が集まって、横断的なプラットフォームとしてコーポレート・ユニバーシティを組織化することが望ましいでしょう。すでに他社への相互出向という形で越境的学習の機会を設けている中小企業もありますし、行政や自治体、労働組合が間に入ることも考えられます。世界を見渡せば、地域の大学と労働組合、企業が一緒になって教育訓練のプログラムを策定し、実施しています。

ラーニング・ブリッジングについて議論した際に、日本企業が得意なのは「部署レベルの結束型ネットワーク」と、「社内に閉じた一次的橋渡しネットワーク」だろうと述べました。

不足しがちなのは社外のネットワークと社内のネットワークをつなぐ、「二次的橋渡し」です。コーポレート・ユニバーシティを横断的プラットフォームとして複数企業から人が集まれば、それがそのまま他者からの刺激になりますし、越境的な学習になります。企業をまたいだ調整コストは確かにかかりますが、そうした連携こそを行政もサポートしていければ、社会関係資本の貧弱さを補える可能性があります。

つまり、これからのコーポレート・ユニバーシティには、かつての「企業内訓練校」に色濃かったような、白紙の人材を企業の色に「染め上げる」ようなニュアンスは排除される必要があるということです。新人が組織に適応するプロセスのことを「組織社会化」と呼びますが、今や、そうした組織社会化の機能は、決して企業文化や社訓の「押しつけ」や「洗脳」のような形ではなく、「人」を通じて自然になされるべきことです。企業の「外に開く」ことで、そうした閉鎖的なネットワークにならないよう「風穴を空けておく」機能を持つことができます。

⑦　採用・アルムナイ活動との統合

また、そうした開かれたコーポレート・ユニバーシティは、未来の従業員としての学生や転職活動者に向けたアピールの場にもなります。一部の講座やイベントなどを外部に積極的に開くことで、新卒・中途採用活動に活かせます。実際に、採用への潜在的機能を期待している先進的なコーポレート・ユニバーシティも日本に現れています。

例えば、インターンシップです。ここ10年で大学生向けのインターンシップは大きな広がりを見せ、新卒採用を実施する企業の採用マーケティング施策として外せないものになりました。企画提案型、社内見学型、実務経験型など、インターンシップの内容も多様化していますが、これらもコーポレート・ユニバーシティの機能として統合できます。

もともとインターンシップは学生が職業体験などを通じて社会人の世界を経験する教育的な色合いを強く持っています。インターンシップに協力する社内の従業員やリクルーターなどの選別・募集もこのコーポレート・ユニバーシティを通じて行うことができます。

今の若年層にとって、「組織に囲われる」という感覚は極めてネガティブなものです。しかし、自ら開拓せずとも入社すれば自動的に学びの学校に入学でき、長い職業人生を歩むにあたっての様々な成長機会が広く与えられることは、多くの学生にとって魅力的に映るでしょう。アメリカのような転職率の高い社会でも企業が人材投資を積極的に実施するのは、自社での実務経験とトレーニングが、働く人のキャリアにとってプラスとなるということをアピールしたいからです。

このようなインターンシップや公開授業・イベントは、学生はもちろん、今はまだ転職を考えていない潜在的な転職者とのリレーションを作ることにもなります。優秀な人材が、「参加してみたコーポレート・ユニバーシティの授業が魅力的だった」「主催されていたイベントで知り合った人を通じて見えた会社の様子に惹かれた」という理由で応募してくれるようになれば、しめたものです。そうした意味で、コーポレート・ユニバーシティの運用には、現状の「採用予算」の一部を充《あ》てることも考えられるでしょう。

また、これからのコーポレート・ユニバーシティに付属させるべき機能として、**「コーポレート・アルムナイ・システム」があります**。アルムナイとは英語で「同窓生」などの意味です。この機能では、離職した社員の再入社制度であるカムバック制度だけでなく、離職した人たちと継続的な関係を築くことを模索します。離職者をコミュニティ化し、イベントやメールマガジンなど、企業同窓会としての蓄積の機能を持たせる流れです。そもそも学校教育の言葉である「同窓会」は、ユニバーシティという比喩とも馴染みやすいものです。

辞めたらそれで関係性が途切れるのではなく、離職者にも一部の講座をオープンにし続けたり、イベント参加を可能にすることで、カムバック採用や副業、フェローとしての協働などの可能性が開けます。離職者という人的資本は、「ストック」としての性格を持ちます。アルムナイの施策は、実施する時期が早ければ早いほど、企業はこうした人材からのメリットを長く享受できます。

さて、学びを共同体化させる仕組みとしてのコーポレート・ユニバーシティの構想を示しました。「リスキリング」に限らず、これからの企業の学びの総合施策としてこうした機能を持たせれば、コーポレート・ユニバーシティは個人のキャリア全体を支える**「キャリアの学校」のようなものになっていきます。**ここまで総合的な構想はまだどこにも実現していませんが、それぞれの機能はすでに多くの企業が個別に実践しているものばかり。その意味ではリアリティのある構想だと思います（図表53）。

こうしたコーポレート・ユニバーシティが「学びの共同体」として機能することで、他者を通じた学びの諸機能を十全に引き出すための仕組みとなります。このようなプラットフォームの上で、「真似し合い」「教え合い」「創り合い」「高め合い」が生じるはずです。逆に言えば、残念ながら個別でバラバラに研修を提供するだけでは、そうした他者との相互作用を学びの中に取り入れることには限界があります。社内関係資本の蓄積と社内のネット

図表53　学びのコミュニティ化の仕組み

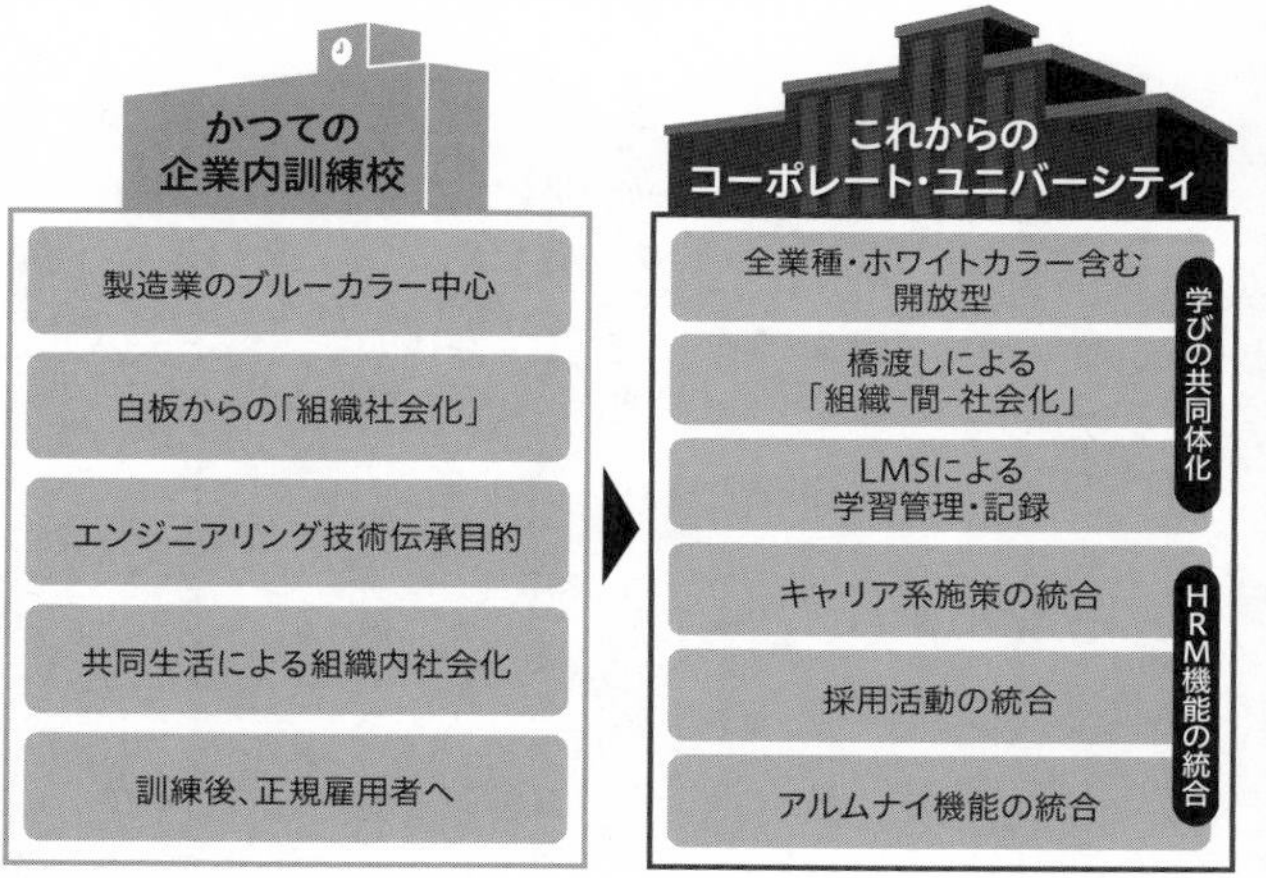

ワークの橋渡しを通じて、リスキリングは「私の学び直し」という次元から、「私たち」のものになっていきます。

　これからのコーポレート・ユニバーシティは、すでに世界最低のレベルで減退してしまっている日本人の「社会開拓力」のなさを前提として、組織として社会関係資本という学びのリソースを「後押し」する仕組みです。かつてであれば飲み会や懇親会、スポーツイベントなどで強制的に蓄積してきた（それと同時に、参加しない人を排除してきた）社内関係資本を、「学び」をきっかけに復活させること。それらを統一的にパッケージ化するメタファーこそが、コーポレート・ユニバーシティの仕組みです。

人的資本の発想に基づいた「個」への増強剤のような施策だけでは、ほとんどの人は継続的に学ぶことはないでしょう。**すでに述べた通り、「ろうそく型」の動機づけよりも、「炭火型」の動機づけこそが、中動態的なキャリアを営む日本人の学びに「火」をつけるには向いていると思います。**

ここ数年、テレワークの爆発的普及をきっかけにして「人が対面で集まる意味」や「人的ネットワークを構築する意味」が様々に問い直されてきました。**そろそろ「問い直し」をやめ、「築き直し」のフェーズに移るべきです。**その時に利用できる最大のフックこそが、「リスキリング」なのです。

---

1 Meister, Jeanne C., 1998, Corporate universities : Lessons in building a world-class work force, McGraw-hill.
2 井原久光〝日本的経営とコーポレートユニバーシティ〟東洋学園大学紀要 12 (2004): 111-125.
3 大嶋淳俊〝日本型「企業内大学」の発展〟国際情報研究 4.1 (2007): 1-12.
4 島内高太、2022、『企業内訓練校の教育システム　連携と共育による中核技能者育成』、晃洋書房

第7章　「学ぶ意思の発芽」の仕組み

内部労働市場のアップデート

ここまで、「行動変化」の仕組み、学校のメタファーを用いた「学びのコミュニティ化」の仕組みを見てきました。さて、三つ目の仕組み化では、ある意味では最大の難関とも言える、**人々の学びへの「意思」を創ることを目指します。**

前章では、「キャリアの学校」というメタファーを利用した仕組みで、コーポレート・ユニバーシティによる学びのプラットフォームの構想を提案しました。この「ハコ」の中でも人とのネットワークに巻き込むことによって、学びの継続的な動機づけの効果は期待できます。しかし、人材マネジメント全体を考えれば、「学び」への意思を調達するには学び「以外の」仕掛けも当然必要です。

自律性や主体性、学びやキャリアへの意思は、組織が待っていれば勝手に表れるものではありません。また、人がもともと持っているものでもありません。個別の意思には「掘り起こし」と「発芽」が必要です。受け皿だけを作って「お好きなようにどうぞ」では、ほとんどの従業員はピクリとも動きません。この「笛吹けど踊らず」状態が日本の学びの現実ですし、リスキリングについての素朴な「工場モデル」の限界はこの課題への無力さにありまし

図表30　変化適応力に影響する要因まとめ

人事施策	変化適応力への影響	特徴
社内のジョブ・ポジションの見える化	○	目標達成志向を上げる
組織目標と個人目標のすりあわせ	○	目標達成志向を上げる
公募型異動	○	全般に＋
異動・転勤の多さ	×	取り残され感・能力経験不安を上げる
シニアへの教育研修	○	全般に＋
雇用の安定性	×	興味の柔軟性を下げる
専門性の尊重	×	現状維持志向を上げる
キャリアについての対話	○	全般に＋

出所：パーソル総合研究所「シニア従業員とその同僚の就労意識に関する定量調査」

た。

　年齢を重ねるごとに下がってしまう〈変化適応力〉についてはすでに議論してきましたが、その〈変化適応力〉には人材マネジメントの様々な要素が関連していました。第３章の表を再掲しておきましょう（図表30）。言い換えれば、この表にあるような要素を持たない人材マネジメントを続けている限り、〈変化適応力〉の低い個人が再生産され続けてしまいます。

　ジョブ・ローテーションを繰り返しながら、明確な目標を持たず、新人時代だけ研修を受け、キャリアについての対話経験を持たない従業員。それはつまり「中動態」的キャリア論で述べたように、個人的な意思がなくても

「そこそこに能動的な」キャリアを歩みながら、いつの間にか〈変化適応力〉を落とし続けるということです。その力が落ち切った時点でいくら学びを活性化させようとしても難しいものです。

このようなキャリアの課題を考える時、人はしばしば、「硬直的な市場をもっと流動化させよ」「厳しすぎる解雇規制を緩くせよ」といった議論に飛びつきます。中高年になったら自動的に外にでるキャリアを考えさせる、「定年40歳制度」などのような提案もしばしば聞かれます。企業の外にある「外部労働市場」を活性化させ、転職を促進することによってキャリアの自律性を獲得させたいという願望です。

そうした流動化によって、人は学ぶようになるでしょうか。いいえ。すでに答えは出ています。流動化推進派の発想は、転職しない安定雇用の大企業正社員のことばかり頭にあるようですが、日本で流動性が高く、転職が多いのはパート・アルバイトといった非正規雇用の領域、そして中小企業で働く人々です。その領域は、日本の中でも最も学びの習慣のない領域と見事に重なっています。

また、お隣の韓国では、実際に50歳手前でメインで働く会社を辞める習慣が根づいていますが、その後に多くの人が低賃金の単純労働で働くことによって高齢層の貧困化が深刻な社会問題になっています。このような現実を見ても、**日本人の学ぶ意思のなさやキャリアへの意思のなさに対して、「外部労働市場の活性化」は解決策にはなりえません。**労働市場の流動化は、学びの習慣が多くの人に根づき、従業員の〈変化適応力〉を下げない人材マネジメントが実現した「後」の話です。

筆者が主張するのはむしろ逆です。こうしたデータと実際の**企業の動きを見ながら出した結論は、日本人のキャリアへの意思の欠如は、企業の中の「内部労働市場のアップデート」を図ることでしか解決しません。**

様々な研究が示すのは、企業の人材マネジメントに構造的な変化を起こさない限り、「学ばない社会人」と「変われない社会人」が再生産される状態は変わらないということです。繰り返しますが、いま一見してキラキラと映る「個」や「私らしさ」礼賛《らいさん》の流れは、決して「個」が強くなったのではなく、「浮き上がって見えている」だけです。その潮流に同時代的に流されて、「自律的な学び」を自己責任原則で進めても、ほとんどの日本人は学びません。「個人」ではなく「企業」の側が、組織内の人員配置・人の流動化のための仕組みをモデルチェンジしなくては、個人の学びへの意思も、変化への効力感も生まれません。

対話型ジョブ・マッチングシステムの構築

では、どのような仕組みによって、人の学びへの意思、キャリアへの意思は創発できるのでしょうか。

結論だけ先に述べれば、**これからの人材マネジメントに必要なのは、従業員との「対話」をベースにした社内のジョブ・マッチングの仕組みです。**これは言うなれば、社内の人材流動性の「質」を変えていくこと。ポイントだけ先にまとめれば、次のようになります。

- **全年代に向けた**「キャリアについての**対話**」**機会を拡充**し、キャリアへの意思を創発する機会を与えること
- **社内公募、社内留職、異動などのマッチング制度を通じ、従業員の意思を社内ポストとマッチングさせていくこと**
- **人材の流動性について、事業部**（現場）の「**個別最適**」よりも、**企業**の「**全体最適**」を優先すること

この対話型ジョブ・マッチングの発想は、「適材適所」「適所適材」的なマッチングの発想と外形こそ似ていますが、中身は全く異なります。

筆者は、「適材」という言葉が含意しているような「個人」の変わらなさを前提とした「マッチング」はもう時代遅れなものだと考えています。そもそも具体的なジョブに紐づいた意思を持たず、予習的な自己学習をしない個人を、職業的な「相性」や性格的「適性」を通じてジョブやポストとマッチングしようとしても、効果はあまり期待できません。そうしたマッチングがうまくいくのは、強い「意思」を持った「個」の輪郭《りんかく》がくっきりとある場合だけでしょう。

むしろ、**今の適材適所的な「マッチング」への過剰期待は、働き手にとって「自分にはこの仕事は合ってない」という退避的な意味での負のマッチングを促しています。**人の長いキャリアの中では、自ら変わらなければならないタイミングや、組織や仕事そのものを変えなくてはならない場面が多く存在します。能力やスキル面における成長や適応はもちろんのこと、もっと単純な仕事の「好き嫌い」のようなレベルまで、他者と組織とともに人は大きく変わりながら、キャリアを歩むことを強《し》いられます。

そんな時に、「自分にはこの仕事は向いていない」「自分にとってはこの業務は難しい」と、早々にキャリアの可能性を自ら閉じていく個人を、筆者はこれまで数え切れないほど見てきました。そうした人たちは、暗黙の内に、「どこかに自分に合う仕事がある」「いつかは自分に適した職につける」といった「マッチング」の幻想にとりつかれています。

ですが、「自分に合っている」という「適職」のようなキャリア観も、「自己分析を通じて合う企業を探す」というマッチング発想も、「成長しない個人」と「変わらない組織」を前提にしている点で時代錯誤な考え方です。筆者は、中原淳教授との共著『働くみんなの必修講義　転職学』（KADOKAWA）においても、このマッチング発想の錯誤について繰り返し主張してきました。人の「個性」や「自己」なるものは、もっと環境依存的ですし、可変的なものです。

必要なのは、そうした退避的なマッチング幻想ではなく、キャリアや仕事に対する前向きな意思です。企業の中でそうした従業員の意思を創発していくためには、既存のキャリア制度と研修の間に、シニアや若年層に限らない**対話型ジョブ・マッチングシステム**を据えて、社内の流動性の質を変えることが必要です。

対話型ジョブ・マッチングシステムとは、世代を問わず、キャリアについての他者との「対話」の機会をベースにおき、社内公募や副業、社内留職のような形で事業部が人材を募

図表54　対話型ジョブ・マッチングシステムの仕組み

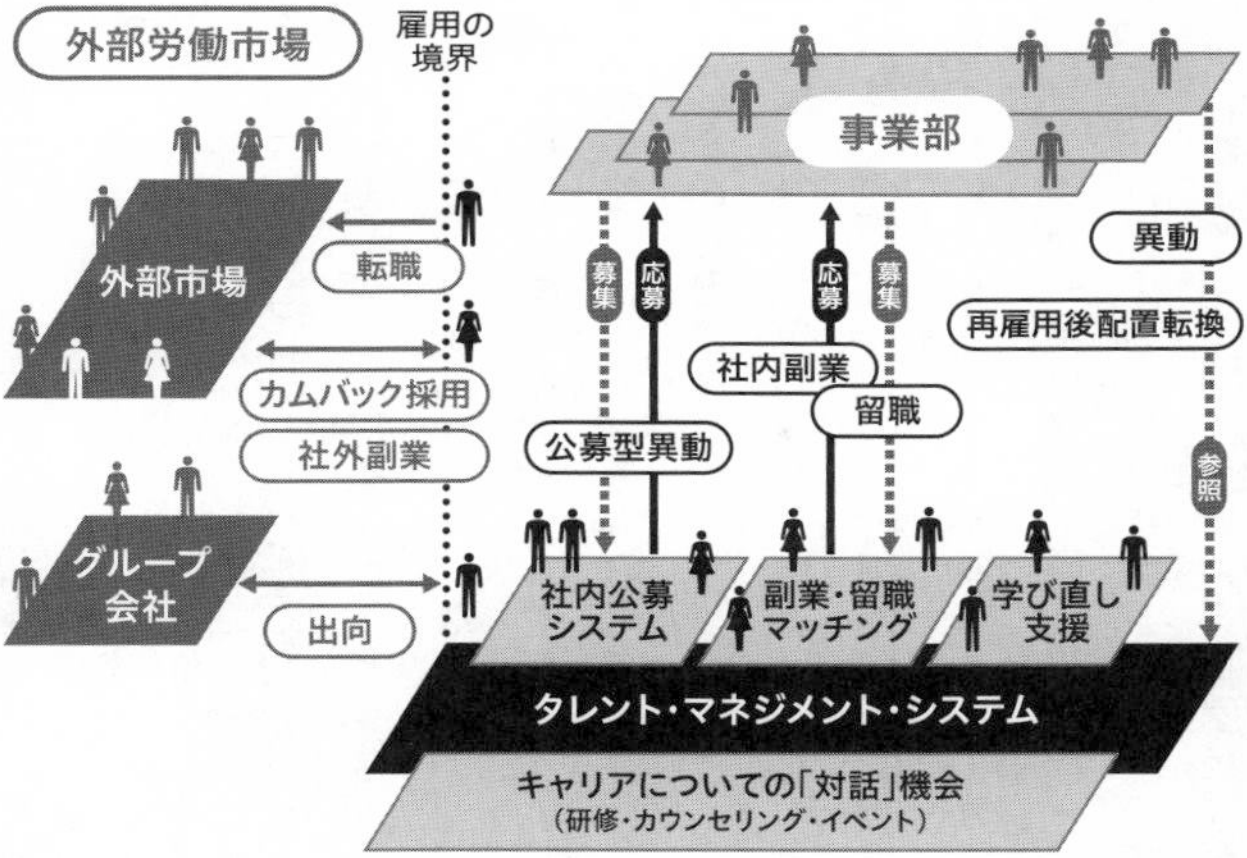

集し、それに個人が手を挙げて流動していく仕組みです（図表54）。ある程度規模の大きい会社であればタレント・マネジメント・システムのようなHRテックで個の学びやキャリアの履歴をトレースし、見える化する必要もあるでしょう。

先ほど再掲した〈変化適応力〉を高める人材マネジメントのデータ（図表30）は、このような姿こそが「どこにいても活躍できる」という自己効力感を生んでいることを示しています。学びへの意思も自律的なキャリア意識も、こうした「仕組み」に支えられることによってようやく組織的レベルで調達できます。

〈変化適応力〉が高い状態を維持できれば、

スキルアップデートの面でもキャリアへの効力感の面でも、「外に出れる＝転職できる」力を持った従業員が増えることになります。そうすれば社外での副業や、離職後のカムバック採用など、外部労働市場と内部労働市場の境界を柔軟にするような施策の効果が高まります。「外部労働市場の活性化」はこの順番でこそ可能ですし、内部労働市場の変革なくして外部労働市場に期待するのは企業が行うべき変化を棚上げし、市場という外部のせいにする「他責化」のロジックでしかありません。

この社内のジョブ・マッチングシステムを構成する各部分は、**個別制度としてはたくさんの企業がすでに行っているものも多く存在します。問題は、ほとんどの企業でそれが全く機能していないことです。**

例えば、社内公募の仕組み自体は多くの企業で整備されていますが、ふたを開けてみれば応募が極めて少ない。手挙げ制の横断的チームを募ってみても、誰も手を挙げてくれない。選択型の研修には「いつものメンツ」しか集まらず、早期退職募集をかけたら「辞めてほしくない人」ばかりが手を挙げる……。いくらきれいごとで固めた「制度」を取り入れたとて、現場は「笛吹けど踊らず」のオンパレードです。選択的「意思」を必要とする制度や施策の多くが、うまくいっていません。制度だけが先行して従業員がついてこない「人事改革」が横行します。なぜでしょうか。

繰り返し述べている通り、日本のビジネスパーソンは「意思」がなくても、中途半端に能動的で主体的であることができます。それは「受動的キャリア」と「能動的キャリア」の単純な二元論では扱い切れない「空隙」こそを、日本人のキャリアが歩んでいることを意味します。

それにもかかわらず、企業は、個の「自発的意思」を前提とした仕掛けを多く実施してしまいます。こうした「空隙」の中において意思の創発機会を欠如させているのですから、従業員の「能動性」や「主体性」を所与の前提としたキャリア上の仕掛けは、当然ながら多くが失敗するのです。公募制や異動希望アンケートの失敗の要因は、**「能動性への過剰期待」**にあります。

「誰と」「どのように」相談するか

先ほど〈変化適応力〉の分析結果（図表30）を再掲しましたが、〈変化適応力〉が高い従業員は、他者とのキャリアについての対話の経験が豊かであることが特徴でした。**自分の仕事やキャリアについて他の誰かに自己開示し、相談する経験を持つ人ほど〈変化適応力〉が高**

図表55　「誰」との相談が変化適応力に影響するか

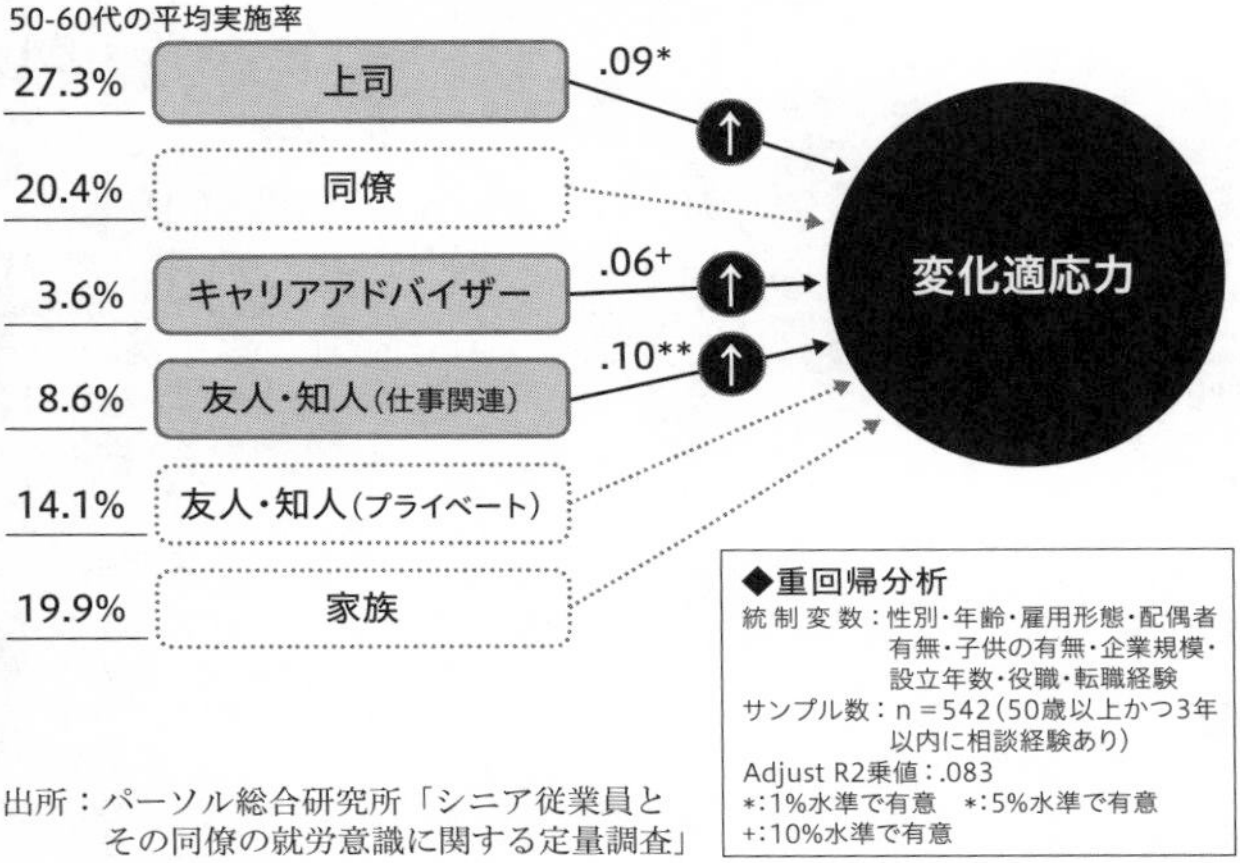

出所：パーソル総合研究所「シニア従業員とその同僚の就労意識に関する定量調査」

いということです。〈変化適応力〉だけでなく、主体的にキャリアを築いていこうとするキャリア自律の度合いも、キャリア・カウンセリングを受けた経験と正の相関があることがわかっています。

この「対話」がもたらす効果については、補足説明が必要でしょう。より詳細に分析すると、「誰と話すのか」「どのように相談するのか」次第でも、効果が異なることがわかっています。

「誰と」については具体的には、**「上司」や「仕事の知人」「キャリアアドバイザー」**との相談経験が、〈変化適応力〉を高めていました（図表55）。キャリアについて悩んだ時、周りの同僚、家族や親しい友人にまず相談をす

図表56　「どんな」相談が変化適応力に影響するか

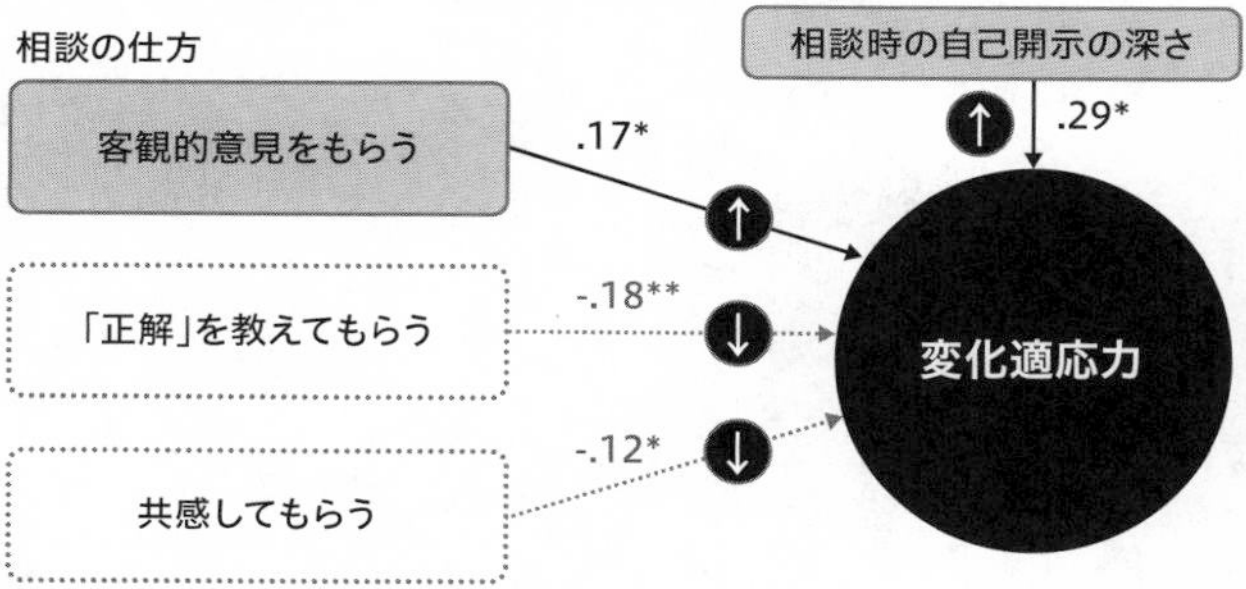

◆重回帰分析
統制変数：性別・年齢・雇用形態・配偶者有無・子供の有無・企業規模・設立年数・役職・転職経験
サンプル数：n＝542（50歳以上かつ3年以内に相談経験あり）
Adjust R2乗値：.128　*：1%水準で有意　*：5%水準で有意

出所：パーソル総合研究所「シニア従業員とその同僚の就労意識に関する定量調査」

る人も多いものです。しかし、そうした慣れ親しんだ「内輪」の相手との対話・相談経験は、その人の〈変化適応力〉と関連していませんでした。

さらに、「どのように」という点でも興味深い結果が得られました。相談の仕方として、「客観的意見をもらう」タイプの相談をしている人は〈変化適応力〉にプラスの影響が見られる一方で、相手から「共感」や「正解」を得てしまう相談をしていると、〈変化適応力〉にマイナスの影響が見られました。また、相談時にどれだけ自身の思いや詳細な情報を伝えるかという自己開示の度合いが深いことも、〈変化適応力〉にプラスの影響が見られました（図表56）。

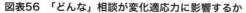

対話的なコミュニケーションが持つ効果についての詳細な研究知見は、これからも継続的に検証されるべきですが、これだけでも大変興味深いものです。結果から見えることをまとめていきましょう。

私たちは高齢になるほど、男性も女性も、自分のキャリアについて人に話す機会そのものを失っていきます。若いころは考えることがあっても、徐々に対話と思考の機会を作ろうとしなくなりますし、企業側もそんな場をほとんど用意しないのが現状です。「対話の欠如」こそがまず、人の〈変化適応力〉を下げる方向に作用します。

しかも、さらに詳細な分析からわかったのは、**「共感」**や**「正解」をもらうような態度は〈変化適応力〉をむしろ下げるということです。**居酒屋でいくら同僚相手に愚痴っていても、信頼できる家族や友人が「わかる、わかる」「そうだよね、大変だよな」と仕事の苦労話を聞いてくれても、変化に対する前向きな自己効力感にはつながりにくいのです。もちろんそうした安心感は一般的にストレスや緊張の緩和にはなりますが、「今のままでいい」という現状維持につながり、むしろ変化への消極性を育ててしまいそうだと言えます。

そして、**〈変化適応力〉にプラスの影響を与えていた対話のもう一つのポイントは、「自己開示」が深いレベルで行われていることです。**自己開示とは、自分の弱みや目標などを赤裸々に他者に開陳することです。簡単に言えば「腹を割る」こと。これも、キャリア後半の中高年になるほどできなくなります。加齢に伴い、人は自分のキャリアについての腹を割った会話をしなくなり、誰かに弱みを見せなくなることが、私たちの調査データ上でもわかっています。自分のホンネや腹を割った会話を仕事上で頑《かたく》なにしようとせず、会議でむっつりと黙っているような中高年の姿は誰しも思い浮かぶことでしょう。

「対話」という「創発」的行為

さて、キャリアに関する対話経験の効果を確かめてきました。これらはもちろんごく一部の分析結果ではありますが、**「人と腹を割った対話をする」という相互作用が持つ、創発的で前向きな効果を示しています**。**なぜこんなことが起こるのでしょうか。**

私たちはすでに、他者との学びの「高め合い」の作用について議論しました。一般的に、動機は「自分の心の中にあるもの」として捉えられています。だからこそ**「内発的な動機づけ」によって**心に火をつける、「ろうそく型」のイメージを持たれています。しかし、「目標伝染」や「威光模倣」といった知見を紹介した通り、動機づけにおいて他者の存在は大きな役割を果たします。「ロールモデル」や「ライバル」といった単体の他者へのあこがれや競争心もその一つですし、「みんなが学んでいる」という状況に置かれることでも刺激や焦燥感が生まれ、そうした中で学びの習慣化が育まれます。

普段、私たちの多くは、他者とのコミュニケーションを「思いや情報の伝達プロセス」だと考えています。思いを伝える、意図を伝える、受け手が知らない情報を伝えることこそがコミュニケーションの中心だという認識です。とりわけ、ビジネスの現場はそうしたコミュニケーションが圧倒的に多い場でもあります。

ですが、これまでコミュニケーションに関して社会科学が明らかにしてきたのは、**対話には、コミュニケーションに参加している人々の相互作用を通じてなんらかの「新しさ」や「違い」を生み出す、創発的な作用がある**ということです。この意味で、対話は、一言で言うならば「創る」コミュニケーションです。

いくら「対話が大事」と言われても、「伝達」によるコミュニケーションのイメージしか持たない人は、Aさんの持つ1の情報と、Bさんの持つ1の情報を足し合わせて、「2」の情報共有がなされることをコミュニケーションだと考えがちです。これはただの意識と情報共有であって、創発的な対話には届いていません。「対話」的なコミュニケーションとは、AさんとBさんの間に、単純な情報の足し算としての「2」の効果だけでなく、新たに

「3」「4」「5」という認識や認知的効果を生み出すものです。

また、こうした創発的な効果は、動機づけだけに限定されるものではありません。例えば、**ヘルス・コミュニケーションの分野の研究では、患者・医師間の対話型のコミュニケーションに、患者の治癒につながる実質的な「効果」があること**を明らかにしつつあります。患者の話をよく聞き、理解を示す対話的なコミュニケーションの経験からは、従来の専門的な「医療行為」と同等かそれ以上の効果が得られるそうです。

ニューヨーク大学医学部教授であるダニエル・オーフリは、『患者の話は医師にどう聞こえるのか』（みすず書房）において、次のような多様な例を挙げています。

糖尿病で医師にかかる時、担当医師が患者のコミュニケーションへの共感性が低い場合には、通院後の症状が良好な患者の割合が40％、コレステロール値の良好な患者の割合が44％でした。一方で、コミュニケーションにおける共感性が高い医師に担当された患者の場合は、良好者の割合が56％、コレステロール良好な割合が59％と大きな差が見られました。[1]

より日常的な風邪の症状でも、共感とコミュニケーション能力の低い医師に診《み》てもらった患者は回復まで7日かかっていたのに対して、高い医師の患者では回復まで5・9日だったことが報告されていますし、[2]ビジネスパーソンも多くが苦しむ腰痛は、電気治療のみで45％

減少したのに対して、理学療法士が積極的にコミュニケーションし、傾聴を行った場合にはそれだけでも55％の減少が見られたそうです。[3] 対話的なコミュニケーションが、電気刺激による腰痛緩和効果を超えてしまったのです。

コミュニケーションの「聞き手」は、情報を受け取るだけの存在ではありません。**「聞き手」は、対話における共同の語り手（Co-Narrator）です。** あいづちや問いかけ、助け舟や推測など、様々な反応が聞き手から返ってくることによって、対話は即興的かつ共創的な性格を持ちます。相手の話を聞きながら憮然《ぶぜん》とした表情で黙り込んでいることすらも、「反応」として話し手に大きな影響を与えます。J・B・バベラスらが行った社会心理学の実験では、聞き手があえて反応を薄くすると、話し手は話の結末をうまく話せなくなることが確かめられています。[4]

とりわけ日本語は、会話における「あいづち」や「うなずき」が英語の約3倍多い言語だとも言われています。話し手と聞き手が一体となって談話を進行させる傾向が強い、「共話」的性格を強く有す言語を使う私たちにとって、こうした相互作用は実感しやすいところでしょう。[5]

こうした即興的な相互作用によって、人との対話は「言うつもりがなかったこと」「考え

図表57　対話の即興性と共創性

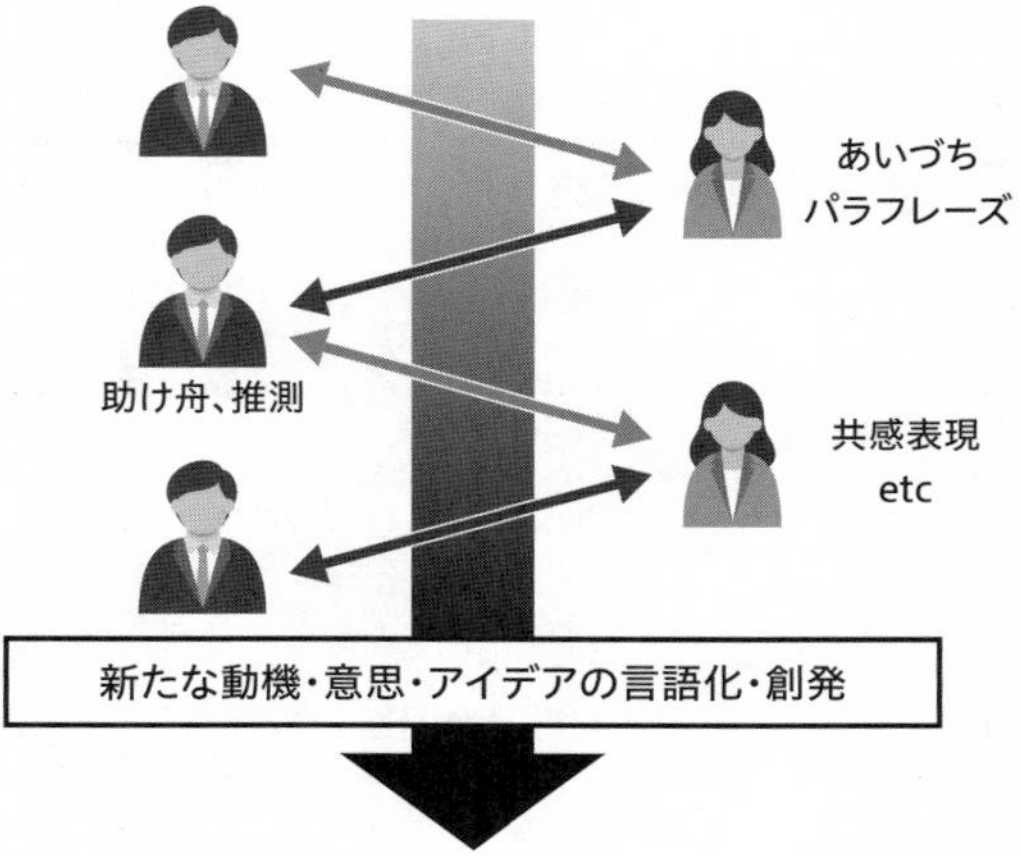

てもみなかったこと」や「自分でも初めて言葉にして気づけたこと」を生み出していきます。筆者の経験からいっても、「自己分析」や「内省」といった「じっと手を見る」タイプの振り返りを自分の中だけで行っても、それだけで学びやキャリアへの「意思」を見つけられる人は少数です。

それらの振り返りをもとに、他者との対話という相互作用を通じることで、思ってもみなかったところから、光明が差すようになんらかの「意思」や「思い」が創発されます（図表57）。

この「創発」こそが、「独白（モノローグ）」と「対話（ダイアローグ）」の決定的な差です。

筆者自身も、リサーチや研究について、他者との対話を通じてアイデアや突破口を見つけてきましたし、仕事への意欲もほとんどがクライアントや読者、共同研究者といった他者からもたらされてきました。もし「一人きり」で研究すれば、だせた成果は半分以下になっていたでしょう。

「意思の創発の仕掛け」のベースに「対話」を置くべき理由は、どうやって「初動」の意思を発生させるのかに対する答えを、対話が持つ創発性がもたらしてくれるからに他なりません。

とりわけ、キャリアに対する〈変化適応力〉、それを促進する「大事にできる目標（目標達成志向）」「新しいチャレンジへの気持ち（挑戦への意欲）」「幅広い興味（興味の柔軟性）」などを刺激するには、相互作用の中でもただの共感や答えの差し出しではなく、客観的な別角度からの問いかけが必要なようです。それらが、「炭火型」の動機づけを生み出す相互作用としての他者との関わりの中身です。

「キャリア自律せよ」「時代に置いていかれるな」というお説教も、「あなたはここに転職するべきだ」「この資格を取るべきだ」と相手への正解を差し出してしまうコミュニケーションも、そこから生まれるのは「受動性」でしかありません。話し手本人が「0」から「1」を生み出せるような、創発的効果を誘引する仕掛けこそが「対話」です。

特にキャリアという曖昧なものについての対話は、意思決定のための「議論」ではありません。その対話の中で転職が決まるようなものでも、運命が動くようなものでもありません。言ってしまえば、行われているのは「あぁでもない、こうでもない」を繰り返す、**「抽象的な水掛け論」**です。しかし、その水掛け論は話す前と後での「違い」を生み出す水掛け論なのです。コミュニケーションのことを「伝達」の機能だと頑なに思っている人は、水掛け論の持つ創発的な効果を実感することはありません。

対話的コミュニケーションの作り方

今、従業員のキャリアについて真剣に考えている先進的な企業から、ビジネスにおける「対話」の効果は少しずつ重要視され始めています。リーダーシップの領域では、カリスマ型の皆を引っ張る強力なリーダーシップから、対話し傾聴できるリーダーシップへと求められるスタイルが変わってきましたし、「対話型組織開発」という組織開発の手法も少しずつ広がってきました。また、２００１年には、雇用対策法と職業能力開発促進法が改正され、キャリアコンサルタントの国家資格化、キャリアコンサルタント育成などを通じて、働く人々がキャリア相談に触れられる機会は徐々に広がっています。

しかし、ほとんどの企業では、こうした創発的な対話への仕掛けが十分に行われているかというと、全く心もとないものです。社内外のキャリア・カウンセリングやメンタリング機会の確保、上司との1対1の対話の機会すらも圧倒的に不足しています。対話の重要性への理解も、そこへリソースを配分するという発想も持たない経営者も根強く存在します。

日本の労働市場に「キャリア」という言葉がアメリカから本格的に輸入されたのは1990年代後半です。2000年ころには、キャリアという概念とキャリア・コンサルティング（キャリア相談）の重要性も叫ばれ始めていました。その流れの中で近年、大手企業を中心にキャリア相談室やキャリア開発室などのキャリア関連組織の設置が進み、担当組織や担当者を配置する企業は25％を超えてきました。しかし、実際の「対話」に貢献するコンサルティング担当者の配置となると6～10％に過ぎず、ここ20年間でほとんど伸びが見られません（図表58）。

1on1という定期的な上司との相談機会を設ける企業は増えてきましたが、その中身を見てみれば、多くが業務の進捗確認や、業績達成のために部下を「詰める場」になってしまっています。部下の中長期的なキャリアについてきちんと育成を考え、部下と話せている上司は少数派です。それ以上の会社内の「対話」機能の充実に、多くの日本企業は二の足を

図表58　企業のキャリア開発関連施策

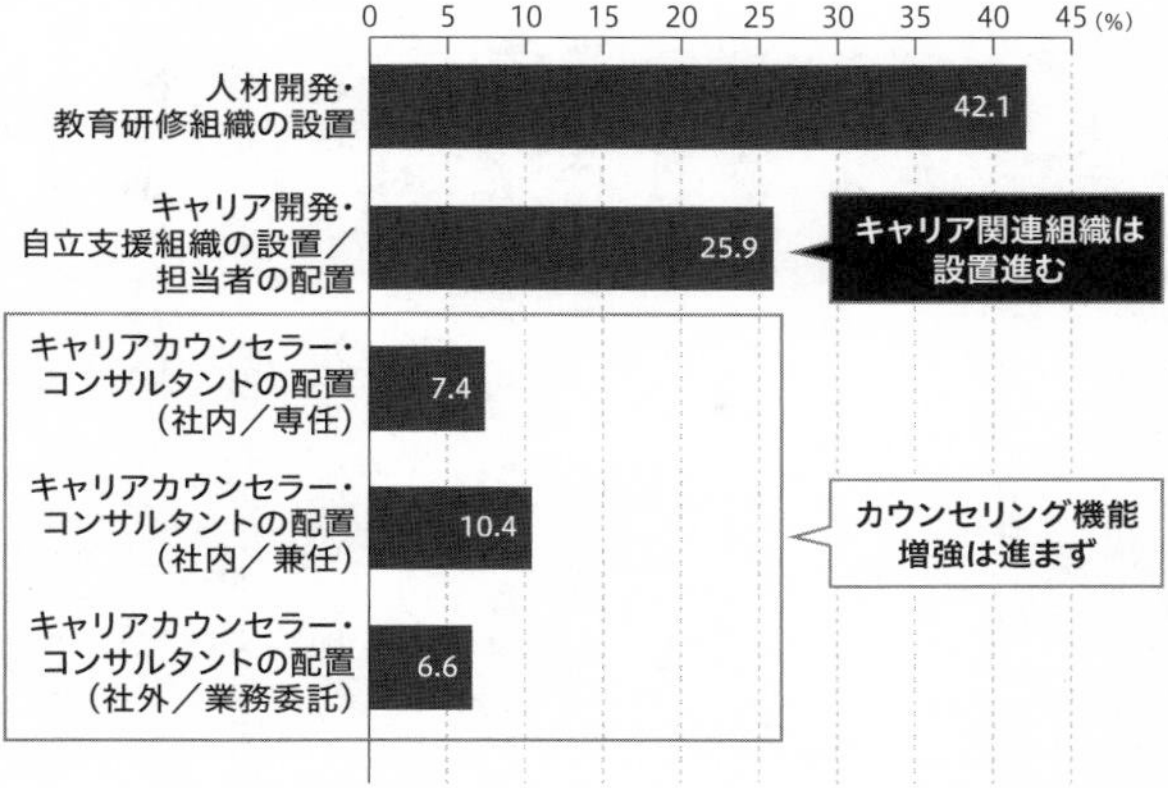

出所：パーソル総合研究所「企業のシニア人材マネジメントに関する実態調査」

踏み続けています。

ただ、対話的なコミュニケーションの機会は、アイデア次第ではいくらでも作れます。例えば、コーポレート・ユニバーシティの部分でも触れたように、ピア・カウンセリングのようなキャリア・トークイベントは、さほど予算が必要なものでもありません。

全体のファシリテーターを一人置き、各メンバーが４人程度のテーブルに分かれ、キャリアシートなどを手元に用意しながら、いくつかのテーマで問いかけを行い、自由に話していきます。筆者も個人的に参加したことがありますが、同じ社内にいてもどんな仕事をしているか知らない他職種の人たちと、キャリアや目標について話し、客観的な声をもらうのは、貴重な経験でした。

「自分の仕事は人からこう思われているのか」「こういう発想は自組織では出てこなかった」といった外部からの刺激を受けながら、自分の思いや経歴を語ることによって、先ほどの「共創的」な効果を直接的に実感できます。また、そうしたイベント後にも、懇親や振り返りの会などのように集まる機会を提供すれば、そこでも社内関係資本は蓄積されます。組織の外で1on1やキャリア・カウンセリングを行う対話の外部サービスも続々と生まれていますし、元管理職を企業横断的なメンターとして社内に配置する企業も出てきています。上司には話しにくいことも、他組織の人であればかえって自己開示できることもよくあります。

すでに上司と部下の1on1を実施している企業は、その場をより有効に活用するために、月に1回を「キャリア1on1」といった特別テーマでの1on1にすることもできるでしょうし、上司へのコミュニケーション研修・トレーニングも行われるべきでしょう。また、通常1対1で行われる1on1を、1on2、2on2といった複数での対話の場にすることによって、「いつもの上司との対話」以上の場にすることもすでに一部で実践されています。

企業の中で極めて貴重なものになってしまっている「対話」型のコミュニケーションを広

げるために十分なリソースを割くことはもちろん必要ですが、「お金がない」「時間がない」場合でも、このような柔軟な工夫を凝らせばいくらでも対話機会は増やせます。

逆に言えば、社会開拓力とそもそものキャリアへの課題感のない「中動態」的な日本の従業員は、自発的にそうした場に足を運ぶことはほとんどありません。キャリア・カウンセリングの機会も、現在程度のリソース配分では、現場に問題が起こった時や会社を辞めたい人の「駆け込み寺」程度の意味しか持たない企業ばかりです。

やはり、企業がここに挙げたような対話のためのアイデアや工夫を少しずつでも実践し、マッチングシステム全体の潤滑油とすることが、対話型ジョブ・マッチングの仕組みを機能させるために必須の作業となります。

仕組みのためのグランドデザインを描く

このような「対話」をベースにしたジョブ・マッチングシステムが、変わり続けられる個人を創り、組織を創ります。逆に言えば、**こうしたシステムへと変化させず、旧態依然とした人材マネジメントを続けている限り、「変われない個人」は組織の中で再生産され続けます。**

対話を節約し、ジョブ・ローテーションによって都合の良い配置転換が可能で、それに対して文句を言ってこない「中動態」的な従業員。このことの組織運営上のメリットは計り知れません。人が辞めるたびに社内外の採用・選抜を行わなければならない海外の企業から見れば、うらやましい限りでしょう。ただ、その旧態依然とした人材マネジメントの副作用があまりにも大きくなっているのが現在です。

今、厚労省のモデル就業規則の改定に伴った「副業解禁」や、ジョブ型人事制度導入に伴う「公募制度」「社内留職」などが矢継ぎ早に流行しています。しかし、こうした従業員の意思によるジョブ・マッチングは、多くの場合で事業部の経済合理性に反します。ビジネスを直接担う事業部サイドの身になれば、優秀な人に出ていってほしくはないし、優秀でないメンバーに来てほしいわけでもありません。成果を追いかける現場にとって、頼れる人材確保はいつでも死活問題です。メンバーを抱え込む、公募案件を出さないといったことはどこの企業でも起きています。

そうした事業部ごとの個別最適化を繰り返しても、個人のキャリアは社内で閉じ切ってしまいます。いかに人を動かし、内部労働市場を変えるかという視点は、やはり経営や人事といった「全体最適」を検討する部門の役割です。

各事業部の協力を引き出すためにも、企業には**「キャリア育成についてのグランドデザイン」が必要なのです。**「なんのためにこの仕組みが必要なのか」という青写真が現場のリーダーたちにきちんと示される必要があります。副業解禁や社内公募、対話の機会の増強を、現場から「なんのために行うのか？」と問われた時に、「従業員の変化適応力を下げないためだ」「変わり続ける個人を増やすためだ」「リスキリング促進のためだ」と明確に返事をする必要があります。「対話型ジョブ・マッチング」という筆者による拙《つたな》いネーミングや一枚の図表はそのためにありますし、すでにいくつかの企業で実践として使ってもらっています。

---

1 Hojat, M. et al., "Physicians' empathy and clinical outcomes for diabetic patients." *Academic Medicine* 86.3 (2011): 359-364.

2 Rakel, D. et al., "Perception of empathy in the therapeutic encounter: Effects on the common cold." *Patient education and counseling* 85.3 (2011): 390-397.

3 Fuentes, J. et al., "Enhanced therapeutic alliance modulates pain intensity and muscle pain sensitivity in patients with chronic low back pain: An experimental controlled study." *Physical therapy* 94.4 (2014) 477-489.

4 Bavelas, J. B. et al., "Listeners as co-narrators." *Journal of personality and social psychology* 79.6 (2000): 941-952.

5
喜多壮太郎〝あいづちとうなずきからみた日本人の対面コミュニケーション〟日本語学 15.1 (1996): 58-66.
水谷信子〝「共話」から「対話」へ」〟日本語学 12.4 (1993): 4-10.
黒崎良昭〝日本語のコミュニケーション―「共話」について〟園田学園女子大学論文集 30.1(1995): 45-60.

終　章　これからの企業における「学び」の方向性

ここまでのまとめ

さて、本書ではリスキリングに必要な「仕組み」を三つにまとめて提示しました。改めて振り返れば、一つ目に、〈変化抑制意識〉を防止するための「行動変化」の仕組みとして目標管理制度の適正化や挑戦共有の仕掛けを提議しました。また二つ目に、社会関係資本を厚くするための「学びのコミュニティ化」の仕組みとして、これからのコーポレート・ユニバーシティの実践共同体の構想を紹介しました。そして三つ目に、従業員に〈変化適応力〉という心理的資本を蓄積するための「意思の創発」の仕組みとして、内部労働市場の流動性の質を変える、対話型ジョブ・マッチングの仕組みを論じてきました（図表47）。

こうした仕組みのそれぞれは、個別制度と仕掛けの組み合わせとして実現します。すべての仕組みを検討することは難しい企業でも、「リスキリング」を単なる「教育・研修投資予算の増額」に矮小化させないためには、いずれかの仕組みを検討するべきだと筆者は考えています。今の「工場モデル」発想のリスキリングでは、いくら研修予算を増額したところで、日本の「学ばなさ」と「変わらなさ」という根本的な問題は解決できそうにないからです。

一方で、会社の仕組みや人事制度は、急に１８０度方針を変えることはできない惰性的な

図表47　リスキリングのための変化創出モデル

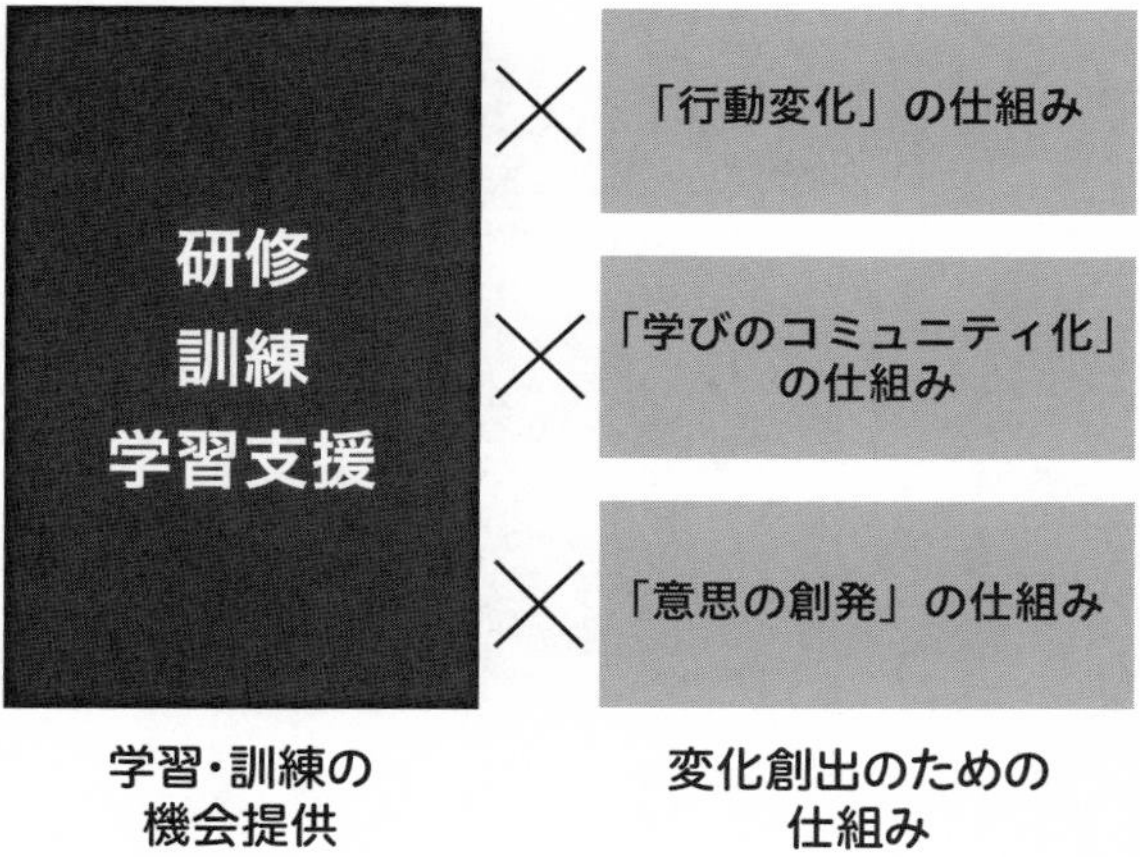

性格を持ちますし、過去の歴史や記憶、人材によって個別の文脈依存性を持っています。

ここまで提言してきた「仕組みづくり」をそのまま行うのはハードルが高い企業や、すでに部分部分は取り組んでいる企業もあるでしょう。そこで、これまでの議論で見えてきた実践上のポイントも含めて、「これからのリスキリング」に向けた提言をスローガン化しておきましょう。

これからの学びの三つのスローガン

①「復習主義」から「予習主義」へ

これまでの日本のビジネスパーソンの学びは、ＯＪＴ、職場における経験学習に偏っていました。それは、配属された後に現場で先輩や上司から「過去のやり方」を学ぶ「**復習主義**」です。学生時代にたとえるならば、一度テストを受けてから自分のつまずいたポイントを探り、過去問を解きながら学ぶようなものです。

しかし、こうした復習主義で学べる内容は、当然ながら組織の「過去のやり方」です。先輩やメンターを通じて、過去の延長線上の学びを、世代を超えて引き継ぐ「継承」型の学びに他なりません。こういった学びの習慣は、突然の変化によってはしごを外されます。センター試験が廃止され大学入学共通テストが始まった時、過去問集が意味をなくすように、です。

ビジネス環境の早い変化についていく組織と個人であるためには、こうした「復習主義」では間に合いません。新しいスキルや方法をこそ求めるのであれば、「**予習主義**」がリスキリングの中心であるべきでしょう。その上で、学びはやはり「キャリアへの意思」と紐づいている必要があります。この点において、日本企業に最も不足しているのは、キャリアへの意思を創発させる仕組みです。

② 学ぶことではなく、「学ばないこと」を「選択」にする

リスキリングを促す方法論を様々に模索してきましたが、それでも会社の従業員全員が積極的に学ぶようなことは難しいでしょう。しかし、現状の問題は、「中動態」的キャリア論で述べた通り、「学ばない」ことが選択的な意思にもなっていないことです。「なんとなく」「空気のように」学ばないことが当たり前になっています。

これからのリスキリングを含めた企業の学び支援のスローガンは、**「学ばないことを〈選択〉にする」ことです。**全員が学び続けることはなくても、「学ばない」ことにすら意思のない状態を変える必要があるでしょう。

ここでの大きなハードルは、平等主義的な遅い自然選抜の慣習です。日本の低調な人材投資は、さらに社内の「新人」に偏り続けています。その後、30代後半ごろになってようやく管理職・準管理職のポジションへの登用が始まります。そのころにはすでに新人ではない従業員たちには、「自主的に学ばない」習慣がしっかり根づいてしまっていることも多くあります。

「学ばないのであれば、この組織での昇進・昇格は難しくなる」という感覚を、自らの選択として引き受けること。そうした条件を整えることこそが、自律的なキャリア形成のサポー

トです。欧米先進国においても、「家庭の時間のほうが大切」だとして、積極的に学ばない人はたくさんいます。それは「仕事やキャリアよりも、家庭こそが人生」というある種の「選択」を引き受けている点で、否定されるべきことではありません。生活に困らないくらいの処遇が長期的に確保されるのであれば、特に社会的に問題でもないでしょう（それが難しくなることはありそうですが）。

しかし、日本の「なんとなく、みんなが学ばない」という状況はこうした「引き受け」がなされていない状態です。しかも、従業員の公平性を担保しようとする平等主義的な人事や経営は、そうした「なんとなく学ばない」層もまとめて幹部層候補として昇進機会を与えます。これからは、学びのネットワークに従業員を巻き込み、「学んでいる人と学んでいない人」が自然に可視化される状況をいかに作っていくかが経営マネジメント側の腕の見せ所です。個人にとっても、「学ばない自分は、出世しなくて当たり前」と健全にキャリアアップをあきらめるのは、悪いことではありません。リスキリングによって「学ぶ機会を広く与える」ことと、「学ばないということを選択的にする」ことは、同時に推進されるべきです。

③「わたしの学び」から「学びのわたしたち化」へ

人材マネジメントとは、シミュレーションゲームのようにキャラクターを「強化」して戦場に「配置」するという機械的なものではありません。人と人が相互に影響し合い、多くの要素が絡み合いながら進む有機的な営みです。

残念なことに、日本人はすでに社会関係資本が極めて低いにもかかわらず、他者への信頼という社会を開拓する力が弱まっています。しかも多くの個人はそのことに対して危機感も自意識も持っていません。この問題について企業ができることは、「橋渡し」と「仲間づくり」のための人間関係の「ハコ」＝自発性を必要としないネットワーク構築機会の提供です。学びの仲間づくりは、「支援」レベルではなく、企業・人事側が「主導」すべき事柄です。

社内外の社会関係資本が心理的資本を作り、人的資本を強化していく。学びをフックにして、社内の「一次の橋渡し」を再構築し、社外との「二次の橋渡し」を創出することが求められます。社内関係資本と社会ネットワークを広げ、社内外の社会関係資本を蓄積することで、リスキリングを促進するソーシャル・ラーニングやラーニング・ブリッジングの発生が期待できます。「大人の学び」をフックとして日本人が社会関係資本のリソースを確保し、より豊かな心理的資本を有して生きていく。そのための仕組みとして大きく取り上げたのが、企業を「キャリアの学校化」するコーポレート・ユニバーシティの進化でした。

また、こうした社会関係資本の「橋渡し」については、ターゲットとなる年代別に施策を分けることも考えられます。**若い世代の社会関係資本創出のためには、「社内での出会い創出」系の施策、つまり組織内部のネットワークへの組み込みが重要でしょう。**今の会社の中で仲間を作るとともに、視野を広げ、視点を高くすることが必要です。

昨今、安定雇用傾向の強い大企業の間でも、若手の早期離職が問題になっています。近年のように賃金カーブがフラット化すれば、長期就業のインセンティブは下がりますので、若手にとってはある意味で合理的な行動です。しかし、ただ単に目の前の仕事に飽きてしまい、それ以上仕事の視野を広げる機会がないままに早々と転職してしまう例も後を絶ちません。「社内でももっとできることがある」「社内でももっと信頼できる仲間が作れる」といった視野拡大の機会を与えられていない会社がたくさんあります。その意味で、社内の「一次の橋渡し」は若年層にこそ行われるべきだと筆者は考えています。

例えば新規事業公募・提案プロジェクト、本業とは異なる部署に一部の時間を割く社内兼務制度、経営陣のかばん持ちなどのサポート業務、リバース・メンタリング（若手から役員へと行う通常とは逆のメンタリング）、部門横断系のプロジェクトへの参加などなど、「いま目の前にいる仕事仲間」以上のネットワークへと橋渡しできる施策は無数にあります。

もちろん若い層にとっても「社外」へのネットワークへのつながりは重要ですが、例えば学友などとの縁が切れておらず社外ネットワークへのアクセスが比較的保たれているようであれば、「社内」を充実させることに重きを置いたほうが適切な場合が多いでしょう。

その一方で、ミドル・シニアの社会関係資本のためには、「社外とつながる」系の施策を充実させるほうがよいでしょう。社外にネットワークを広げる「二次の橋渡し」です。社内に人間関係が閉じてしまいがちなミドル・シニアには、組織外の人脈・ネットワークづくりにつながる越境的な体験の支援が有効です。外のネットワークとの出会いは、リスキリングのために重要な他者との触れ合いと対話の宝庫ですし、アンラーニングを促進する「限界認知」の一つの機会提供にもなります。

例えば、ＮＰＯ支援・研修、大学院での学びサポートや補助金制度、社外での副業解禁、他社との相互出向などの施策群が、こうした「越境的」な二次的橋渡しを狙うものです。このような「外に開いていく」タイプの人事施策を、ミドル・シニアのリスキリングのために戦略的に推進することはより多くの企業で検討されるべきです（図表59）。

また、忘れてはならないのは、「新人」に向けた橋渡しの施策です。他人への信頼度が低

図表59　年代別の施策使い分け例

若年層
▼
"社内"関係資本

「一次の橋渡し」系の施策
組織内ネットワークへの組み込み

- 新規事業公募・提案プロジェクト
- 社内兼務制度
- 経営陣サポート業務
- 部門横断プロジェクトへの指名参加
- オープン・オンボーディング（新人）

など

ミドル・シニア
▼
"社外"関係資本

「二次の橋渡し」系の施策
組織外の人脈・ネットワークづくりにつながる越境支援

- NPO支援・研修
- 大学院での学びサポート
- 外部カウンセリング
- 社外副業解禁
- 他社との相互出向

など

い日本人は、関係性のないところに飛び込んでいって社会関係資本を創出することがなかなかできません。その結果、特にテレワークが広がっている会社において、いつまで経っても社内で知り合いが増えない新入社員や中途社員が続出しています。重要なのは、オンボーディングのあり方です。

オンボーディングとは、新入社員や中途採用者、異動者などの職場の新人を、うまく馴染ませスムーズに仕事ができるようにする支援のことです。通常、職場へのオンボーディングというと、歓迎会を開催する、教育係をつけるなど、「組織内」のネットワークにおけるサポートを充実させるのが一般的です。

その時、業務に直接関係する人たちとの

ネットワークは遅かれ早かれ構築されるものですが、問題は「組織外」のネットワークです。他部署やグループ会社、社外の人とのつながりは、放置していてもなかなか構築されません。

筆者は、先にも取り上げた中原淳教授との共著『働くみんなの必修講義　転職学』において、**「オープン・オンボーディング」**という考え方を提唱しました。オープン・オンボーディングとは、組織の外へ外へ、より「オープン」な形で、新人を紹介したり集まる機会を戦略的に作るオンボーディング施策です。他部署との交流機会、中途同期のコミュニティ支援、キープレイヤーへの紹介、懇親会などのネットワーク支援が中心となります。

このオープン・オンボーディングは、年代にかかわらず、その組織の新人であれば必要な施策です。こうしたことを「現場任せ」にしていても、現場は「クローズド」なネットワーク構築に偏っていきます。詳しくは『転職学』をご参照いただければと思いますが、社内・社外の人的ネットワークへの橋渡しは新人にこそ必要ですし、そうした人とのつながりこそがリスキリングの基礎にもなっていきます。

社会関係資本と「心の外部性」

さて、最後に社会関係資本と学びとの関係を、もう一段深いレベルで考えましょう。少し専門的な議論になりますが、**社会関係資本とは経済学の用語系を用いれば、「心の外部性」とも言い換えることができます。**

「外部性」とは、経済主体同士の取引が、その取引に直接関係のない主体へと、副作用的な効用を及ぼすことです。例えば商品の売り買いが、その売り手と買い手だけでなく社会全体に役立つような場合には、その商品の取引は「正の外部性」を持つと言い、環境破壊や公害のような負の影響を与える時には「負の外部性」を持つと言います。

社会関係資本は、他者への信頼や互酬性の規範といった、人の意思と感情をベースに持ちます。そうした心の動きが、様々な経済的利益やスキル獲得といった「正の外部性」＝ポジティブな副作用を持つ。その意味で社会関係資本は「心の外部性」そのものだ、というわけです。

社会関係資本が持つポジティブな／ネガティブな効果は、自発性をベースにした心の外部性であるからこそ、**合理主義的な「管理」の発想に馴染みにくいという性格を持ちます。**

社会関係資本における外部性は、「心の外部性」だからこそ、多くの場合は市場に内部化しないことに大きな価値がある。他人から好意を受けて、すぐに財布を取り出して支払うのでは意味がないのである。友人の自宅に招かれたからといって、その好意に対して現金を支払ったりしないし、逆にそんなことをすれば社会関係資本は崩壊してしまう。**社会関係資本の外部性は、市場で内部化してしまえば、人の心を踏みにじることになり、社会関係資本そのものを毀損してしまう可能性が高い**。つまり、社会関係資本における外部性は市場に内部化はできるが、むしろ市場を補完するものとして内部化しないほうが良いことが多い」（太字、傍点筆者）

稲葉陽二（２００８）「ソーシャル・キャピタルの多面性と可能性」
稲葉陽二編著『ソーシャル・キャピタルの潜在力』（日本評論社）、P11〜22

社会関係資本の研究者である稲葉《いなば》陽二《ようじ》がこのように述べる通り、金銭的なやり取りで社会関係資本を直接売り買いすることはできません。ＳＮＳの自分のフォロワーをお金で買っているような人を、人は信頼しようとしません。そうした経済合理的な社会関係資本は、「金の切れ目が縁の切れ目」を呼び寄せるだけで、社会関係資本を分厚いものにしているとは言えないのです。先に引用した稲葉に加えてポール・アドラーら社会関係資本の研究者が強調するように、**社会関係資本のベースには「善意 Good Will」があるのです。**[1]

このことを人材マネジメントに応用して考えてみましょう。

会社が従業員に社会ネットワークを広げ、社会関係資本を蓄積したいと思ったとします。しかし、その際に従業員に対して**「みんなで仲良くなりましょう」といった「指示」や「命令」をするのは本末転倒だということです。**いくら社会関係資本を蓄積し、孤独を防ぐためとはいっても、「周りの人と仲良くするべきだ」と言われたり、「社内で10人に話しかければ10万円のボーナスを支給する」といった金銭的インセンティブを与えられたりしても、私たちは反発します。もっと自発的な「善意」に基づかない限り、社会関係資本にはなりません。

日本の新卒入社では、同年代の入社同期という国際的には極めて珍しい疑似共同体的な結束型の社会ネットワークがしばしば作られますが、それはあくまで一括入社・一括育成という人材育成の習慣から形成された「副次的」なものです。同期ネットワークという社会関係資本を形成することそのものは、直接的な目的ではありません。このように、**社会関係資本の構築には、善意と自発性が発揮されるための「余白」が必要なのです。**

筆者が、先述したコーポレート・ユニバーシティに代表されるような「学び」のコミュニティ形成に期待している理由の一つは、そうした**「ポジティブな副次性」を生み出す余白**がそこにあることです。「学び」が目的であり、人とのつながりが「副次的」であるからこそ、経済合理性に回収し尽くされない「善意」と「自発性」に基づいた社内関係資本の蓄積を期

図表60　３つの資本の関わり

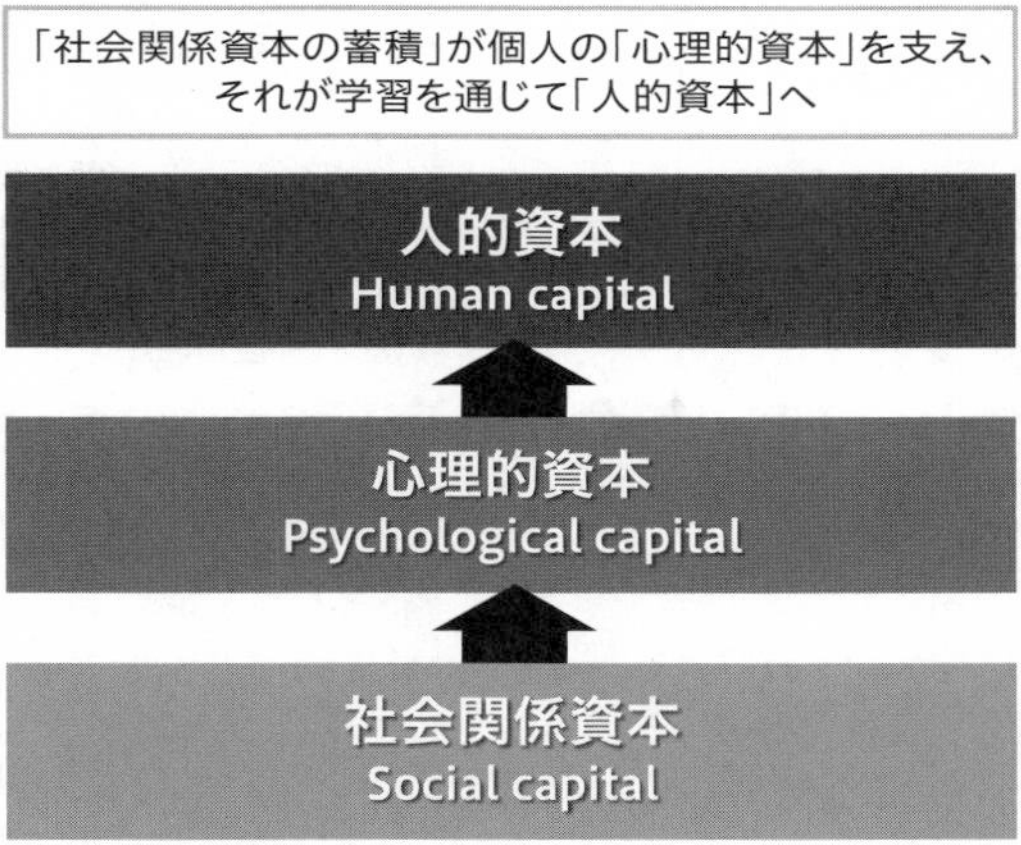

待できるのです。社会開拓力のない従業員に対して学びという「ハコ」を用意し、**表面上は学びを目的としながら、そこにできる「余白」の領域で従業員同士の自発的な人間関係蓄積を狙う。**ある意味で「したたか」な人材マネジメントなのです（図表60）。

「社会」は最後のブルーオーシャンである

この本の最後に述べておきたいのは、「孤独」の問題です。

他者をあまりにも信頼しない日本の大人たちは、「学び」だけでなく、「社会」を自ら開拓する能力に欠けています。学生時代の友人や、疑似共同体となる「会社の同期」などといった20代前半までに蓄積される「社会関係資本」を、徐々に目減りさせていきます。「周囲の友人が結婚して、遊ぶ人がいなくなった」という言葉を何人から聞いたか数知れません。「人生とはそういうものだ」と妙な達観を抱く前に、すでに見てきた他者への信頼のなさなどに目を通してみれば、その程度が国際的には異常なほど高いということに自覚的であるべきでしょう。20代前半から「友人・知人」が減り続けるという事態は、老後になってからの孤独を呼び寄せます。「孤独死」という最終的な「結末」だけがしばしば話題になりますが、そうした結末に向かうまでの「過程」こそが問題の本質です。

本書はリスキリングのための具体的な仕組みを提唱してきました。「人的資本経営」という動向から導かれている今の「リスキリング」ブームですが、どうも「人的資本」という概念が現場に落ちていく時には、「個」に「何を教えるか」という矮小化された教育投資のイメージばかり喚起しているようです。

その時に必要なのが、「社会関係資本」と「心理的資本」という異なる「資本」の道具立てです。その視点から見れば、**社会関係資本が欠如したリスキリングは、「引きこもった専門家」を作るだけ**です。社内外のネットワークが希薄なリスキリングは、リスキリングにとって重要な「他者」という契機を全く活かせません。

一方、**心理的資本なきリスキリングは、「強いけれども、折れやすい個」を育てることになります。**自己効力感を欠いたスキルの増強は、筋肉増強剤ばかり打つかのように現場で発揮されないスキルと知識を詰め込むだけで、なんの役にも立ちません。

それらを避けるためには、いま注目が集まっている「人的資本」という概念は人的投資を引き出す旗印として利用しつつも、「人こそが資本」であるという発想を、人の「心」と「社会ネットワーク」へと拡張させた仕組みづくりが必要です。そして、学びを通じた社会関係資本の蓄積は、善意が働く「余白」を持つものとして期待できます。

本書で提案してきた仕組みは、ただ会社を儲けさせたり、労働生産性のランキングを上位にしたり、GDPを増やすためのものではありません。高いスキルを備える「稼げる個人」をただ生むためでもありません。経済的な豊かさが人の幸福にそれほど強く紐づいていないことは、幸福やウェルビーイングに関する多くの実証研究が示してきたことです（興味のある方は、「イースタリン・パラドックス」などで検索してみてください）。

社会に生きる人にとって、望まない孤独は、もっと直接的に人の人生を不幸にしてしまいます。そうしたことを思って日本社会の実像とデータを眺めた時、この国からは、社会を開拓する力どころか、そもそも「社会」というものに対する関心が失われているという思いにしばしば駆られます。半径5メートルの中の世界だけに興味を持ち、周りの社会は自分と関係のない外部、つまり「世間」としてしか捉えられていない。それは「学び」の基盤を掘り崩しているだけでなく、市民社会としての危機です。

しかし、警句や問題点ばかり議論していても、暗くなるだけです。

筆者は、日本人にとって、「社会」というものは最後のブルーオーシャンだと考えています。 社会について考え、行動し、開拓することは、その組織や人の人生にとって極めて大きな利益やメリット、幸福感を享受することにつながるはずです。周囲の人が社会に関心が薄いからこそ、社会課題のような事柄への興味関心や求心力が反動的に生まれることがままあるからです。孤独になりやすく、他者とのつながりが希薄だからこそ、他者との関係へと自ら「一歩踏み出す」ことの意味の強度が上がっているとも感じます。

筆者は今、ベネッセ教育総合研究所や立教大学の中原教授らとともにこうした政治への関心でも仲間への関心でもない「社会」への関心の強さや、それを自分たちで変えられるという効力感について、**「ソーシャル・エンゲージメント」**という概念を用いながら、探求しています。まだまだ探求は始まったばかりですので、これについても遠くない未来に深い論考を届けたいと思います。

社会というブルーオーシャンに漕《こ》ぎ出すために、「学び」という船とそこに乗る仲間を作ることができれば、「リスキリング」という淡白で無味乾燥した言葉は、より力強く人々の人生を豊かにする言葉になる。筆者はそう信じています。

1 稲葉陽二（２００８）「ソーシャル・キャピタルの多面性と可能性」稲葉陽二編著、『ソーシャル・キャピタルの潜在力』、日本評論社、pp. 11-22.
Adler, Paul S., and Kwon, Seok-Woo. "Social capital: Prospects for a new concept." *Academy of management review* 27.1 (2002): 17-40.

あとがき

あとがきという自由な紙幅《しふく》を利用して、筆者のこれまでの経歴における「学び直し」について、自分語りしておきましょう。しがない一研究職として日々論文や書籍を読んだり書いたりする仕事で生計を立てていますので、もちろん筆者にとって「リスキル」や「学び」は人生と切っても切り離せないものです。さらには、幸いなことに様々なところに呼んでいただく講演会やセミナーでの発表、この本のような書籍執筆、新聞や雑誌への寄稿といった形で、社会人に向けて「学びのタネ／ネタ」を提供させてもらう側でもあります。

この機会を利用して、筆者自身の、「リスキリング」の履歴を振り返ってみたいと思います。

社会学の大学院を出た後、最初の社会人経験は、ＮＨＫ放送文化研究所での世論調査業務のサポートでした。実際に住宅街を練り歩いて調査票を回収したり、現場を回るための地図を何百枚と作成したり、多くの調査員さんへの説明会を準備したり。今やどこにでもあって活用を叫ばれる「データ」というものが、いかに地道な作業の積み重ねから作られるものなのかを身をもって経験しました。いま「データ・アナリスト」のような数字だけを扱う職業も増えていますが、そうした作業ではただの0か1かになる一つ一つのデータが、調査員のオペレーションと対象者の握ったボールペンから一つ一つ「作られる」という実感を学べたのは、今でも研究者としての礎《いしずえ》となっています。

その後、転職したのはマーケティング・リサーチの企業です。市場調査という全く新しい分野において一般消費財の多くを担当し、多くのクライアントや業界に触れることになります。全く新しい業務としても、CLTと呼ばれる会場テストでのフィールドワーク、営業や新規事業開発などを経験しました。

また、今のパーソル総合研究所に研究職として入社してからは、人的資源管理という新しい領域を学び直すことになります。社会学や市場調査の知見は活かしつつも、人事部の実務についても学ぶ必要がありました。加えて、書籍執筆や統計データの解析手法などの実務上でも、やり方や作法が異なります。夜な夜な実データと書籍と論文とをにらめっこしながら、そして現場に足を運び実務家へのヒアリングを重ねながら、全く新しい領域へとリスキリングすることになります。

このように振り返ると、筆者のキャリアは「調査」を軸にしつつも、およそ関係ない複数の領域を渡り歩くタイプのリスキリングを繰り返してきました。大学の研究者という「研究一筋」タイプの専門家ではないことが、リスキリングの機会を否応なしに与えてくれていま す。

さらに、調査という生業が共通しているからこそ、その具体のあり方の違いに驚くことになります。その時、過去の仕事のやり方は、都度捨てていく＝アンラーニングしていくしかありませんでした。「前職では……」とこだわって、「出羽守《でわのかみ》」になる人もいますが、筆者にはそんな余裕はありませんでした。

また、キャリアを通じて行ってきた取り組みを一つ挙げるとしたら、組織の中での自発的な読書会を主催することです。参加メンバーとしてではなく、ほぼすべての組織で有志の読書会を主催してきました。大小様々な会を開いてきましたが、これがいま思えば、筆者なりの「ソーシャル・ラーニング」だと言えるでしょう。他職種の同僚たちと幅広くディスカッションをしたり、そのための資料を作成したり、次回読書会までの締め切りを設定しながら「人を巻き込む」ことは、自分の学びを律しつつ広げるための一つの工夫です。

さて、あとがきというフリー・スペースを利用して、面白くも派手でもない経歴を振り返りましたが、多くのビジネスパーソンもこうした「学び直し」の経験を少なからず持っているはずです。

今の多くのリスキリング議論が「机上の空論」に見えるのは、こうした現場におけるリアリティをすべて捨て去ってしまった議論ばかりだからです。「人的資本経営」や「DX」といったその他のバズワードで身を固め、かといって学習にまつわる研究知見の蓄積もほとんど参照することなく、「リスキリング」というブームの波だけが高くなっている状態です。メディアでは、「役立つ資格」「稼げるスキル」を羅列することがリスキリングになってしまっている様子もすでに見られます。

そうしたブームの波間では、短期的なビジネスの種として利用しようとする企業も多くありますし、これからも後追い的に増えていくでしょう。「流行り廃り」と「海外からの輸入」で刹那的《せつなてき》な商売をすることはマーケットの常ですが、そういった思考の水準で満足していれば、このあまりに特殊な環境である日本のリスキリングはすぐに壁にぶつかるでしょう。そして景気の波が変われば、そうした「ブームに簡単に乗る人」が去ると同時に、リスキリングという言葉もすぐに忘れ去られてしまいます。「リカレント教育」や「生涯学習」がこの国の社会人の学びをほとんど前に進めなかったことと同じように、です。

本書で議論してきた内容は、この国のリスキリングについて最終的な答えを与えるようなものではありません。すべての調査研究には穴があり、すべての実証は実証し尽くせないものを同時に生み続けます。追試や別角度からの議論を積み重ねることによって、社会人の学びへの知見がさらに分厚いものになればいいと思います。

最後に、調査研究や議論に関わっていただいた皆様、書籍という「学びのタネ」を作り上げ届けることに関わっていただいた皆様、本当にありがとうございました。具体名の長いリストを作って抜け漏れを生むよりも、このような形で謝辞に代えさせていただきたいと思います。そして、図書館で筆者の学びを「創発」し続けてくれる、人類の叡智《えいち》の積み重ねに、感謝します。

２０２３年２月
小林祐児

小林祐児（こばやしゆうじ）
パーソル総合研究所上席主任研究員。上智大学大学院総合人間科学研究科社会学専攻博士前期課程修了。NHK 放送文化研究所に勤務後、総合マーケティングリサーチファームを経て、2015 年入社。労働・組織・雇用に関する多様なテーマについて調査・研究を行っている。専門分野は人的資源管理論・理論社会学。単著に『早期退職時代のサバイバル術』（幻冬舎新書）、共著に『残業学』（光文社新書）、『働くみんなの必修講義 転職学』（KADOKAWA）など多数。

リスキリングは経営課題《けいえいかだい》 日本企業《にほんきぎょう》の「学《まな》びとキャリア」考《こう》

2023年3月30日初版1刷発行

著　者 ── 小林祐児
発行者 ── 三宅貴久
装　幀 ── アラン・チャン
印刷所 ── 近代美術
製本所 ── ナショナル製本
発行所 ── 株式会社光文社
東京都文京区音羽1-16-6（〒112-8011）
https://www.kobunsha.com/
電　話 ── 編集部03（5395）8289 書籍販売部03（5395）8116
業務部03（5395）8125
メール ── sinsyo@kobunsha.com

 ISBN 978-4-334-04652-1

1235

アニメ療法《セラピー》

心をケアするエンターテインメント

パントー・フランチェスコ

日本のポップカルチャーの力で、心を治癒することはできるか。イタリア出身のオタク精神科医が精神医学や心理学の知見を物語療法と接続し、新しい「アニメ療法《セラピー》」を構想する。

978-4-334-04642-2

1236

安い・美味しい・簡単 実践 健康食

岩田健太郎

「近所のスーパーの特売品で自炊」に健康が詰まってる…感染症医でファイナンシャル・プランナーの資格も持つ著者と考える、お金をかけず、持続可能でより豊かに生きるための食事術。

978-4-334-04643-9

1237

社会を変えるスタートアップ

「就労困難者ゼロ社会」の実現

小野貴也

全国1500万人の「就労困難者」に適切な仕事を提供し、労働力減少を補う。社会課題を解決するスタートアップが見据える日本経済の未来像と、その先にあるインクルーシブ社会とは。

978-4-334-04644-6

1238

教育大国シンガポール

日本は何を学べるか

中野円佳

激しい教育競争、点数化する習い事――煽られ、葛藤する母親達、疲弊する子ども達。教育社会学研究者・ジャーナリストが現地の教育システムの実態を、インタビュー調査を交え報告。

978-4-334-04645-3

1239

エンタメ小説家の失敗学

「売れなければ終わり」の修羅の道

平山瑞穂

華々しいデビュー、10万部超えのヒット、そして映画化――。人気作家も目前だった小説家が犯した痛恨の「失敗」とは？出版界の裏事情と赤裸々な告白に満ちた自虐的反省の書。

978-4-334-04646-0

1240

「おふくろの味」幻想

誰が郷愁の味をつくったのか

湯澤規子

一体「おふくろの味」とは何を指しているのか。なぜそれは時に女性たちをいらだたせるのか。社会と時代を丹念に読み解き、「おふくろの味」が誕生した経緯とその正体を探る。

978-4-334-04647-7

1241

数字のセンスを磨く

データの読み方・活かし方

筒井淳也

私たちは数字に取り囲まれて日々を送っている。だが、数字をきちんと理解し、数字ときちんと向き合えているだろうか。計量社会学・家族社会学を専門とする著者が「数字との付き合い方」を示す。

978-4-334-04648-4

1242

追跡 税金のゆくえ

ブラックボックスを暴く

高橋祐貴

一般社団法人による〝中抜き〟、見えない五輪予算、孫の小遣いとなる中山間地域の助成金――。私たちの税金は何に使われているのか。気鋭の新聞記者がその杜撰な実態に粘り強く迫る！

978-4-334-04649-1

1243

友情を哲学する

七人の哲学者たちの友情観

戸谷洋志

友情とは何なのか。いま、その多様性を知ることが、人生をいくらか豊かなものにしてくれるのではないか。漫画が描く「友情」のあり方を参照しながら、哲学者七人の友情観を探る。

978-4-334-04650-7

1244

改訂版 東大合格高校盛衰史

1949年〜最新ランキング徹底解剖

小林哲夫

日本一の頭脳たちはどこから集うのか？　名門進学校の凋落と躍進を辿ることで、日本社会の構造が浮き彫りになる。戦後から今に至るまでの合格者数ランキングで、東大受験の実情を一挙総覧！

978-4-334-04651-4

1245

リスキリングは経営課題
日本企業の「学びとキャリア」考

小林祐児

急速に取り組みが進む、知識やスキルの学び直し「リスキリング」を阻む、日本企業特有の構造とは何か。大人が世界一学ばない国・日本における学び方、働き方の新たな仕組みを考える。

978-4-334-04652-1

1246

宇宙ベンチャーの時代
経営の視点で読む宇宙開発

小松伸多佳　後藤大亮

宇宙開発は民間企業がイニシアティブをとる「ビジネス」として生まれ変わりつつある。ベンチャー・キャピタリストとJAXAのエンジニアが企業経営とサイエンスの観点から展望する。

978-4-334-04653-8

1247

東大生、教育格差を学ぶ

松岡亮二　髙橋史子
中村高康　編著

地域・性別・社会階層など本人が変えることのできない「生まれ」によって学力や学歴などに差がうまれる「教育格差」を、東大生38人はどう捉えるか。白熱ゼミの模様を新書化。

978-4-334-04654-5

1248

90歳までに使い切る
お金の賢い減らし方

大江英樹

「貯める・増やす」の呪縛、「老後不安」という物語に振り回されず、価値ある使い方をすることで人生を豊かに生きる方法とは。お金の本質を掘り下げ、日本人のお金観に一石を投じる。

978-4-334-04655-2

1249

大人のマナー術

辛酸なめ子

コロナ禍の限られた人付き合いで、辛酸さんのマナー感覚は危機的状況に。一念発起、よりよい人間関係のヒントを学びます。今こそ読みたい、避けられないコミュニケーションへの処方箋！

978-4-334-04656-9